赵生群 著

《史记》导论

中华书局

图书在版编目(CIP)数据

《史记》导论/赵生群著. —北京:中华书局,2023.1
(2024.6 重印)
ISBN 978-7-101-15950-9

Ⅰ.史… Ⅱ.赵… Ⅲ.《史记》-研究 Ⅳ.K204.2

中国版本图书馆 CIP 数据核字(2022)第 192348 号

书　　名	《史记》导论
著　　者	赵生群
责任编辑	葛洪春
责任印制	陈丽娜
出版发行	中华书局
	(北京市丰台区太平桥西里38号　100073)
	http://www.zhbc.com.cn
	E-mail:zhbc@zhbc.com.cn
印　　刷	三河市中晟雅豪印务有限公司
版　　次	2023 年 1 月第 1 版
	2024 年 6 月第 3 次印刷
规　　格	开本/920×1250 毫米　1/32
	印张 10⅝　插页 2　字数 300 千字
印　　数	5001-7000 册
国际书号	ISBN 978-7-101-15950-9
定　　价	65.00 元

目　录

绪　论

  《史记》是一部百科全书式的历史巨著。《史记》为"二十四史"之首,奠定了中国史学的基本格局。它记事始于黄帝,讫于太初,时间跨越 2000 余年。司马迁开创的纪传体,为历代史家所仿效;《史记》叙事,以华夏民族为主体,同时也记载了周边国家和少数民族政权的历史,在一定程度上具有世界史的规模;《史记》以人物为中心的叙述方式,为传记文学的产生和发展铺平了道路。司马迁写《史记》,意欲"究天人之际,通古今之变,成一家之言"①,他研究历史,注重考察社会发展的终始变化,探究国家治乱兴衰的规律,从历史观和方法论上将史学提升到了新的境界。《史记》在经学、史学、文学、思想文化等诸多领域都对后世产生了巨大的影响。

一、《史记》的作者

  《史记》从开始撰写到最后定型,经过了司马谈、司马迁父子两代人的努力。司马迁的祖先世代典掌周史。他的父亲司马谈在建元元封之间长期担任太史,曾"学天官于唐都,受《易》于杨

---

  ①《汉书》卷三二《司马迁传》,中华书局,1962 年,第 2709 页。

何,习道论于黄子"。司马谈精通诸子之学,他的《论六家要指》,
对阴阳、名、法、儒、墨、道各家学说的评析精到中肯,第一次从学
派和学术流变的高度展开学术批评,并且建立了学术批评的客观
标准,是一篇极有见地的学术论文。司马谈有意继《春秋》而作
史,以创作《史记》为己任,在他生前已经开始了《史记》的撰写,但
他的工作并未最终完成。元封元年(前110),司马谈病危,嘱咐司
马迁完成《史记》,司马迁在父亲面前郑重表示:"小子不敏,请悉
论先人所次旧闻,弗敢阙。"

　　司马迁,字子长,夏阳(今陕西韩城)人,生于汉武帝建元六年
(前135年)①。

　　《太史公自序》(以下简称《自序》)载司马迁十岁时诵读古文,
二十岁开始南游江、淮,在南游之前数年间,他曾向董仲舒请教过
《春秋》之学,向孔安国学习过古文《尚书》。元封元年(前110),司
马迁出使西南夷还,此年,他的父亲司马谈去世。元封三年(前
108),司马迁任太史,开始"䌷史记石室金匮之书",从事写作的资
料准备。太初元年(前104),司马迁积极倡导且参与制订的《太初
历》完成,他也正式开始《史记》的写作。天汉三年(前98),司马迁
因李陵事件得罪武帝,被处以腐刑。《汉书·司马迁传》说:"迁既
被刑之后,为中书令,尊宠任职。""中书令"是皇帝身边的近臣,当
时都是由宦者担任。遭受腐刑,对司马迁而言是奇耻大辱,面对

---

① 《太史公自序》"(司马谈)卒三岁而迁为太史令"《索隐》:"《博物志》:'太史
令茂陵显武里大夫司马迁,年二十八,三年六月乙卯除,六百石。'"《玉海》
卷四十六:"《史记正义》:《博物志》云迁年二十八,三年六月乙卯除,六百
石。"知《索隐》、《正义》同本于《博物志》。今本《太史公自序》"五年而当太
初元年"《正义》:"案:迁年四十二岁。""四"当为"三"之误。

严酷的身心摧残和生死抉择,经过激烈的思想斗争,司马迁更加坚定了完成《史记》的决心。征和二年(前91),《史记》已经基本完成。《报任安书》称《史记》分为十表,十二本纪,八书,三十世家,七十列传,共百三十篇。《自序》叙述全书及各部分篇数,与《报任安书》全同,而详载各篇提要,总括全书字数为"五十二万六千五百字",声称"藏之名山,副在京师",《自序》完成之时,《史记》已经定稿。司马迁卒年无考,大致应在武帝末年。

《史记》原名《太史公书》,或称"太史公记"、"太史公"、"太史记",据现存资料,知东汉桓帝时已用《史记》替代"太史公书"之名①。

二、《史记》的断限

《史记》叙事,始自黄帝,下讫太初。《自序》云"余述历黄帝以来至太初而讫",又云"汉兴已来,至于太初百年";《汉兴以来诸侯王年表》云"汉定百年之间",又云"臣迁谨记高祖以来至太初诸侯";《高祖功臣侯者年表》云"天下初定,……至太初百年之间,见侯五";《建元以来侯者年表》、《建元已来王子侯者年表》列元光、元朔、元狩、元鼎、元封、太初六栏,亦以太初为下限;《惠景间侯者年表》因太初时侯国无变化,故以"孝惠七"、"高后八"、"孝文二十三"、"孝景十六"与"建元至元封三十六"并列。《天官书》云:"夫天运,三十岁一小变,百年中变,五百载大变;三大变一纪,三纪而大备。此其大数也。为国者必贵三五。上下各千岁,然后天人之

---

① 陈直:《太史公书名考》,见历史研究编辑部编:《司马迁与〈史记〉论集》,陕西人民出版社,1982年,第208－214页。

际续备。"司马迁认为,百年是观察历史的重要周期。自高祖元年(前206)至太初四年(前101),历时105年,正合百年之数。因此,以太初为下限,体现了司马迁的历史观和天人观,也包涵着他研究历史的方法。《自序》说"汉兴五世,隆在建元。外攘夷狄,内修法度,封禅,改正朔,易服色,作《今上本纪》"。太初下限的确定,也与其时汉朝文治武功臻于鼎盛有关。上述二者结合,太初下限显得自然而且合理。今本《史记》中涉及太初以后之事,多非《史记》原作。

三、《史记》的亡缺

《史记》全书共一百三十篇,《太史公自序》、《汉书·司马迁传》都有明确交代。但在司马迁去世之后不久,《史记》便已残缺。《后汉书·班彪传上》引《略论》说:"(司马迁)作本纪、世家、列传、书、表凡百三十篇,而十篇缺焉。"《汉书·艺文志》:"《太史公》百三十篇。十篇有录无书。"所谓"有录无书",指刘向、刘歆虽有著录,而其书已亡。《汉书·艺文志》依据刘歆《七略》节缩而成,而《七略》多本于刘向《别录》,据此可知刘向、刘歆时《史记》已有亡佚。实际上十篇的亡佚,当更在刘向父子之前。在宣帝、元帝时,褚少孙就说自己求《三王世家》、《龟策列传》而不能得,褚少孙未能尽见诸本,所以不敢断言其存亡,实则其篇已佚。

《汉书·司马迁传》云:"(史记)十篇缺,有录无书。"张晏曰:"迁没之后,亡《景纪》、《武纪》、《礼书》、《乐书》、《兵书》、《汉兴以来将相年表》、《日者列传》、《三王世家》、《龟策列传》、《傅靳列传》。"后人讨论十篇存亡,多有争议:有以为十篇草创未成者(如刘知几),有以为部分亡佚者(如吕祖谦),有以为十篇未亡者(如李长之)。近人余嘉锡著《太史公书亡篇考》,折衷群言,详加考证,多精当之论。

《孝景本纪》　卫宏《汉书旧仪注》曰:"司马迁作《景帝本纪》,极言其短及武帝过,武帝怒而削去之。"[1]《三国志·魏书·王肃传》载王肃对魏明帝说汉武帝"取孝景及己本纪览之,于是大怒,削而投之。于今此两纪有录无书"。据此知《景帝本纪》、《今上本纪》曹魏时犹缺。《史记》各本纪,都是记言记事并重,人物对话、诏书奏议多载其中,今本《孝景本纪》绝无记言之文,与其余各篇体例迥异。又此纪纯用编年体,记事极为简略,记载吴、楚之乱,仅寥寥数十字,关于七国作乱及其平定过程,都付之阙如,不但有违《自序》,也与其他各篇判然有别。

《孝武本纪》　《史记》各篇,未有移甲当乙,彼此重复者。今本《孝武本纪》移录《封禅书》凑合成篇,当是出于后人补窜。司马迁作史时,武帝尚在,所以《自序》称"今上本纪",今本此篇标"孝武本纪",已与作者原意相违。文中多称武帝为"孝武皇帝",而"今上"、"今天子"的称号也夹杂其中。全篇只载封禅之事,而武帝外攘夷狄,内修制度,改正朔、易服色诸事,一概不录,与《自序》所言,相去甚远。

《汉兴以来将相名臣年表》　《史记》各表,都有序言,独有此篇无序,当是因为原文亡佚的缘故。此表下限至于鸿嘉,而且称成帝的谥号,明显为后人追记。《自序》说,作此表意欲"贤者记其治,不贤者彰其事",而今表中"大事记"一栏,皆列国家大事,将相仅载封薨诛免,不记其发明建树,也不载其秽行劣迹,所以余嘉锡认为此表"其治未记,其事不彰","表与录不相应,其不出太史公

---

[1]《太史公自序》《集解》引,《史记》修订本,中华书局,2014年,第4001页。

手明甚"①。

《礼书》　《自序》说"维三代之礼，所损益各殊务"，"故礼因人质为之节文，略协古今之变，作《礼书》"。今本《礼书》不能详述三代礼制之损益变化，截取《荀子》之《礼论》及《议兵》，空发议论，敷衍成篇，当非司马迁原作。张照云："（《礼书》）割裁《礼论》之文，横加'太史公曰'四字作《礼书》赞，则谬戾已甚，恐褚先生不至是。"②

《乐书》　《自序》说作《乐书》是为了"比《乐书》以述来古"，"来古"指古来之事。今本《乐书》取《礼记·乐记》成篇，虽洋洋洒洒，议论可观，对于古往今来音乐之变化，则草草了之，不仅与《自序》格格不入，而且完全不合八书叙事之体。

《律书》　《自序》说"《司马法》所从来尚矣，太公、孙、吴、王子能绍而明之，切近世，极人变"，故作《律书》。张晏列十篇亡书，有《兵书》，无《律书》，余嘉锡亦以为当作"兵书"③。据《自序》"兵权山川鬼神"之语，其说可信。今本《律书》，唯篇首略言兵律相关之意，其后忽而言兵，忽而言律，而两者泾渭分明，渺不相涉。且篇中没有提及《司马法》，也没有提及太公、吴起兵法，明显与《自序》不合。

《三王世家》　《史记》记载皇子封国及同姓诸侯之事，必详载其出生、封年及相关事迹。今本《三王世家》仅载诏书而无一语涉

---

① 余嘉锡：《太史公书亡篇考》，见《余嘉锡论学杂著》，中华书局，2007年，上册，第34页。

② ［清］张照：《殿本史记考证》，《史记》卷二三，《二十五史》影印乾隆四年武英殿刊本，上海古籍出版社、上海书店，1986年，第156页。

③ 余嘉锡：《太史公书亡篇考》，见《余嘉锡论学杂著》，上册，第56页。

及传主事迹,罗列封策三王之文而又不载年号,甚至不详何帝何朝,在《史记》中,也是绝无仅有。褚少孙补《三王世家》说:"臣幸得以文学为侍郎,好览观太史公之列传。传中称《三王世家》文辞可观,求其世家终不能得。窃从长老好故事者取其封策书,编列其事而传之,令后世得观贤主之指意。"据此,今本《三王世家》封策文为褚氏所著无疑。

《傅靳蒯成列传》　《史记》每传以"某某者,某地人也"起始,高祖功臣有传者,乡邑都历历可考。傅宽、靳歙二人不书邑里,有违《史记》常例。《自序》云:"欲详知秦楚之事,维周緤常从高祖,平定诸侯。"今本《傅靳蒯成列传》记言之文仅二十余字,而蒯成侯传,寥寥百余字,几乎全抄《高祖功臣侯者年表》,与其他各篇显然不同。余嘉锡据此以为《传》中所记,不足以详秦、汉之事①。

《日者列传》　传中说:"古者卜人所以不载者,多不见于篇。及至司马季主,余志而著之。"根据这几句话,似乎《日者列传》专为司马季主而作,传文也仅载季主一人。然而此传以"日者"为名,本是类传,不当专记一人事迹。《自序》说:"齐、楚、秦、赵为日者,各有俗所用。欲循观其大旨,作《日者列传》。"据此知补作者不能详载齐、楚、秦、赵诸国日者之事,而只能以司马季主充数。

《龟策列传》　《史通·编次》说《龟策列传》不合传体,当与八书并列,可谓一针见血。《史记》列传,以志人物。"龟策"谓以龟策卜筮之人,与《货殖列传》载从事货殖之人同出一理。《自序》云"三王不同龟,四夷各异卜。然各以决吉凶。略窥其要,作《龟策列传》"。《史记》原作,当略序三代诸国卜筮事,正是类传体例。补传者苦于不能详知三代及四夷卜筮之人物事迹,故有此不伦不

①余嘉锡:《太史公书亡篇考》,见《余嘉锡论学杂著》,上册,第67页。

类之作。褚少孙补《龟策列传》自称"臣往来长安中,求《龟策列传》不能得,故之大卜官,问掌故文学长老习事者,写取龟策卜事,编于下方",知此篇非史公原作。

四、《史记》的续补

"续"与"补",二者概念不同:"续"指接续《史记》增写太初以后之事(太初为《史记》记事下限),"补"指《史记》原篇既佚,而后人补其亡缺。

张晏云迁没之后,《史记》十篇亡佚,"元成之间,褚先生补阙,作《武帝纪》、《三王世家》、《龟策》、《日者列传》,言辞鄙陋,非迁本意也"①。张晏所云褚少孙补《史记》四篇,其中《三王世家》、《龟策列传》二篇,褚氏明言求《史记》原书不能得,因而补其缺,所补文字标明"褚先生曰"。《日者列传》虽未明言为补亡之作,但褚补文字俱在,亦称"褚先生曰",褚氏为此篇补缺,应无疑义。褚少孙续史篇目有六篇,分别为《三代世表》、《建元以来侯者年表》、《外戚世家》、《梁孝王世家》、《田叔列传》、《滑稽列传》,亦皆标明"褚先生曰"。今本《孝武本纪》抄《封禅书》成文,篇中无"褚先生曰",当非褚少孙手笔。钱大昕云今本《孝武本纪》"或魏、晋以后,少孙补篇亦亡,乡里妄人取此以足其数尔"②,颇有见地。至于《孝景本纪》、《礼书》、《乐书》、《律书》、《汉兴以来将相名臣年表》、《傅靳蒯成列传》六篇,为何人所补,今已难以一一考定。余嘉锡云:"张晏虽能知十篇之目,然于其六篇不言为谁何所补。虽明知《景纪》

① 《太史公自序》《集解》引,《史记》修订本,第 4001 页。
② [清]钱大昕撰,陈文和等校点《廿二史考异》,凤凰出版社,2008 年,第 9 页。

为刘歆、扬雄、冯衍、史岑等所记,而终不能得其主名。"①

　　褚少孙续补《史记》的时间,据《三王世家》《滑稽列传》《建元以来侯者年表》诸篇考察,当在宣、元之际。褚氏之后,继作者颇多。刘知几《史通·古今正史》说:"《史记》所书,年止汉武,太初已后,阙而不录。其后刘向、向子歆及诸好事者若冯商、卫衡、扬雄、史岑、梁审、肆仁、晋冯、段肃、金丹、冯衍、韦融、萧奋、刘恂等相次撰续,迄于哀、平间,犹名《史记》。"②班彪以为各家所撰续书多鄙俗,不足以踵继《史记》,"乃继采前史遗事,傍贯异闻,作后传数十篇"③,班固在此基础上撰成《汉书》百篇,而各家续书遂亡。

五、《史记》的述史体例

　　《史通·六家》:"古往今来,质文递变,诸史之作,不恒厥体。榷而为论,其流有六:一曰《尚书》家,二曰《春秋》家,三曰《左传》家,四曰《国语》家,五曰《史记》家,六曰《汉书》家。"④刘氏列六家,分别代表记言、记事、编年、国别、纪传体通史、纪传体断代史六种体例。其实,《史记》所采用的是一种综合性的叙事模式,各种体例兼而有之。

　　《史记》采用综合性的叙述体例,与其所承载之历史内容有关。《史记》纵贯二千余年,此一时期,社会形态极为复杂:有王权

---

① 余嘉锡:《太史公书亡篇考》,见《余嘉锡论学杂著》,上册,第31页。
② [唐]刘知几著,[清]浦起龙通释,王煦华整理《史通通释》,上海古籍出版社,2009年,第314页。
③《后汉书》卷四〇《班彪传》,中华书局,1965年,第1324页。
④ [唐]刘知几著,[清]浦起龙通释,王煦华整理《史通通释》,第1页。

高度集中的一统时期,有天子、诸侯相安无事的封建时期,有五霸迭兴、挟天子以令诸侯的春秋时期,有七雄并峙的战国时期。中国古代社会形态,莫能出此范畴。综合性的体例,完全适合于反映不同历史时期社会内容的需要。《史记》就内容而言,是对前代史学的一次总结,就体例而论,亦是集大成之作。综合性的体例,其包容性和灵活性,远较单一体例为优,故具有很强的适应性和生命力。后来诸史,门类或有增减,名目或有异同,篇目或有损益,总体上却无法跳出《史记》牢笼,原因即在于此。

《史记》分为十二本纪、十表、八书、三十世家、七十列传,系统记载了从黄帝至汉武帝太初年间二千多年的历史。《史记》五体,各有分工:本纪录帝王或对社会历史发展具有巨大影响的人事;世家叙王侯贵族及其他重要人物;列传记社会各阶层人物活动及周边民族史实;表列王朝及诸侯大事;书载与国计民生密切相关之典章制度及事物。五体之中,本纪、世家、列传皆以人物传记为主。自《汉书》以下至《清史稿》,都有纪、有传,无一例外,形成了蔚为壮观的纪传体正史,《史记》的开创之功,不可磨灭。《史记》会通著史的方法和分类述史的书志体也对后世产生了重大影响。

六、《史记》的取材

《史记》是我国第一部百科全书式的纪传体通史。《史记》所载,始自黄帝,迄于太初,绵亘二千余年,所记内容涉及到社会生活的各个方面:五帝三代,列国诸侯,天子后妃,王侯贵族,公卿大夫,学者、刺客、方技、游侠、佞幸、倡优、日者、龟策、货殖等各色人物,无不备录;四夷外国,乃至礼乐律历,兵权山川鬼神,天官食货,无不囊括其中。

　　司马迁生活的年代去古未远,他所见到的资料也相当丰富。

　　《自序》云"秦拨去古文,焚灭《诗》、《书》,故明堂石室金匮玉版图籍散乱",王国维据此认为"秦石室金匮之书至武帝时未亡"①。汉惠帝四年,下诏废除秦挟书令,汉武帝时命丞相公孙弘大收篇籍,广开献书之路,出现了"百年之间,书积如山"的情形②,"于是建藏书之策,置写书之官,下及诸子传说,皆充秘府"③。据如淳注引刘歆《七略》,汉代藏书之处非一:"外则有太常、太史、博士之藏,内则有延阁、广内、秘室之府。"④足见其篇籍之富。

　　司马迁不仅"绅史记石室金匮之书","厥协六经异传,整齐百家杂语",广泛阅读国家所藏各种图书资料和档案文书,充分利用现成的文献,而且采取各种方法,多方收集资料,扩大取材范围。司马迁曾向孔安国问故;年轻时有过外出搜求诸侯史记的经历;他作过大量的调查访问,实地考察,接触相关人物,寻访口碑流传的资料,了解山川地理,民情风俗;他留意与历史有关的金石、图像、庙堂、车服礼器等文物建筑;他还注意收集民间歌谣、鄙谚俗语。司马迁重视文献而不为文献所囿,他搜索史料的目光几乎遍及与历史有关的一切领域。他曾经不无自豪地宣称:"百年之间,天下遗文古事,靡不毕集太史公。"

---

① 王国维:《观堂集林》,中华书局,1959 年,第 2 册,第 307 页。
② 《文选》卷三十八《为范始兴作求立太宰碑表》李善注引《七略》,中华书局 1977 年影印本,第 542 页。
③ 《汉书》卷三〇《艺文志》,第 1701 页。
④ 《汉书》卷三〇,第 1702 页。

七、《史记》的史学价值

司马迁对中国及周边国家的历史进行了全面的、立体式的研究。《史记》本纪、表、书、世家、列传五体,构成了一个纵横互补的立体网络。本纪、世家、列传与十表,实际上是两个相对独立的纵的系统,而各体之间,乃至于世家、列传、年表、八书各篇之间,又都包含着丰富的横向交叉的内容。如此经纬交错的结构,周全详细的内涵,为前此一切史书所望尘莫及。

司马迁具有明确的历史演变的观点,他以"通古今之变"的历史眼光,对中国及周边国家的历史作了系统的研究,对中华民族作了追本溯源的考察。《史记》记事,自黄帝讫于汉武,纵贯二千余年。这一时期的史料,头绪繁杂,而且非常分散,主要见于《尚书》《左传》《国语》《战国策》《世本》《楚汉春秋》等书,而诸子百家、诸侯史记及各种谱牒档案等所保存的资料,数量也相当可观。司马迁对这些散见于不同性质和编纂形式中的史料作了全面的清理总结,爬罗剔抉,去芜存精,将原先散乱的资料理出了清晰的线索,黄帝至舜五帝;夏禹至桀十七王;殷始祖至主癸十三世,成汤至纣三十帝;周祖后稷至姬昌十五世,武王至敬王二十五君;秦祖女修、大业至庄襄王数十世,始皇至子婴三帝;汉高祖刘邦至武帝六世。《史记》网罗旧闻,搜求遗佚,作了尽可能系统详实的记载。黄帝统一诸侯,建立国家,尧、舜禅让,夏、殷、周三代治乱兴亡,以至于楚汉得失,脉络清晰,一目了然。

吕思勉称赞《史记》"通史之弘著也",他所理解的通史包括两方面的含义:"萃古今之事于一编,此通乎时者也。合万邦之事于一简,此通诸地者也。"①确实,司马迁研究历史的视野,要比他以前的学者开阔得多。他能以一种开放的目光,系统考察中国和其他周边国家、少数民族政体的历史,研究中国和周边民族的关系史,从而形成世界史的格局。西周、春秋、战国时的一些重要国家,如吴、齐、鲁、燕、蔡、陈、卫、宋、晋、楚、越、郑、赵、魏、韩、田齐等,《史记》依世序先后,编年列事,都有系统载录。汉时一些少数民族政权,如匈奴、南越、东越、朝鲜、大宛、西南夷诸国,《史记》也都有详细记载。这一点,也是之前的史传无法比拟的。

汉代以前的史书,由于作者认识和体制的制约,大多偏重于政治一隅,所载多为天子、诸侯、公卿大夫等贵族的活动,叙国家大事则偏重于战争、祭祀、会盟、行人往来等,未能广泛记录社会各阶层的人物,全面反映社会生活的各个方面。《史记》的本纪、世家、列传,形成了一个完整的人物传记序列。本纪主要记帝王;世家记王侯将相、世家大族及有影响的公卿大夫等;列传记载范围广泛,几乎无所不包:论学术则有老庄申韩、孟子荀卿、仲尼弟子、汉代儒林,文学则有屈原、贾生、邹阳、刘安、司马相如,他如循吏、酷吏、刺客、游侠、日者、龟策、滑稽、货殖、方技、佞幸等无不网罗其中。八书系统记载与社会关系密切的事物,如礼乐、律历、天文、郊祀、河渠、食货等,大大拓展了记叙范围。历史是人的活动的总和。生活在二千多年前的司马迁,以其亲身实践,第一次深刻地揭示出历史学的博大内涵。

总之,无论是就历史的历时性和共时性这两个角度来看,还是就反映社会生活的深度和广度而言,《史记》都为后世留下了一份系统厚重的遗产。

---

① 吕思勉:《秦汉史》,商务印书馆,2017年,第810页。

　　《史记》的史料价值，历来受到人们的重视。《汉书·司马迁传》云："自刘向、扬雄博极群书，皆称迁有良史之材，服其善序事理，辨而不华，质而不俚，其文直，其事核，不虚美，不隐恶，故谓之实录。""实录"二字，反映出前人对《史记》史料价值的肯定。随着时间的推移，《史记》作为一部历史著作的价值，愈来愈受到人们的重视，一些原来有争议的记载也得到了确证。例如，《殷本纪》中有关殷代先公先王的载述，在殷墟甲骨文出土之前，其正确与否无从证实，学者对此疑信参半。自王国维作《殷卜辞中所见先公先王考》《殷卜辞中所见先公先王续考》二文[1]，将殷代先公先王从卜辞中剔发了出来，使《殷本纪》所载殷代王统得到了物证。

　　无独有偶，2013年1月，陕西省眉县杨家村出土大批文物，其中有逨盘，此盘记载了单氏家族八代辅佐文王、武王、成王、康王、昭王、穆王、恭王、懿王、考(孝)王、夷王、剌(厉)王、宣王十二位周王的相关事实，结合其他出土文献，完全证实了《周本纪》有关年代世系的记载。

　　甲骨文和逨盘等出土文献(文物)，可以确证《史记》关于殷代和西周历史的记载是有可靠依据的。《夏本纪》和各世家的资料，也与此相类似。陈直说"太史公作《殷本纪》，合于殷墟甲骨文者，有百分之七十。推之《夏本纪》，虽无实物可证，亦必然有其正确性。……如《楚世家》之楚侯逆、楚王頵，皆与传世铜器铭文相符合。又如寿县蔡侯墓近出铜器群，倘无《蔡世家》，则蔡侯后期世系，即无从参考。"[2]

　　下面举一个看似相反的例子。1973年底，长沙马王堆三号汉

① 王国维：《观堂集林》，第2册，第409—450页。
② 陈直：《史记新证·自序》，天津人民出版社，1979年，第2页。

墓出土了大批帛书。其中的一种后来被定名为《战国纵横家书》，共27章，中有11章见于《史记》和《战国策》，另外16章是佚书。帛书《战国纵横家书》最引人注目之处，就是其中有关"苏秦"的资料比较集中，且与《史记》、《国策》大相径庭。因而它的出土，引起了学术界的高度重视，《史记》、《国策》中有关苏秦的资料是否可信，一时成了人们注意的焦点。一些学者根据帛书，认为应该是张仪在前，苏秦在后，进而断言《史记》、《战国策》中涉及苏秦、张仪等人的数十篇相关记载是不可信的①。其实，这是一个需要认真讨论的问题。

《苏秦列传》赞语说："世言苏秦多异，异时事有类之者皆附之苏秦。"说明司马迁见到过类似《战国纵横家书》的内容。

《六国年表》序言说，司马迁作此表主要依据《秦记》。《六国年表》记载苏秦、张仪的事迹共有九条：燕文公二十八年（前334），苏秦说燕；秦惠文王十年（前328），张仪相（《张仪列传》同）；秦惠文王后元元年（前324），相张仪将兵取陕；二年（前323），相张仪与齐楚会啮桑；三年（前322），张仪免相，相魏；八年（前317），张仪复相；楚怀王十六年（前313），张仪来相；秦武王元年（前310），张仪、魏章皆出之魏；魏哀王十年（前309），张仪死。《六国年表》的资料多出自《秦记》，所以为秦连横六国的张仪材料多达八条，而有关苏秦的史料仅一条，但苏、张纵横的时间线索却仍相当清楚。《史记》中记载苏秦、张仪等人的事迹，有许多交互重叠之处，往往可以互证。如，《秦本纪》、《六国年表》、《张仪列传》载张仪相秦在秦惠王十年，《楚世家》在楚怀王元年，《赵世家》在赵肃侯二

---

① 参见唐兰、杨宽、马雍先生文，见马王堆汉墓帛书整理小组编：《战国纵横家书》，文物出版社，1976年，第123—201页。

十二年,《韩世家》在韩宣惠王五年,六者完全吻合;《秦本纪》、《张仪列传》载张仪死在秦武王二年,《六国年表》、《魏世家》在魏哀王十年,四者在时间上也完全一致。《六国年表》载苏秦说燕在燕文公二十八年,《燕召公世家》同;《燕召公世家》苏秦死在燕王哙时,也与《苏秦列传》合。综合《史记》各篇记载,苏秦在前,张仪在后,应无问题。

刘向编校《战国策》,"略以时次之",而《战国策》记载苏、张说纵横之辞都是苏秦在前、张仪在后,可见两人活动之先后。《战国策·楚策一》、《燕策一》皆称"张仪为秦破从连横"。《楚策一·张仪为秦破从连横》曰:"凡天下所信约从亲坚者,苏秦封为武安君而相燕,即阴与燕王谋破齐,共分其地。乃佯有罪,出走入齐,齐王因受而相之。居二年而觉,齐王大怒,车裂苏秦于市。夫以一诈伪反覆之苏秦,而欲经营天下,混一诸侯,其不可成也亦明矣。"《赵策二·张仪为秦连横说赵王》曰:"苏秦荧惑诸侯,以是为非,以非为是,欲反覆齐国而不能,自令车裂于齐之市。"这些资料证明,六国合纵和与秦连横是互相联系的,而张仪作为一个纵横家,他的主要活动是在苏秦遭"车裂"之后。刘向《战国策书录》说:苏秦合纵成功,"六国为一,以偪背秦。秦人恐惧,不敢窥兵于关中,天下不交兵者二十有九年",又说"及苏秦死后,张仪连横,诸侯听之,西向事秦"。刘向校理《战国策》,底本有《国策》、《国事》、《短长》、《事语》、《长书》、《修书》诸名,这些材料是"战国时游士辅所用之国,为之策谋"的底本,它们的定型,都在帛书《战国纵横家书》之前(帛书写定当在汉初)。从文献流传的角度看,《战国纵横家书》不过是此类资料中的一种而已。更为重要的是,刘向校定《战国策》时,苏秦、张仪的著作俱在。《汉书·艺文志》纵横家类著录有"《苏子》三十一篇","《张子》十篇"。《苏子》、《张子》为苏秦、张仪所著之书。除了《战国策》底本外，《汉书·艺文志》录有"从横十二家，百七篇"，这些资料也势必要涉及到倡导合纵连横的代表人物苏秦、张仪，这些篇章都由刘向亲自校定，依据如此丰富的原始资料，他应当不难审定有关苏、张事迹的真伪正误。

苏秦是首倡六国合纵并取得巨大成功的人物，他"为从约长，并相六国"，战国纵横家中除了张仪差可比肩外，更找不出第二人。合纵与连横，立场迥异，主张合纵的人很难托名张仪，因此"异时事有类之者皆附之苏秦"非常合情合理。战国策士乐于托名苏秦，是因为他声名显赫，而他之所以著称于世，则是因为他倡导六国合纵取得了成功。然而按照帛书的时间来推算，苏秦的所有活动都在燕王哙之后，这样，燕文侯时联合六国的辉煌经历就必须从他的履历中抹去，苏秦作为纵横家代表的资格也将从根本上动摇。这从反面证明，苏秦的活动不应在张仪之后①。

当然，《史记》史料也存在一些问题。大致可分为三种不同情形。一是作者疏失，从而造成的史实、人物、时间等方面的一些谬误。二是史源和体例方面的原因造成的一些歧异。《史记》"厥协六经异传，整齐百家杂语"，取材广泛，而"信则传信"、"疑则传疑"是司马迁重要的编纂原则。将不同的史料同时载入本纪、世家、列传、表、书，难免正误杂出。三是《史记》在流传过程中产生的讹误。

虽然《史记》在史料方面并非尽善尽美，但就总体而言，它是一部价值极高的信史，无愧于"实录"之美誉。由于这一时期的相

---

① 可参赵生群《〈史记〉〈战国纵横家书〉史料价值考论》，载《太史公书研究》，陕西人民出版社，1994年，第157—197页；《〈史记〉〈战国纵横家书〉相关史料考论》，载《〈史记〉文献学丛稿》，江苏古籍出版社，2001年，第164—184页。

关文献大多已经散佚，《史记》的史料价值显得尤其宝贵。

八、《史记》的流传

《太史公自序》说《史记》写成后，"藏之名山，副在京师"。《汉书·司马迁传》说司马迁死后，其书稍出，"宣帝时，迁外孙平通侯杨恽祖述其书，遂宣布焉"。魏晋时期，《史记》得以广泛传播，晋末徐广，研核众本，兼作训释，撰成《史记音义》。刘宋裴骃，增演徐氏，采经传百家并先儒之说，作《史记集解》；至唐代，司马贞作《史记索隐》，张守节作《史记正义》，二人在裴骃《集解》基础之上探求异文，考证史实，训释音义，《史记》三家注由此具备，从而奠定了《史记》通行文本的基础。《史记》三家注原本各自单行，卷数也不相同。《隋书·经籍志二》载录裴骃注《史记》八十卷，《旧唐书·经籍志上》、《新唐书·艺文志二》并录裴骃集解《史记》八十卷。《新唐书·艺文志》录《史记正义》、《史记索隐》皆为三十卷。三家注中，《集解》最早与《史记》相附，北宋时，已出现了《史记》集解单刻本，至南宋，又产生了《集解》、《索隐》二家注合刻本，再由二家注本合以《正义》，最终形成了三家注合刻本。在这一过程中，因为裴骃、司马贞、张守节所据《史记》正文并不完全相同，所以时有正文与注文不相吻合的现象，后人依据注文改动正文的情况也屡有发生，这增加了阅读《史记》的困难。

《史记》存世的版本很多，贺次君《史记书录》著录《史记》版本64种，日本学者水泽利忠《史记会注考证校补》所列《史记》版本、钞本资料尤为丰富，张玉春《史记版本研究》对明以前《史记》版本作了较为全面的考察，日本学者尾崎康《宋元版正史の研究》对景祐本到明南北监本《史记》作了相当深入的探讨，较为系统的研究论文有王重民《史记版本和参考书》、易孟醇《史记版本考索》、安平秋《史记版本述要》，对《史记》某一版本或专题进行研究的论著有张兴吉《元刻史记彭寅翁本研究》、武内义雄《影宋百衲本史记考》、寺冈龙含《史记三家注合刻创始时代考》，并非专论《史记》而涉及《史记》版本的重要论著有王国维《五代两宋监本考》、赵万里《两宋诸史监本存佚考》、张元济《校史随笔》，可以参看。

第一章 《史记》的成书过程

《史记》从开始撰写到最后定型，经过了司马谈、司马迁父子两代人的努力；在其流传过程中，又经历了亡缺和续补的过程。这些问题，与《史记》编纂学的研究直接相关，这里试加论述如次。

第一节 司马谈的奠基工作

《太史公自序》载司马谈临终父子对话，有云："余死，汝必为太史；为太史，无忘吾所欲论著矣。"①又云："迁俯首流涕曰：'小子不敏，请悉论先人所次旧闻，弗敢阙。'"这里说得很清楚，早在司马迁动笔之前，他的"先人"已开始编次旧闻，从事《史记》的撰写工作了。

对司马谈参与《史记》创作的事实，《隋书·经籍志二》、司马贞《史记索隐序》、《旧唐书·经籍志上》、晁公武《郡斋读书志》等均有论述，可惜语焉不详。俞正燮、方苞、王国维、顾颉刚、李长之、赖长扬、日本学者泷川资言等，又进一步考证了司马谈作史的篇目。各家论列司马谈作史的篇目，多达数十篇，遍及《史记》本

---

①本书所引《史记》及三家注原文均见《史记》（修订本），中华书局，2014 年，不一一标注。

纪、表、书、世家、列传各体。虽然研究者对司马谈作史具体篇目的看法尚有分歧,但司马谈作史这一事实,已为许多学者所确认。①

司马谈对司马迁以及《史记》的创作,影响是多方面的。

一、学术渊源

《自序》称司马氏出于重黎,颛顼、夏、殷之际,重黎氏世序天地,自周宣王时,司马氏世典周史,至司马谈为太史公。司马迁在《自序》中详述祖先世系,一方面是因不凡的家世而自豪,另一方面也表示了继承光大祖业的志愿。司马迁后来成为太史,与老太史公对本职的热爱以及对司马迁的定向培养,关系至为密切。司马谈学识广博深邃。担任史官,一个重要的条件是博学。文史星历,囊括自然与社会、天道与人事,几乎涵盖了当时各个主要的知识领域。司马谈是一位笃学君子,他在自己饱学的基础上,更转益多师,精益求精。唐都是当时最著名的天文学家,杨何《易》学,为学者所宗,黄子是汉初显学——黄老之学的代表人物,司马谈"学天官于唐都,受《易》于杨何,习道论于黄子"。他对阴阳、儒、墨、名、法、道德六家,都作过深入研究,而且留下了精辟的论述(这在下面还要提到)。这一切,无疑给司马迁创作《史记》提供了丰富的营养。

二、批判的武器

司马谈不仅学问广博深湛,而且目光敏锐,识见非凡。《自

---

① 参见拙著《太史公书研究·司马谈作史考述》,陕西人民出版社,1994 年,
　第 77—96 页。

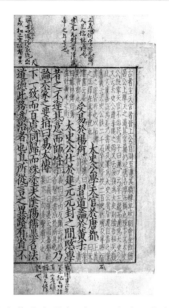

南宋黄善夫刻本《史记·太史公自序》

序》所载司马谈《论六家要指》，是对先秦学术的批判总结。其论
断全面、公正而深刻，是一篇极具理论色彩、极有价值的政治、学
术论文。《论六家要指》最为突出的贡献有两点。

第一，《论六家要指》致力于辨章学术，考镜源流，对先秦学术
作出了全面总结，并第一次科学地提出了"家"的概念。春秋战国
时代，诸子驰说，百家争鸣，学术空前繁荣。与之相适应，学术批
评也空前活跃。但是，先秦的学术批评，有着明显的缺陷，即偏重
于对具体人的评论。如《庄子·天下篇》的学术批评分为六个部
分：1.墨翟、禽滑厘，2.宋钘、尹文，3.彭蒙、田骈、慎到，4.关尹、老
聃，5.庄周，6.惠施、桓团、公孙龙。《荀子·非十二子篇》主要批
评十二人。分为六组：1.它器、魏牟，2.陈仲、史鰌，3.墨翟、宋钘，

4.慎到、田骈,5.惠施、邓析,6.子思、孟轲。《庄子·天下篇》和《荀子·非十二子篇》虽然考虑到了被评者的某些主张和特点,但由于以人为评论对象,未能就学派演变的角度辨析学术源流,亦未能对整个学派作出全面而切实的评论,它们在批评对象的确定及组合、评判角度的选择,甚至在评论内容诸方面,都有很大的随意性。

司马谈的《论六家要指》,全面评论了阴阳、儒、墨、名、法、道六家的基本内容和特点,以此来划分流派,分别评骘其长短。《要指》避免了以往学术批评琐碎、随意,只见树木、不见森林的弊端,显示出全面、客观、公正的特点。司马谈留下《论六家要指》,为司马迁研究各种学派、辨章学术、考镜源流提供了现成的武器。《荀子·非十二子篇》大声挞伐"子思、孟轲之罪",而《史记》将孟子荀卿列于同传,以为"孟子、荀卿之列,咸遵夫子之业而润色之"。《老子韩非列传》以为庄子于学"无所不窥,然其要本归于老子之言",申不害"学本于黄老而主刑名",韩非"喜刑名法术之学,而其归本于黄老",《孟子荀卿列传》论慎到、田骈、环渊"皆学黄老道德之术,因发明序其指意",都能从学术流派演变的高度揭示各人学说的本质,而不为纷纭复杂的表象所迷惑。

第二,《论六家要指》找到了学术批评的客观标准。先秦诸子百家的争鸣,是政治主张、学术理论之争。学派之间,往往党同伐异,对不同的学说加以批评,同一学派之间,也因主张不尽相同而互相抨击。这种批评,没有提出大家可以接受的批评标准,完全停留于理念之争,因而很难让人心悦诚服。《论六家要指》高屋建瓴,不纠缠于各家具体的主张,首先找到了各派学说的根本相同之点:"《易大传》:'天下一致而百虑,同归而殊途。'夫阴阳、儒、墨、名、法、道德,此务为治者也,直所从言之异路,有省不省耳。"

在司马谈看来,六家著述的根本目的相同,它们都着眼于政治,都希望能将自己的学说应用于改造社会。既然如此,那么,各家学说的优劣高下也就不难比较。司马谈正是以此为立足点,展开了对六家的批评:

> 尝窃观阴阳之术,大祥而众忌讳,使人拘而多所畏;然其序四时之大顺,不可失也。儒者博而寡要,劳而少功,是以其事难尽从;然其序君臣父子之礼,列夫妇长幼之别,不可易也。墨者俭而难遵,是以其事不可遍循;然其强本节用,不可废也。法家严而少恩;然其正君臣上下之分,不可改矣。名家使人俭而善失真;然其正名实,不可不察也。道家使人精神专一,动合无形,赡足万物。其为术也,因阴阳之大顺,采儒墨之善,撮法名之要,与时迁移,应物变化,立俗施事,无所不宜,指约而易操,事少而功多。

司马谈的评论,顾及六家的主要内容,指出各家学说的精髓和特点,并以其客观效果作为评判臧否的依据,这种理论与实际相结合的批评方式,具有较强的说服力量。《史记》对儒、道、法诸家学说的评价,对汉初黄老之学的肯定,以至于对商鞅、吴起、韩非等具体人物的批评,多与司马谈《论六家要指》的看法如出一辙。《自序》全文载录《论六家要指》,反映出司马谈父子认识上的基本一致。甚至不妨说,《要指》是司马谈父子关于学术问题的一篇共同宣言。

三、体例和内容

(一)通史形式

《自序》载司马谈之言曰:"幽、厉之后,王道缺,礼乐衰,孔子修旧起废,论《诗》、《书》,作《春秋》,则学者至今则之。自获麟以来四百有余岁,而诸侯相兼,史记放绝。今汉兴,海内一统,明主贤君忠臣死义之士,余为太史而弗论载,废天下之史文,余甚惧焉,汝其念哉!"又说:"自周公卒五百岁而有孔子。孔子卒后至于今五百岁,有能绍明世,正《易传》,继《春秋》,本《诗》、《书》、《礼》、《乐》之际?"在司马谈看来,孔子树立榜样在前,需要有人继《诗》、《书》、《春秋》而作史,孔子以后"史记放绝",亟需有人来做一番补救工作,而汉兴以来许多历史事件和人物不容埋没。太史公父子生当五百年之期(实际上不足五百年),应当全面继承六艺,继周公、孔子而有所作为。《尚书》所载史实,涉及到尧、舜及夏、殷、周三代,虽不太详备,但时间跨度很大。太史公综述六艺,将《诗》、《书》、《春秋》熔于一炉,完成春秋以前历史的写作,已经具备通史的规模;作者立志继《春秋》而作史,继续排比史料,自战国、秦楚之际以至于汉武,一部纵贯三千年的通史便最后完成了。因此,《史记》通史形式的创造,实源于司马谈的主张。

(二)本纪世家列传

《孝文本纪》赞云:"太史公曰:孔子言'必世然后仁。善人之治国百年,亦可以胜残去杀。'诚哉是言!汉兴,至孝文四十有余载,德至盛也,廪廪乡改正服封禅矣,谦让未成于今。呜呼,岂不仁哉!"赖长扬先生说:"'廪廪乡改正服封禅矣,谦让未成于今',这个'于今'理当迄于作者记述之时,显然是在'改正服封禅'之前。"[1]这一论断完全正确。司马谈作史,在元封元年之前,封禅、改正朔、易服色三件事均未能举行,而司马迁则是在太初之后才开始"论次其文",三事都已大功告成。据此判断,《孝文本纪》应出于司马谈之手。

---

[1]赖长扬:《司马谈作史补证》,《史学史研究》1981年第2期,第40页。

《卫康叔世家》赞云:"太史公曰:余读《世家》言,至于宣公之太子以妇见诛,弟寿争死以相让,此与晋太子申生不敢明骊姬之过同,俱恶伤父之志。然卒死亡,何其悲也!或父子相杀,兄弟相灭,亦独何哉?"俞正燮云:"《卫世家》赞云:'太史公曰:余读世家言。'则《史记》世家谈所造,迁特作赞,自称太史公也。"①俞氏的结论,可以信从。《卫康叔世家》赞语所称"世家言",为太史公自称其书。《陈杞世家》《管蔡世家》称殷、周、秦"有本纪言",陈、杞、宋、齐、鲁、蔡、卫等"有世家言",都同出一例。《五帝本纪》称从有关资料中择取雅言,"著为本纪书首",《秦本纪》称诸侯灭秦,"其语在《始皇本纪》中",《滑稽列传》称齐威王威行天下三十六年,"语在《田完世家》中",《管蔡世家》称将管、蔡等人事迹"附之世家言",《鲁仲连邹阳列传》称邹阳事迹"附之列传",尤可证明《史记》自称其书的情况。《卫康叔世家》的赞语,也显然是针对正文而发。由此可知《卫康叔世家》当为司马谈所作,司马迁"读"其文有所感慨而写成赞语。

王国维云:"公孙季功、董生(自注:非董仲舒)曾与秦夏无且游。考荆轲刺秦王之岁,下距史公之生凡八十有三年,二人未必能及见史公道荆轲事。又樊它广及平原君子辈行,亦远在史公前。然则此三传所纪,史公或追纪父谈语也。"②王氏的论断较为谨慎,顾颉刚先生经详细考证,认为《刺客列传》《樊郦滕灌列传》《郦生陆贾列传》"三传成于谈手无疑",③当属可信。

其余书、表各体,和本纪、世家、列传的其他篇目,也存在司马

① [清]俞正燮:《癸巳类稿》,商务印书馆,1957 年,第 429 页。
② 王国维:《观堂集林》,中华书局,1959 年,第 2 册,第 509 页。
③ 顾颉刚:《史林杂识初编》,中华书局,1963 年,第 227 页。

谈创作的可能，因有些问题还需要深入讨论，这里不一一列出。

（三）内容

如上所举，司马谈作史的篇目有《孝文本纪》、《卫康叔世家》、《刺客列传》等篇，涉及到本纪、世家、列传三种体例，而且有正文，有赞语，有合传，有类传。更为重要的是，孝文帝载入本纪，卫康叔及其子孙入世家，一般人物入列传，分工已经明确。《史记》以纪传体为主体，五体中本纪、世家、列传是最重要的部分。司马谈亲自规划本纪、世家、列传诸体，对《史记》的内容也有巨大影响。《自序》司马谈称欲记"明主贤君忠臣死义之士"，司马迁则云："且余尝掌其官，废明圣盛德不载，灭功臣世家贤大夫之业不述，堕先人所言，罪莫大焉。"两者之间，一脉相承。看来司马迁不仅"论先人所次旧闻"，还有意识地贯彻着司马谈的作史意图。

四、一家之言的精神实质

司马迁在《太史公自序》和《报任安书》中一再宣称著《史记》是为了"成一家之言"。这一目的的提出，也与司马谈大有关系。司马迁所言"家"的概念和内涵，以及"一家之言"的表达方式，都直接来源于司马谈。

司马谈《论六家要指》云："夫阴阳、儒、墨、名、法、道德，此务为治者也。"六家著述着眼于社会政治，它们之所以能自成一家，是因为它们提出了各自的政治主张和治国方略。司马谈认为，各家学说的高下之分，取决于它们作用于政治的实际效果。很显然，《论六家要指》中"家"的概念，与政治学说很相似。而司马谈、司马迁高度赞扬《春秋》，也与《春秋》的政治作用有关。司马谈说："幽、厉之后，王道缺，礼乐衰，孔子修旧起废，论《诗》、《书》，作

《春秋》,则学者至今则之。"又说:"《春秋》采善贬恶,推三代之德,褒周室,非独刺讥而已也。"他认为《春秋》蕴含着褒贬美刺,与"王道"相关。司马迁更是把《春秋》的政治作用发挥到了极致:"太史公曰:余闻董生曰:'周道衰废,孔子为鲁司寇,诸侯害之,大夫壅之。孔子知言之不用,道之不行也,是非二百四十二年之中,以为天下仪表,贬天子,退诸侯,讨大夫,以达王事而已矣。'子曰:'我欲载之空言,不如见之于行事之深切著明也。'夫《春秋》,上明三王之道,下辨人事之纪,别嫌疑,明是非,定犹豫,善善恶恶,贤贤贱不肖,存亡国,继绝世,补敝起废,王道之大者也。……拨乱世反之正,莫近于《春秋》。《春秋》文成数万,其指数千。万物之散聚皆在《春秋》。《春秋》之中,弑君三十六,亡国五十二,诸侯奔走不得保其社稷者不可胜数。察其所以,皆失其本已。故《易》曰'失之豪厘,差以千里'。故曰'臣弑君,子弑父,非一旦一夕之故也,其渐久矣'。故有国者不可以不知《春秋》,前有谗而弗见,后有贼而不知。为人臣者不可以不知《春秋》,守经事而不知其宜,遭变事而不知其权。为人君父而不通于《春秋》之义者,必蒙首恶之名;为人臣子而不通于《春秋》之义者,必陷篡弑之诛,死罪之名。其实皆以为善,为之不知其义,被之空言而不敢辞。夫不通礼义之旨,至于君不君,臣不臣,父不父,子不子。君不君则犯,臣不臣则诛,父不父则无道,子不子则不孝。此四行者,天下之大过也。以天下之大过予之,则受而弗敢辞。故《春秋》者,礼义之大宗也。"太史公父子对《春秋》的议论,实为夫子自道,他们仿效《春秋》,为后王立法,为人伦立准则,用意不言自明。司马谈、司马迁十分重视《春秋》的政治作用,又都以继承孔子《春秋》作史自任,表明他们所要完成的"一家之言",正是像孔子的《春秋》一样有思想、有主张的一部政治著作。

　　《报任安书》说自己作《史记》，"欲以究天人之际，通古今之变，成一家之言"。这三句话，笼统地看，都可以说是《史记》的创作目的。如细加区分，则前两句话是方法和手段，是作者成一家之言的途径。"天人之际"、"古今之变"都属于历史学的范畴。作者叙述历史，目的在于以广阔的社会生活为背景，系统表达自己对社会政治的理想、见解和主张。历史学和政治学研究的统一，是《史记》一家之言得以成立的前提。

　　《史记》的"一家之言"，明显受到先秦诸子的影响，但很难将它们归入儒、道、墨、名、法、阴阳任何一家。《史记》的思想体系兼容百家，自成一体，司马谈的《论六家要指》，为这一体系的建立奠定了基石。司马谈意欲继孔子而作史，决定了政治成为《史记》全书的核心。因此可以说，司马谈最早赋予《史记》以灵魂，《史记》"一家之言"得以成立，离不开他的苦心经营与筹划。

第二节　司马迁与《史记》

　　司马迁，字子长，夏阳（今陕西韩城）人，生于汉武帝建元六年（前135）。[①] 他的父亲司马谈"仕于建元、元封之间"，长期担任史官，并有志于继孔子《春秋》而作史。司马迁从小就受到父亲的精心培养，他读书、游历考察、求诸侯史记、出仕，向董仲舒、孔安国

---

① 《太史公自序》"（司马谈）卒三岁而迁为太史令"《索隐》："《博物志》：'太史令茂陵显武里大夫司马迁，年二十八，三年六月乙卯除，六百石。'"《玉海》卷四十六："《史记正义》：《博物志》云迁年二十八，三年六月乙卯除，六百石。"知《索隐》、《正义》同本于《博物志》。今本《太史公自序》"五年而当太初元年"《正义》："案：迁年四十二岁。""四"当为"三"之误。

问学,都是在为作史做准备,而《史记》的撰述前后经历了数十年的时间。

一、多方学习积累资料

司马迁在《自序》中称"年十岁则诵古文"。据《索隐》引刘伯庄说,古文是指《左传》、《国语》、《世本》等书,这说明司马迁已具备了相当的小学基础。根据卫宏《汉旧仪》的记载,司马迁十几岁的时候,父亲司马谈曾让他乘传外出,"求古诸侯之史记"。

《自序》详细记载了司马迁二十壮游的经历,《史记》许多篇目记录了司马迁的行踪,有不少也与此次出游有关。王国维《太史公行年考》具体描绘了这次游历的路线:

> 适长沙,观屈原所自沉渊;浮于沅、湘;窥九疑;南登庐山,观禹疏九江,遂至于会稽、大湟;上会稽,探禹穴;上姑苏,望五湖;适楚,观春申君故城宫室;适淮阴;行淮、泗、济、漯;北涉汶、泗;讲业齐、鲁之都,观孔子之遗风,乡射邹、峄;适鲁,观仲尼庙堂车服礼器,诸生以时习礼其家,厄困鄱、薛、彭城;过薛;适丰、沛;过梁、楚以归,适大梁之墟。①

这次壮游,是司马迁在父亲司马谈的指导下进行的,这是一次目的明确、针对性极强的专业训练。通过实地考察,调查访问,司马迁得以最大限度地接触自然和社会,开阔了胸襟,增长了知识,丰富了阅历,提高了眼界,更锻炼了意志。这对于他创作《史记》,帮助极大。《史记》对山川地理、文物古迹、风俗民情、历史人物和事件的记载,有许多直接得益于作者行万里路的亲身实践。

也正是在游历前后,司马迁曾向董仲舒、孔安国请教过学问。

---

① 王国维:《观堂集林》,第 2 册,第 487 页。

董仲舒以治《公羊春秋》著称,孔安国则以治《尚书》名家。通过向这两位大师学习,司马迁深化了对史学的认识,更充分地占有了文献资料。

《历代人物传记资料汇编》第 1 册《历代帝王名臣相》之司马迁像

二、接受父亲遗命

司马谈仕于建元、元封之间。作为太史,他立志继孔子《春秋》而有所著述。他深感此项工作任重而道远,故有意识地培养儿子司马迁,使之成为自己的助手和接班人。司马迁十岁而诵古文,十余岁外出寻求诸侯史记,二十而南游江淮,在此前后向孔安国、董仲舒请教学问,都与司马谈的刻意培养有关。据《自序》记载,司马谈曾多次明确表示,希望司马迁继承自己的事业,完成

《史记》的创作。

> 太史公曰:先人有言:"自周公卒五百岁而有孔子。孔子卒后至于今五百岁,有能绍明世,正《易传》,继《春秋》,本《诗》、《书》、《礼》、《乐》之际?"意在斯乎! 意在斯乎! 小子何敢让焉。

> 百年之间,天下遗文古事靡不毕集太史公。太史公仍父子相续纂其职。曰:"於戏! 余维先人尝掌斯事,显于唐虞,至于周,复典之,故司马氏世主天官。至于余乎,钦念哉! 钦念哉!"

元封元年初,仕为郎中不久的司马迁完成出使西南的使命,风尘仆仆地赶回京师。不想他的父亲司马谈因未能参加向往已久的封禅大典,竟"发愤且卒"。司马迁在河、洛之间见到垂危的父亲,聆听了老太史公的最后教诲。《自序》真切地记录了这一令人动容的场景:

> 太史公执迁手而泣曰:"余先周室之太史也。自上世尝显功名于虞夏,典天官事。后世中衰,绝于予乎? 汝复为太史,则续吾祖矣。今天子接千岁之统,封泰山,而余不得从行,是命也夫,命也夫! 余死,汝必为太史;为太史,无忘吾所欲论著矣。且夫孝始于事亲,中于事君,终于立身。扬名于后世,以显父母,此孝之大者。夫天下称诵周公,言其能论歌文、武之德,宣周、邵之风,达太王、王季之思虑,爰及公刘,以尊后稷也。幽、厉之后,王道缺,礼乐衰,孔子修旧起废,论《诗》、《书》,作《春秋》,则学者至今则之。自获麟以来四百有余岁,而诸侯相兼,史记放绝。今汉兴,海内一统,明主贤君忠臣死义之士,余为太史而弗论载,废天下之史文,余甚惧焉,汝其念哉!"迁俯首流涕曰:"小子不敏,请悉论先人所次

旧闻，弗敢阙。”

　　在生命的最后时刻，司马谈念念不忘的是《史记》的创作。他的深情，他的期望，他的殷殷嘱托，极大地感染了司马迁，司马迁当着父亲的面，立下了庄严的保证。就从这一刻起，创作《史记》的重任完全落到了司马迁的肩上。对于司马迁而言，完成《史记》已不仅是个人的意向和爱好，也不仅仅是孝道的体现，而更重要的是一种历史使命和责任。

云云遷俯首流涕曰小子不敏請悉論先人所次舊聞不敢缺卒三歲而遷為太史令紬史記金鐀石室之書一月甲子朔旦冬至天曆始改建於明堂諸神受記太史公曰先人有言周公卒五百歲而有孔子孔子卒至今五百歲有能紹而明之正易傳繼春秋本書詩禮樂之際意在斯乎小子何敢讓焉於是論次其文七年而遭李陵之禍止自黃帝始

静嘉堂文库藏元后至元六年刊《玉海》卷四六
《正史·司马迁传》引张守节《正义》

三、作史过程

元封三年(前108),司马迁实现了父亲遗愿的第一步,当上了太史。他立即开始"紬史记石室金匮之书",从事写作的资料准备。

太初元年(前104)在司马迁人生历程中是不同寻常的一年。此年,他积极倡导并参与制定的《太初历》完成并颁布施行。太初改历,标志着汉武帝"封禅、改正朔、易服色"等一系列改制的最终完成。与此同时,司马迁开始"论次其文"。在最初的创作实践中,司马迁做了一件重要的事情,就是修正作史断限。《自序》叙述《史记》记事断限的地方共有两处。一曰"于是卒述陶唐以来,至于麟止,自黄帝始",二曰"余述历黄帝以来至太初而讫,百三十篇"。这两处文字所言《史记》上下限各有两个:陶唐与黄帝,麟止与太初。对于这两个不同的断限,以前学者取舍各异,众说纷纭,有人甚至认为《自序》经后人窜乱。其实,从司马谈、司马迁父子共同作史的观点出发,这两个断限各有所属,并不矛盾。顾颉刚先生云:"获麟,《春秋》之所终也,帝尧,《尚书》之所始也。谈既欲继孔子而述作,故曰'卒述陶唐以来至于麟止'。"①司马迁认为太初正值《天官书》所云"百年"之期,当西汉鼎盛之际;而太初改历,是西汉盛世的象征;也恰恰是从太初元年开始,司马迁正式投入了《史记》的创作。因此,司马迁将作史下限延伸至太初,是极为自然的。太初共有四年,故《史记》将述史最后断限定在太初四年。黄帝是中华民族的共同祖先,夏、殷、周三代君主,列国诸侯,无不源出黄帝。司马迁从文献资料的辨证入手,又通过考察风俗教化,了解口碑传言,更经过一番深思熟虑,选择鉴别,将黄帝定

---

① 顾颉刚:《史林杂识初编》,第231页。

为作史的上限。

太初元年以后的六、七年,司马迁一面任职,一面作史。他受到汉武帝的信任,过着较为舒心的生活,对现实社会,对汉武帝本人的看法,都带有许多理想化的成分。他在与壶遂的对话中,透露出此一时期的作史宗旨,是以歌颂为主调:"汉兴以来,至明天子,获符瑞,封禅,改正朔,易服色,受命于穆清,泽流罔极,海外殊俗,重译款塞,请来献见者,不可胜道。臣下百官力诵圣德,犹不能宣尽其意。且士贤能而不用,有国者之耻;主上明圣而德不布闻,有司之过也。且余尝掌其官,废明圣盛德不载,灭功臣世家贤大夫之业不述,堕先人所言,罪莫大焉。"

天汉三年(前98),巨大的不幸降临到司马迁的身上。司马迁因李陵事件得罪汉武帝而被处以腐刑。李陵之祸对司马迁的身心打击沉重之极。以此为契机,司马迁的思想也发生了巨变。这对《史记》创作影响深远。

司马迁把维护人格尊严,不受屈辱分为若干等级:

> 太上不辱先,其次不辱身,其次不辱理色,其次不辱辞令,其次诎体受辱,其次易服受辱,其次关木索、被箠楚受辱,其次剔毛发、婴金铁受辱,其次毁肌肤、断肢体受辱,最下腐刑,极矣。①

面对死亡与腐刑的严酷选择,司马迁经过极为激烈的思想斗争,认真思考了生命的价值和意义,终于悟出了这样一个生活的哲理:"人固有一死,或重于太山,或轻于鸿毛,用之所趋异也。"②

---

①［汉］司马迁:《报任安书》,见［梁］萧统编,［唐］李善注:《文选》卷四一,中华书局,1977年,第579页。

②［汉］司马迁:《报任安书》,见［梁］萧统编,［唐］李善注:《文选》卷四一,第579页。

司马迁认为,从容赴死并不困难,甚至连奴仆婢妾都能做到,但正确对待死亡,真正做到死得有价值,却并非易事。为了保存一具躯壳而苟且偷生,固然为人们所不齿;而身死名灭,也与蝼蚁无异。当《史记》草创未就之际,如果自己一死了之,无疑有悖于史官的职责,也会辜负父亲的殷勤嘱托,父子两代人的理想和心血就会付之东流。这时去死,不是勇敢,而恰恰是怯懦。经过激烈的内心斗争,反复思考权衡,司马迁的思想得到升华,建立起了卓越的生死观和荣辱观。正是这种巨大的精神力量,才使他有足够的勇气去面对无以复加的耻辱。孔子说过"君子疾没世而名不称",司马迁对此深表赞同,《孔子世家》《伯夷列传》中一再提到这句话。《自序》说:"且夫孝,始于事亲,中于事君,终于立身。扬名于后世,以显父母,此孝之大者。"①《报任安书》云:"仆闻之:修身者,智之符也;爱施者,仁之端也;取与者,义之表也;耻辱者,勇之决也;立名者,行之极也。士有此五者,然后可以托于世,而立于君子之林矣。"②立身扬名,不仅是孝道的最高准则,而且是人生追求的至高境界。人生际遇,荣辱无常。自古以来,富贵之人而名姓不彰者,不可胜记,相反,有的人生时寂寞,死后却得以名垂后世。司马迁认为,只要能完成《史记》,就可以"偿前辱之责",即便是死一万次,自己也无怨无悔!

　　通过李陵之祸,司马迁清楚地看到了西汉盛世的另一面:所谓"明主贤君"并非完人,朝廷大臣多随声附和、阿谀奉承之辈,亲朋之间,人情淡薄如水,酷吏凶神恶煞,令人不寒而栗。更为主要

①这是司马谈的话,但也反映了司马迁的认识。
②[汉]司马迁:《报任安书》,见[梁]萧统编,[唐]李善注:《文选》卷四一,第576页。

的是:冷峻的现实如同清醒剂,大大冲淡了司马迁的激情、天真和
幻想,使他以更为冷静的眼光来观察和分析周围的世界,更加深
入地思考社会、历史和人生。司马迁这一段痛苦的经历和人生体
验,后来成为他从事创作的宝贵精神财富。在《史记》中,写了许
多不甘受辱、不惜牺牲生命的人物,如王蠋、田横、项羽、李广;写
了许多身处逆境,却能忍辱负重,终于成就功业,扬名后世的志
士,如越王句践、伍子胥、荆轲、韩信、季布等;对孔子、孙膑、屈原、
虞卿等人"发愤著书"的精神,作者更是不遗余力地加以彰扬。司
马迁卓越的生死观和荣辱观,他对社会、人事的敏锐洞察,在《史
记》的许多篇章中熠熠生辉。

　　征和二年(前91),《史记》的创作工作已经基本完成。《报任
安书》说:"仆窃不逊,近自托于无能之辞,网罗天下放失旧闻,略
考其行事,综其终始,稽其成败兴坏之纪,上计轩辕,下至于兹,为
十表,本纪十二,书八章,世家三十,列传七十,凡百三十篇。"①
《太史公自序》叙述全书及各部分篇数,与《报任安书》全同,而补
充说明一百三十篇总字数为"五十二万六千五百字",《自序》完成
以后,《史记》全书已最后定稿。

四、作史时间

　　赵翼曰:"司马迁《报任安书》谓身遭腐刑,而隐忍苟活者,恐
没世而文采不表于后世也。论者遂谓迁遭李陵之祸,始发愤作
《史记》,而不知非也。其《自序》谓父谈临卒,属迁论著历代之史,
父卒三岁,迁为太史令,即绀石室金匮之书,为太史令五年,当太

---

① [汉]司马迁:《报任安书》,见[梁]萧统编,[唐]李善注:《文选》卷四一,第
　　581页。

初元年,改正朔,正值孔子《春秋》后五百年之期,于是论次其文。会草创未就,而遭李陵之祸,惜其不成,是以就刑而无怨。是迁为太史令即编纂史事,五年为太初元年,则初为太史令时乃元封二年也。元封二年至天汉二年遭李陵之祸,已十年。又《报任安书》内谓安抱不测之罪,将迫季冬,恐卒然不讳,则仆之意终不得达,故略陈之。安所抱不测之罪,缘戾太子以巫蛊事斩江充,使安发兵助战,安受其节而不发兵。武帝闻之,以为怀二心,故诏弃市。此书正安坐罪将死之时,则征和二年间事也。自天汉二年至征和二年,又阅八年。统计迁作《史记》,前后共十八年。况安死后,迁尚未亡,必更有删订改削之功,盖书之成凡二十余年也。其《自序》末谓自黄帝以来,至太初而讫。乃指所述历代之事止于太初,非谓作史岁月至太初而讫也。"①赵翼所论司马迁作史的时间,大体上是正确的。但《史记》是太史公父子两代人辛勤劳动的产物,司马谈发凡起例在前,司马迁继志作史在后,讨论《史记》创作时间,不应忽视司马谈作史这一因素。司马谈仕于建元元封之间,任太史之职长达三十年。太史公父子用于《史记》创作的时间,理应超过赵翼所说的二十余年。

第三节 《史记》的亡缺与续补

一、十篇有录无书

班彪云:"(司马迁)作本纪、世家、列传、书、表凡百三十篇,而

---

① [清]赵翼著,王树民校证:《廿二史札记校证》,中华书局,2013 年,第 1—2 页。

十篇缺焉。"①

《汉书·艺文志》："《太史公》百三十篇。十篇有录无书。"②

《汉书·司马迁传》："凡百三十篇,五十二万六千五百字,为《太史公书》。……迁之自序云尔。而十篇缺,有录无书。"③

《汉书·艺文志》根据刘向、刘歆父子所著《别录》、《七略》节缩而成,凡有部类调整、篇目增省,无不一一注明。以上所引资料表明,《史记》在西汉末年至东汉初年已缺十篇。班彪"家有赐书",有《太史公》秘书之副本,刘向、刘歆、班固则都曾典校秘书,他们认定《史记》十篇有录无书,应属可信。

二、亡书的判断

班氏、刘氏父子都曾指出《史记》十篇有录无书,但没有指出具体篇名。第一个列出《史记》亡书篇目的是张晏,他说:

> 迁没之后,亡《景纪》、《武纪》、《礼书》、《乐书》、《兵书》、《汉兴以来将相年表》、《日者列传》、《三王世家》、《龟策列传》、《傅靳列传》。元、成之间,褚先生补缺,作《武帝纪》、《三王世家》、《龟策》、《日者传》,言辞鄙陋,非迁本意也。④

对于张晏列的十篇亡书,不少学者有不同看法。为此,余嘉锡《太史公书亡篇考》详加考辨,证成其说,提出了不少精辟的见解,可参看。这里从分析有关材料入手,参考前人的意见,提出判

---

① 《后汉书》,中华书局,1965 年,第 5 册,第 1325 页。

② 《汉书》,中华书局,1962 年,第 6 册,第 1714 页。

③ 《汉书》,第 9 册,第 2723—2724 页。

④ 《汉书·司马迁传》颜师古注引,见《汉书》,第 9 册,第 2724—2725 页。《史记·太史公自序》之《集解》、《索隐》略同。

定十篇存亡的三条标准。

（一）版本

卫宏说："司马迁作《景帝本纪》，极言其短及武帝过，武帝怒而削去之。"①对于卫宏提出的削书说，后世学者多有怀疑。但《景纪》、《武纪》是否亡佚与因何而亡是两回事，不能混为一谈。王肃云："汉武帝闻其述《史记》，取孝景及己本纪览之，于是大怒，削而投之。于今此两纪有录无书。"②说明三国时《景纪》、《武纪》还是"有录无书"。

褚少孙补《三王世家》和《龟策列传》称："传（指《太史公自序》）中称《三王世家》文辞可观，求其世家终不能得。"又称："臣以通经术，受业博士，治《春秋》，以高第为郎，幸得宿卫，出入宫殿中十有余年。窃好《太史公传》。……臣往来长安中，求《龟策列传》不能得。"《三王世家》和《龟策列传》在十篇亡书中，应是事实。

《景纪》、《武纪》、《三王世家》、《日者列传》的亡缺，证明刘向父子等所说《史记》十篇有录无书，并非虚言。

（二）体例

今天所见十篇，体例多与《史记》抵触。分别论列如次。

《史记》各本纪，都是言事并重，人物对话、诏令多载其中，《孝景本纪》记言之文片言只字不存，与其他各篇体例迥异。各本纪对重大历史事件记载甚详，而《景纪》则纯用编年之法，也与他纪判然有别。

《史记》各篇，未有移甲充乙，彼此完全重复者。今《孝武本纪》全录《封禅书》，显出后人补窜。

---

① 《史记·太史公自序》之裴骃《集解》引卫宏《汉书旧仪注》。
② 《三国志》，中华书局，1959 年，第 2 册，第 418 页。

《史记》每篇各有论赞,《汉兴以来将相名臣年表》独无,《将相表》中的倒书,则为他篇所无。

《史记》凡载皇子封王及同姓诸侯之事,必载其所出、封年,并及行状。今之《三王世家》仅录诏书而无一语涉及传主事迹,罗列封策三王之文而又不载年号(甚至不详朝代),连三王为何人之子都未明言,其在《史记》,实属绝无仅有。

《史记》类传,以其所载人物众多,故不以人名标目,扁鹊、仓公,同为中医高手,二人合传,本是以类相从,《史记》以"扁鹊仓公"名篇而不与其他类传同等处理,区别即在于人物之多寡。今《日者列传》仅记司马季主一人,《龟策列传》止叙宋元王一事,足见续补者未能顾及类传体例。

《史记》立传之人,必叙其所出,详其爵里,汉代人物尤其如此。《傅靳蒯成列传》不载傅宽、靳歙二人籍贯,显与作史体例不合。且此传全同《汉书》,记言之文共二十余字,而蒯成侯一传,寥寥百余字,几乎全抄《高祖功臣侯者年表》,这在《史记》中亦罕有其匹。

(三)内容

十篇的内容,多不合史公原定宗旨,又多超出太初断限,且多疏略谬误。

《孝景本纪》篇末载景帝崩后"太子即位,是为孝武皇帝"。文中称武帝之谥,当出后人追叙。

武帝被司马迁称为"今上",《自序》也明言作"今上本纪"。今本《孝武本纪》篇首十余字袭用《孝景本纪》,以下全抄《封禅书》。文中多处称武帝为"孝武皇帝",而"今上"、"今天子"之称也杂于其中。全篇所载,只有封禅一事,且系抄袭,而于武帝外攘夷狄,内修法度,改正朔,易服色诸事,一概不录,与《自序》之意,相距甚远。

《汉兴以来将相名臣年表》"大事记"一栏,皆列国家大事,将相只载其封薨诛免,不录其有无发明建树,也不载其秽行劣迹,与《自序》"贤者记其治,不贤者彰其事"不相应。此表下限迄于鸿嘉元年,且称成帝之谥,太初前后记事也没有任何标志加以区别。

根据《自序》,《礼书》、《乐书》应载述古今礼乐之损益变化。今《礼书》杂取《荀子》中《礼论》及《议兵》两部分内容敷衍成文,《乐书》则多取《乐记》成篇。虽洋洋洒洒,议论可观,而于古往今来音乐之变,则草草了事,至于三代礼之损益及古今礼制递变,更是懵然不知何处下手,喧宾夺主,空发议论,显而易见。《议兵》之文,搀入《礼论》,更是不伦不类。《乐书》所记,事多谬误,不一而足。

《律书》以律为名而言兵,其言兵之文,又与《自序》所言《司马法》、太公、孙子、吴起、王子等渺不相涉,当是后人割取言历文字拼凑而成。

《龟策列传》载丘子明之属因巫蛊被族,事在征和之后,远远超出太初断限。

如前所述,从《史记》的版本、体例、内容三个方面综合考察,不难知道今本《史记》虽然十篇篇目俱在,但已不是史公原作。

三、《史记》的续补

前人使用续补二字,往往混而同之,不加区分。这里有必要对"续"和"补"下一定义。"续"指《史记》原文俱在,好事者踵继其后,附录续载太初以后事(《史记》以太初为记事下限);"补"指《史记》原作已佚,后人补其亡缺。按照这一界说,两汉时真正续补《史记》的,只有褚少孙、冯商二人,其他人都只是续而没有补。

（一）褚少孙续补《史记》

张晏曾说，《史记》十篇既亡，"元、成之间，褚先生补缺，作《武帝纪》、《三王世家》、《龟策》、《日者传》"。① 今《三王世家》、《龟策列传》、《日者列传》褚少孙所补文字俱在，都标明"褚先生曰"。《三王世家》、《龟策列传》且称求史公原文而不能得，则此三篇为褚氏补亡之作可知。今本《孝武本纪》抄《封禅书》，篇中无"褚先生曰"，而郑樵《通志》引张晏云："惟《武帝纪》，迁没其书残缺，褚少孙补之，所谓褚先生是也。"②据此，《孝武本纪》褚氏所补者亦称

台北傅斯年图书馆藏北宋景祐监本《史记·太史公自序》

①《汉书·司马迁传》颜师古注引，见《汉书》，第 9 册，第 2724 页。

②［宋］郑樵：《通志》，第 1 册，中华书局，1987 年，第 83 页中栏。

"褚先生曰"。今本此篇既非史公原作,也非褚氏补作,系后人取
《封禅书》凑数。

褚少孙续补篇目有明文可考者共六篇:《三代世表》《建元以
来侯者年表》《外戚世家》《梁孝王世家》《田叔列传》《滑稽列
传》。褚少孙续史六篇加上补亡之作四篇,总计褚氏续补《史记》
达十篇之多。

褚少孙续补《史记》的时间,有的在元帝初年,也有的在宣帝
之世褚氏为郎而未为博士之时。

褚少孙续补《史记》,有两个显著的特点。一是全部标明"褚
先生曰",而且往往明言材料来源及作文目的,绝无鱼目混珠之
嫌。后人把没有标明"褚先生曰"的续补文字一起归到褚氏名下,
明显欠妥。二是褚氏续补的文字一开始就依附于《史记》而行。

(二)冯商续补《史记》

《汉书·艺文志》"《太史公》百三十篇"之后,有"冯商所续《太
史公》七篇"。又云:"凡春秋二十三家,九百四十八篇,省《太史
公》四篇。"杨树达云:"韦引班彪《别录》及《张汤传》如淳注引班固
《目录》并云商续十余篇,而《志》文只七篇者,姚振宗谓商书本十
一篇,班氏省去四篇,故为七篇。其说是也。"①颜师古云:"《七
略》云商阳陵人,治《易》,事五鹿充宗,后事刘向,能属文,后与孟
柳俱待诏,颇序列传,未卒,病死。"②西汉续《史记》者虽有十余
家,但见于《七略》者只有冯商一家。《汉书·艺文志》全据《别
录》《七略》节缩而成,凡有出入删省,必加注明。冯商所作十余
篇载于《七略》,《汉志》仅录七篇,故有"省《太史公》四篇"的说明。

---

① 杨树达:《汉书窥管》,商务印书馆,2017年,第192页。
② 《汉书》,第6册,第1715页。

又《汉志》著录,多存作者姓名,因《志》文著录《太史公》只有司马迁、冯商两家,而史公原文,自无删省之理,故所省《太史公》四篇,必为冯商所作无疑。

冯商所续《太史公》十余篇,本是别本单行。刘歆《七略》曾经著录,《汉书·艺文志》保留冯商所作《太史公》七篇,当是补亡之作,删除四篇,应是续《史记》之文。四篇因所记内容在《史记》断限之后,因此被班固删去而不得与《史记》并列。

(三)其他续补者

《史通·古今正史》:

> 《史记》所书,年止汉武,太初已后,阙而不录。其后刘向、向子歆及诸好事者若冯商、卫衡、扬雄、史岑、梁审、肆仁、晋冯、段肃、金丹、冯衍、韦融、萧奋、刘恂等相次撰续,迄于哀、平间,犹名《史记》。至建武中,司徒掾班彪以为其言鄙俗,不足以踵前史。又雄、歆褒美伪新,误后惑众,不当垂之后代者也。于是采其旧事,旁贯异闻,作《后传》六十五篇。其子固以父所撰未尽一家,乃起元高皇,终乎王莽,十有二世,二百三十年,综其行事,上下通洽,为《汉书》纪、表、志、传百篇。①

《史通》所举各家,除冯商外,其余都是续载太初以后事。诸家续书多鄙俗,且零星不成系统,班彪采其事作《后传》六十五篇,班固在此基础上撰成《汉书》,各家续书自然也就失去了存在的价值,故《汉志》均未著录。诸家续书的内容虽与《史记》关系不大,但他们续书的名称,却值得注意。据陈直先生考证,《太史公书》之名

---

① [唐]刘知几著,[清]浦起龙通释,王煦华整理:《史通通释》,上海古籍出版社,2009年,第314页。

演变为《史记》,当在东汉桓帝时,前此无《史记》之名。① 刘知几从后来书名简称《太史公书》及其续书为"史记",若恢复原来的名称则当为"太史公"或"太史公书"(《艺文志》冯商续书及所删四篇均称为《太史公》),则当时续书者多以"太史公"为称可知。书名既定为"太史公",文中以"太史公"来发表议论,也就成为顺理成章的事。《张丞相列传》历记征和之后车千秋、韦贤、韦玄成、魏相、邴吉、黄霸、匡衡、郑弦等人的事迹,赞语以"太史公曰"对他们发表议论,即是明证。后人往往以篇中有无"太史公曰"来判断其是否太史公原作,实不可取。

---

① 陈直:《汉晋人对〈史记〉的传播及其评价》,见历史研究编辑部编:《司马迁与〈史记〉论集》,第 221 页。

第二章　《史记》的内容

　　《史记》一百三十篇，分为本纪、表、书、世家、列传五种体例。本纪记天下大事，主要反映王朝兴衰的历史；世家主要记诸侯国之事，也兼载少数对历史发展具有重要影响的人物；列传所载人物最为广泛，上至公卿大夫，下至庶民百姓，都在载录之列。本纪、世家、列传三种体例，是《史记》的主体。三者之中，本纪为核心，世家、列传围绕本纪辐射展开，丰富、完善本纪所载历史内容。书载典章制度及与国计民生有密切关系的经济、文化专题，以进一步扩大反映社会生活的层面。表以编年的形式记载国家大事，表列王侯将相公卿大夫，使历史在历时性和共时性两个方面都得到鲜明集中的反映。这是五体总的分工。下面对五体内容作些具体的分析。

　　《史记》五体先后次第为：十二本纪，十表，八书，三十世家，七十列传。兹分别加以论述。

第一节　十二本纪

　　十二本纪（自卷一至卷十二）先后顺序为：

　　　《五帝本纪》第一

　　　《夏本纪》第二

《殷本纪》第三

《周本纪》第四

《秦本纪》第五

《秦始皇本纪》第六

《项羽本纪》第七

《高祖本纪》第八

《吕太后本纪》第九

《孝文本纪》第十

《孝景本纪》第十一

《今上本纪》第十二

　　十二本纪，自黄帝讫于汉武，构成了《史记》通史的骨架，是作者"通古今之变"的主要内容。

南宋黄善夫刻本《史记·五帝本纪》

　　根据司马迁对历史阶段的划分,五帝、夏、殷至西周为上古时期,战国、秦楚之际为近古时期,自汉高祖到作者生活的年代属于现当代史的范畴。但本纪的设置,并没有按照这一分期作机械的处理。《周本纪》下及东、西周之亡,《秦本纪》上溯至帝颛顼之裔孙女修,力求做到推本"王迹所兴,原始察终,见盛观衰",系统考察历史发展的全过程,从中找出规律性的东西。作者研究历史的方法,在这里得到了充分的体现。

　　《史记》本纪,以帝王为主而不限于帝王,体例与后世史书不尽相同,本书《史记体例分析》一章将作详细的论述。

第二节　十表

　　十表(自卷十三至卷二十二)先后顺序为:

　　　　《三代世表》第一

　　　　《十二诸侯年表》第二

　　　　《六国年表》第三

　　　　《秦楚之际月表》第四

　　　　《汉兴以来诸侯王年表》第五

　　　　《高祖功臣侯者年表》第六

　　　　《惠景间侯者年表》第七

　　　　《建元以来侯者年表》第八

　　　　《建元以来王子侯者年表》第九

　　　　《汉兴以来将相名臣年表》第十

　　《史记》十表,以历史发展阶段为线索,集中反映了作者对历史分期的观点。

　　《十二诸侯年表》云:"吕不韦者,秦庄襄王相,亦上观尚古,删拾春秋，集六国时事，以为八览、六论、十二纪，为《吕氏春秋》。"
《六国年表》云："然战国之权变亦有可颇采者，何必上古。"司马迁
对"上古"的论述前后不尽一致，《十二诸侯年表》中的"尚古"是指
春秋之前，《六国年表》则包括春秋，这可以理解为上古时期的两
个不同阶段。《三代世表》起于黄帝，讫于共和（前841），这是王权
高度集中的封建时期。《十二诸侯年表》始于共和，讫于孔子（前
477），这是王权衰落、挟天子以令诸侯的霸政时期。两表合起来，
构成《史记》上古史的内容。

《六国年表》将"战国"与"上古"对举，《项羽本纪》称项羽起三
年而率诸侯灭秦，为"近古以来未尝有"，这是《史记》对近代史的
理解。《六国年表》起于周元王元年（前476），止于秦二世之灭（前
207），《秦楚之际月表》起于陈涉发难（前209），终于刘邦称帝（前
201），构成《史记》近古史的内容。

南宋黄善夫刻本《史记·十二诸侯年表》

《汉兴以来诸侯王年表》以下六表,是《史记》所写现、当代史。

第三节　八书

八书(自卷二十三至卷三十)先后顺序为:

《礼书》第一

《乐书》第二

《律书》第三

《历书》第四

《天官书》第五

《封禅书》第六

《河渠书》第七

《平准书》第八

八书着眼于政治,记载典章制度及与国计民生关系紧密之事。礼乐乃帝王治国的重要手段,列于六艺,为孔子所重视。司马迁认为六艺都有益于治道,《自序》云"《礼》经纪人伦,故长于行","《乐》乐所以立,故长于和",对于移风易俗具有重要作用。作《礼书》、《乐书》是为了记载古往今来礼乐的变化损益,以观风俗,考得失。《自序》云:"非兵不强,非德不昌,黄帝、汤、武以兴,桀、纣、二世以崩,可不慎欤?"兵可以兴邦,亦可以亡国,当然应在研究之列。《律书》的内容,实际上是写"兵权",即是《兵书》。司马贞、张守节都认为"古者师出以律,则凡出军皆听律声",故以《律书》之名写兵事。《历书》云:"明时正度,则阴阳调,风雨节,茂气至,民无夭疫。"反之则灾祸频仍。故历法为"王者所重"。《天官书》记录了五百五十八颗恒星,并记载了日食、月食、彗星、陨星、星体色变、行星逆留等天文现象,并初步总结了天文学的一些规律。作者认为,天象变化与社会人事存在联系,《天官书》中有大量天人感应的例证。作者还认为,天体运行规律,也与社会政治有关:"夫天运,三十岁一小变,百年中变,五百载大变;三大变一纪,三纪而大备:此其大数也。为国者必贵三五。上下各千岁,然后天人之际续备。"以天象借鉴政治得失,提醒统治者"修德修政",是作者"究天人之际"的目的所在。古称国之大事,在祀与戎。《封禅书》开宗明义,云:"自古受命帝王,曷尝不封禅?""封"的特定涵义是"泰山上筑土为坛以祭天,报天之功","禅"指"泰山下小山上除地,报地之功"。推而言之,凡"筑土为坛以祭天"者,都可以称"封",凡"小山上除地"而祭者,都可以称"禅",故《封禅

日本神田文库藏唐钞本《史记·河渠书》

书》泛及各种祭祀。封禅是在位者巩固其统治的一项重要举措。自古以来,中国水灾严重,禹治大水而"诸夏艾安,功施于三代",历代统治者都把治水作为重大政治措施。作者深感水之为利为害,故作《河渠书》。《洪范》八政,一曰食,二曰货,粮食货币直接关系人民生活,国家治乱,故作《平准书》。据《汉书·百官公卿表》,大司农属官有平准令,专司贱买贵卖,平抑郡国物价,此篇所记重点在述评武帝时的平准、均输等政策,故名其篇曰《平准书》。

《自序》云:"天人之际,承敝通变,作八书。"八书是作者"究天人之际,通古今之变"的重要方面,作者设立此体的着眼点,主要是所载内容与社会政治的联系。《史记》八书中不设艺文、地理诸志,也与此有关。

第四节　三十世家

三十世家(自卷三十一至卷六十)先后顺序为:

一、吴太伯,二、齐太公,三、鲁周公,四、燕召公,五、管蔡,六、陈杞,七、卫康叔,八、宋微子,九、晋,一〇、楚,一一、越王句践,一二、郑,一三、赵,一四、魏,一五、韩,一六、田敬仲完,一七、孔子,一八、陈涉,一九、外戚,二〇、楚元王,二一、荆燕,二二、齐悼惠王,二三、萧相国,二四、曹相国,二五、留侯,二六、陈丞相,二七、绛侯周勃,二八、梁孝王,二九、五宗,三〇、三王。

三十世家,大致可分为四组。自《吴太伯世家》至《郑世家》共十二篇,为第一组,载周初所封诸侯;自《赵世家》至《田敬仲完世家》四篇,为第二组,载春秋末年代立四国;《孔子世家》、《陈涉世家》、《外戚世家》三篇,为第三组。这几篇的主人公并非王侯,在三十世家中较为特殊。自《楚元王世家》至《三王世家》共十一篇，为第四组，载汉代王侯。在这四组中，第一、二、四组所载均为王侯，但西周及汉代诸侯有许多并不见于世家，相反，孔子、陈涉、外戚并不是王侯，却列于世家。对此，后代非难颇多，本书《史记体例分析》一章将详加论述，此不赘述。

法藏敦煌卷子《史记·管蔡世家》残卷

第五节　七十列传

七十列传（自卷六十一至卷一百三十）先后顺序为：

一、伯夷（附叔齐），二、管晏，三、老子韩非（附庄子、申不害），四、司马穰苴，五、孙子（孙武、孙膑）吴起，六、伍子胥，七、仲尼弟子，八、商君，九、苏秦（附苏代、苏厉），一〇、张仪（附陈轸、犀首），一一、樗里子甘茂（附甘罗），一二、穰侯，一三、白起王翦，一四、孟子荀卿（附齐三邹子、稷下学者及公孙龙等），一五、孟尝君，一六、平原君虞卿，一七、魏公子，一八、春申君,一九、范睢蔡泽,二〇、乐毅,二一、廉颇蔺相如(附赵奢、李牧),二二、田单(附太史嫩女、王蝎),二三、鲁仲连邹阳,二四、屈原贾生,二五、吕不韦,二六、刺客(曹沫、专诸、豫让、聂政、荆轲),二七、李斯,二八、蒙恬,二九、张耳陈余,三〇、魏豹彭越,三一、黥布,三二、淮阴侯,三三、韩王信卢绾(附陈豨),三四、田儋(附田荣、田横),三五、樊郦滕灌,三六、张丞相(附周昌、任敖、申屠嘉),三七、郦生陆贾,三八、傅靳蒯成,三九、刘敬叔孙通,四〇、季布栾布(附季心、丁公),四一、袁盎晁错,四二、张释之冯唐,四三、万石张叔(附卫绾、直不疑等),四四、田叔,四五、扁鹊仓公,四六、吴王濞,四七、魏其武安侯(附灌夫),四八、韩长孺,四九、李将军,五〇、匈奴,五一、卫将军骠骑,五二、平津侯主父,五三、南越,五四、东越,五五、朝鲜,五六、西南夷,五七、司马相如,五八、淮南(刘长、刘安)衡山,五九、循吏(叔孙敖、子产、公仪休、石奢、李离),六〇、汲郑,六一、儒林(申公、辕固生、韩生、伏生、董仲舒),六二、酷吏(郅都、宁成、周阳由、赵禹、张汤、义纵、王温舒、杨仆、减宣、杜周),六三、大宛(附乌孙、康居、奄蔡、大月氏、安息、条枝、大夏),六四、游侠(朱家、剧孟、郭解),六五、佞幸(邓通、韩嫣、李延年),六六、滑稽(淳于髡、优孟、优旃),六七、日者,六八、龟策,六九、货殖(范蠡、子贡、白圭、猗顿、乌氏倮、巴寡妇清、卓氏、程郑、孔氏、曹邴氏、刀间、师史、任氏、桥姚、无盐氏、关中诸田、栗氏、杜氏),七〇、太史公自序(司马氏祖先、司马谈、司马迁)。

《史记》一百三十篇,列传占了半数以上。五体之中,要数列传的内容最为丰富、具体。《自序》云:"扶义俶傥,不令己失时,立功名于天下,作七十列传。"列传之中,有舍生取义的高节之士,有

功名俱著的大政治家、军事家,有著书立说的学者,有纵横捭阖的
策士,有王侯公卿、将相大臣,也有布衣平民,有刺客、游侠,有倡
优赘婿,有日者策龟方技之人,有佞幸之徒,循吏、酷吏、货
殖,……只要立功立名,对社会产生一定影响者,无不占有一席之
地。七十列传形象地反映出《史记》以无数个人传记合成一代全
史的特征。列传中还有匈奴、南越、东越、朝鲜、西南夷、大宛等少
数民族传记,系统地记载了汉周边民族国家和政体的历史,使《史
记》具备了世界史的记述规模。

第六节 《太史公自序》

《太史公自序》虽属七十列传之一,但它是《史记》全书的总

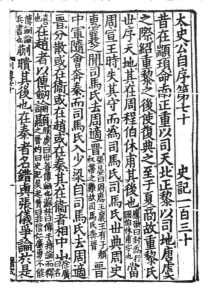

台北傅斯年图书馆藏北宋景祐监本《史记·太史公自序》

结,与其他各篇不同,故单独列出加以论述。关于《自序》涉及到
的各个方面,本书《史记的成书过程》等章节多有论述。为避免重
复,这里着重谈两个问题。

一、《自序》的性质

《自序》列于七十列传,又自述其家世及生平事迹,故不少学
者习惯于称《自序》为司马迁的自传。其实,为自己作传并不是司
马迁的主要目的。

司马迁自称《太史公自序》为"序",它实际上是《史记》全书的
总序。吕思勉先生曰:

> 书之有序,其义有二:一曰,序者,绪也。所以助读者,使
> 易得其端绪也。一曰,序者,次也。所以明篇次先后之义也。
> 《史记》之《自序》,《汉书》之《叙传》,既述作书之由,复逐篇为
> 之叙列,可谓兼此二义。①

吕氏此论,既合"序"之本义,也符合太史公原意。《自序》共七千
八百多字,行文洋洋洒洒,而中心始终不离作史。即使是自传部
分,也不例外。司马迁历叙先人,重点在重黎氏之"世序天地",司
马氏"世典周史",司马谈"为太史公",而自己也复为太史。《自
序》于此数事反复致意,《报任安书》也以"文史星历"自任,一方面
表明家学,更从中引申出一种历史责任感,着眼点仍在作史。其
后载司马谈《论六家要指》及其学问师承,河洛之间父子诀别,与
壶遂的对话,李陵之祸,介绍《史记》内容,更是紧紧围绕作史。从
《自序》全文的总体格局、重点所在、篇幅大小诸方面综合考虑,自
传都不是《史记》的主要内容。章学诚曰:

① 吕思勉:《史通评》,香港太平书局,1964年,第49页。

夫同闻而异述者,见崎而分道也。源正而流别者,历久而失真也。九师之《易》,四氏之《诗》,师儒林立,传授已不胜其纷纷。士生三古而后,能自得于古人,勒成一家之作,方且傍徨乎两间,孤立无徒,而欲抱此区区之学,待发挥于子长之外孙,孟坚之女弟,必不得之数也。太史叙例之作,其自注之权舆乎! 明述作之本旨,见去取之从来,已似恐后人不知其所云而特笔以标之,所谓"不离古文"及"考信六艺"云云者,皆百三十篇之宗旨,或殿卷末,或冠篇端,未尝不反复自明也。①

章氏论《自序》为自注(也兼及其他论赞),是"恐后人不知其所云而特笔以标之",很有道理。《十二诸侯年表》序言云:"孔子明王道,干七十余君,莫能用,故西观周室,论史记旧闻,兴于鲁而次《春秋》,上记隐,下至哀之获麟,约其辞文,去其烦重,以制义法,王道备,人事浃。七十子之徒口受其传指,为有所刺讥褒讳挹损之文辞不可以书见也。鲁君子左丘明惧弟子人人异端,各安其意,失其真,故因孔子史记具论其语,成《左氏春秋》。"左丘明担心《春秋》失真,是因为《春秋》过于简约,后人无法了解其微言大义。司马迁则惟恐后人不能领会其"一家之言"的精神实质,将《史记》与一般的史书混同起来。《自序》通过司马谈的《论六家要指》,阐明诸子百家之说都与政治有关,阴阳、儒、墨、名、法、道德也不例外。又载老太史公临终遗嘱,载与壶遂的对话,载董生《春秋》之说,反复说明六艺的政治作用,尤其对《春秋》推崇备至,认为它是"拨乱世反之正"的济世良药,一部人人必读的政治教科书。太史

---

① [清]章学诚著,仓修良编注:《文史通义新编新注》,商务印书馆,2017年,上册,第275页。

公父子还屡次将《史记》创作与孔子作《春秋》相提并论。《自序》概括全书内容,明言重视王迹之兴坏盛衰,提示各篇作意,更是对天下治乱兴亡充分发表了自己的见解。这一切都至为清楚地表明,史的外壳,天人之际、古今之变的内容,都只是《史记》"一家之言"的载体,通过作史的形式,建立自己的政治学说,并为现实政治服务,才是作者的真正目的。不厌其详地申明自己的作史宗旨,总括《史记》全书,构成了《自序》的主要内容。

牛运震曰:"《太史公自序》者,盖太史公自序所以作《史记》之本旨也。凡后人作序,皆撰而冠诸书之简端,《太史公自序》则附于一部《史记》之后。盖此篇所载,太史公世谱家学之本末具在焉,如自作列传者,故不得不列于六十九传之后。"①牛运震论《自序》列于书后的原因,虽有道理,但似乎尚未能够揭示出主要之点。《史记》一百三十篇,是一个统一的整体,《自序》则是其中阐明作者"一家之言"的重要篇章,它不能游离于整部《史记》之外。而在《史记》五大系列中,本纪、表、书、世家各体,显然都难以插进《自序》的内容。又《自序》载列全书篇数,序列篇名,总括全书字数,为全书作结,自以殿后为佳。

二、《自序》对《史记》内容的提示

《自序》对《史记》内容的提示,可分为两大部分。第一部分是对全书极度浓缩的概括:

> 略推三代,录秦汉,上记轩辕,下至于兹,著十二本纪,既科条之矣。并时异世,年差不明,作十表。礼乐损益,律历改

---

① [清]牛运震撰,崔凡芝校释:《空山堂史记评注校释》,中华书局,2012年,下册,第823页。

易,兵权山川鬼神,天人之际,承敝通变,作八书。二十八宿
环北辰,三十辐共一毂,运行无穷,辅拂股肱之臣配焉,忠信
行道,以奉主上,作三十世家。扶义俶傥,不令己失时,立功
名于天下,作七十列传。凡百三十篇,五十二万六千五百字,
为《太史公书》。

这里主要提示了本纪、表、书、世家、列传各体的篇数,全书总篇数
和字数。至于具体内容,除八书外,基本上是抽象的概括而没有
确指。

第二部分是一百三十篇目录。排列顺序依次为十二本纪、十
表、八书、三十世家、七十列传。合起来是整部《史记》的目录,各
部分分别构成五体目录,再细分是单篇目录。而每篇目录,又包
括标题和引辞两个基本成分。颜师古曰:"司马子长撰《史记》,其
《自叙》一卷,总历自道作书本意,篇别皆有引辞,云为此事作某本
纪,为此事作某年表,为此事作某书,为此事作某世家,为此事作
某列传。子长此意,盖欲比拟《尚书叙》耳,即孔安国所云'《书
序》,序所以为作者之意也。'扬子云著《法言》,其本传亦传《法言》
之目,篇篇皆引辞云撰某篇,亦其义也。及班孟坚为《汉书》,亦放
其意。"①颜师古所谓为某事作某篇,实际上即是将各篇的内容再
具体化。如:"维禹之功,九州攸同,光唐虞际,德流苗裔;夏桀淫
骄,乃放鸣条。作《夏本纪》。"又如:"秦既暴虐,楚人发难,项氏遂
乱,汉乃扶义征伐;八年之间,天下三嬗,事繁变众,故详著《秦楚
之际月表》。"读了各篇的目录,不仅可以从标题看出本篇最主要
的内容,而且能了解其主要脉络,其中还经常穿插着作者对历史
人物、事件的评论,寄托了作者的褒贬,可谓辞约而义丰。

---

① [唐]颜师古著,刘晓东平议:《匡谬正俗平议》,齐鲁书社,2016 年,第 121 页。

　　总之,《自序》对《史记》的提示,繁省有别,详略互济。读者根据需要,可以鸟瞰整部《史记》的全貌,可以集中了解十二本纪、十表、八书、三十世家、七十列传各部分的情况,可以根据一百三十篇目录,按图索骥,比较方便地找出所需内容,也可以凭借目录的提示,在极短的时间内掌握《史记》全书最基本的内容。这样的结构层次,是相当科学的。

　　李景星曰:

　　　　盖《自序》非他,即史迁自作之列传也。无论一部《史记》总括于此,即史迁一人本末,亦备见于此。其体例则仿《易》之《序卦传》也,《诗》之《小序》也,孔安国之《尚书》百篇序也,《逸周书》之七十篇序也。其文势,犹之海也,百川之汇,万派之归,胥于是乎在也。又史迁以此篇教人读《史记》之法也,凡全部《史记》之大纲细目,莫不于是粲然明白。未读《史记》之前,须将此篇熟读之,既读《史记》之后,尤须以此篇精参之。文辞高古庄重,精理微旨更奥衍宏深,是史迁一生出格大文字。①

李氏的这段评论,颇为精彩。在整部《史记》中,《自序》写了司马迁的世系、学术渊源、游历、作史宗旨、动机、目的、经过,《史记》的断限、范围、篇数、字数、史料来源,交代了作者史料运用和历史研究的方法,列出了全书目录并提示了各篇的主要内容,这对于读者掌握《史记》纲领细目,领悟《史记》神髓,知人论世,都极为重要。《自序》烂熟于胸,可以以少总多,以简驭繁,用《自序》与《史记》各篇互参,可以不断加深对《史记》的理解,进而掌握司马迁"一家之言"的精义。李氏之言,可谓有识。

---

①李景星著,韩兆琦、俞樟华校点:《四史评议》,岳麓书社,1986年,第123页。

第三章 《史记》体例分析

  《史记》全书一百三十篇，共分五体：本纪、表、书、世家、列传。五体是《史记》述史的基本形式，也是太史公构建宏伟史学大厦的支柱。因此，《史记》体例的研究，从汉代起一直到现在，历来为学者们所关注。由于种种原因，人们对《史记》体例一些重要问题的看法，存在着很大的分歧。如，《史记》各体是太史公所创还是因袭前人？又如，《史记》五体之中，本纪、世家、列传三体以人物传记为主。这三种体例之间的区分界限是什么？作者依据什么标准，分别对人物加以安排？这些问题，历来聚讼纷纭。对一些具体篇目的理解，也是见仁见智，多有歧异。这里参考前人的研究成果，探讨五体渊源；力求做到立足全书，联系作者的编纂意图，评议《史记》体例善否得失及其各篇安排的意义。

第一节 本纪

一、本纪的创立

  《大宛列传》云："太史公曰：《禹本纪》言'河出昆仑。昆仑其高二千五百余里，日月所相避隐为光明也。其上有醴泉、瑶池'。今自张骞使大夏之后也，穷河源，恶睹本纪所谓昆仑者乎？故言九州山川,《尚书》近之矣。至《禹本纪》、《山海经》所有怪物,余不敢言之也。"

赵翼据此谓:"是迁之作纪,非本于《吕览》。而汉以前别有《禹本纪》一书,正迁所本耳。"①尚镕亦云:"本纪以述皇王,《大宛传》引《禹本纪》,此迁之所本也。刘勰谓取式《吕览》,通号曰纪,盖未复案《大宛传》耳。"②范文澜《正史考略》、程金造《史记管窥》等多从其说。

《禹本纪》内容记山川之事,且怪诞无稽,太史公已明言之,盖与《山海经》为同类之书,与《史记》中本纪记帝王,内容毫不相干。内容既异,体式相同更无从谈起。因此,各家仅据"禹本纪"之名,就论定古有本纪一体,而为司马迁所采用,难以证实。

又,《文心雕龙·史传》云:"爰及太史谈,世惟执简,子长继志,甄序帝绩,比尧称典,则位杂中贤;法孔题经,则文非元圣。故取式《吕览》,通号曰纪。纲纪之号,亦宏称也。"③

章学诚云:"史之有纪,肇于《吕氏春秋》十二月纪,司马迁用以载述帝王行事,冠冕百三十篇,盖《春秋》之旧法也。"④

《吕氏春秋》的十二纪,记载十二月令节候,与八览、六论并列,并非冠冕全书,其内容也与《史记》不同。因此,说《史记》取式《吕览》,也不妥帖。

---

① [清]赵翼撰,栾保群校点:《陔余丛考》(新校本),中华书局,2019年,第113页。
② [清]尚镕:《史记辨证》,见孙晓主编:《史记考证文献汇编》,人民出版社、巴蜀书社,2010年,第5册,第219页。
③ [南朝梁]刘勰著,范文澜注:《文心雕龙注》,人民文学出版社,1958年,上册,第284页。
④ [清]章学诚著,仓修良编注:《文史通义新编新注》,下册,第946页。

其实,"本纪"并不是采用现成的名称,而是取其抽象的意义。《史通·本纪》云:"盖纪者,纲纪庶品,网罗万物。考篇目之大者,其莫过于此乎？及司马迁之著《史记》也,又列天子行事,以本纪名篇。后世因之,守而勿失。"①纪用作纲纪的意思,书传习见,不难理解。但前面为什么又要加上"本"字呢？这要结合全书具体情况来考虑。《史记》中本纪、世家二体,形式上基本相同,大多是编年列事,但所载之事,则有大小之别:本纪载帝王或其他实权人物之事,为天下之纲纪,世家多载列国诸侯之事,为一国之纲纪。中井积德云:"凡帝纪称本者,对诸侯明本统也。本,干也,谓宗也。《诗》云:'本支百世。'纪是纲目之纪,谓相比次有伦理也。"②中井积德对本纪所以称"本"的理解,有其可取之处。"本纪"即根本纲纪的意思。用本纪标目,表示这一部分是全书的纲领,也就是最主要的内容。"本纪"二字连用,先秦文献亦偶而有之。《管子·问第篇》说:"凡立朝廷,问有本纪。"这里的"本纪",即是根本纲纪的意思。尹知章注云"所问之事,必有根本纲纪"是也。《史记》中本纪一体,是受到《管子》的启发,还是二者暗合,这都无关紧要,太史公自出机杼,立本纪以提挈其余各体,可以无疑。

二、本纪与天子之位

裴松之《史目》云:"天子称本纪,诸侯曰世家。"③

刘知几云:"及司马迁之著《史记》也,又列天子行事,以本纪

---

① [唐]刘知几著,[清]浦起龙通释,王煦华整理:《史通通释》,第33页。

② [汉]司马迁撰,(日)泷川资言考证,杨海峥整理:《史记会注考证》,上海古籍出版社,2015年,第1册,第2页。

③《史记·五帝本纪》张守节《正义》引,第1册,第1页。

名篇。"①

按照"天子"(或帝皇)称本纪的标准来衡量,《史记》有些篇目并不符合。《史记》十二本纪分别为:《五帝本纪》、《夏本纪》、《殷本纪》、《周本纪》、《秦本纪》、《秦始皇本纪》、《项羽本纪》、《高祖本纪》、《吕太后本纪》、《孝文本纪》、《孝景本纪》、《今上本纪》。十二本纪中,有九篇是写帝皇的,但本纪并非专为天子而设。如秦自始皇以前并没有成为统一天下的君主,而有《秦本纪》;项羽位止霸王,而立《项羽本纪》;吕后无帝王之号而亦列本纪。另外,《殷本纪》附载契至主癸以前历代先祖事迹,《周本纪》载后稷至姬昌以前先祖事,也与"天子称本纪"不合,相反,《史记》未立本纪的一些人物,如秦二世、楚怀王、惠帝等,按照这一标准却应该为他们立纪。从《史记》对殷、周、秦、项羽、吕后及义帝、惠帝等人事迹的安排处理来分析,作者显然没有将是否当过天子作为立纪的惟一标准。也就是说,"天子称本纪"与《史记》的实际情况不符。在《史记》中,天子未必都立本纪,立本纪的也未必全是天子。

三、本纪与进退褒贬

《后汉书·班彪传》云:"司马迁序帝王则曰本纪,公侯传国则曰世家,卿士特起则曰列传。又进项羽、陈涉而黜淮南、衡山,细意委曲,条例不经。"②

郝敬《史记愚按》卷三曰:"本纪、世家、列传之义,窃比《春秋》。故项羽未帝,亦为本纪;陈涉忽亡,亦为世家。同一蕃王也,梁王、五宗、三王既世家矣,而吴、淮南、衡山之属又不与焉。同一

---

① [唐]刘知几著,[清]浦起龙通释,王煦华整理:《史通通释》,第 33 页。
②《后汉书》,第 5 册,第 1327 页。

功臣也,萧、曹、张、陈、周勃辈既世家矣,而韩、彭、黥、樊之徒又不与矣。盖名位有常尊,贤愚顺逆,轻重相觭。"

袁枚曰:"《史记》有意为褒贬。如进项羽为本纪,陈涉为世家,而黜淮南、衡山为列传是也。"①

联系《史记》的具体内容来考察,进退褒贬说也不能成立。《史记》体例的安排是有其客观标准的。作者对人物固然有褒有贬,但与体例编排无关。列于本纪、世家的,未必没有贬斥;载之列传者,却有很多人物是作者讴歌称颂的对象。如《六国年表》序言说"秦杂戎翟之俗,先暴戾,后仁义","秦取天下多暴",然而却因为它逐渐蚕食六国,吞灭周王室,成为天下主宰而列入本纪。秦始皇残暴酷虐,二世而亡,也载入本纪。吕太后凶狠毒辣,连她的亲生儿子都认为她不齿于人类,《史记》却立有《吕太后本纪》。又如管、蔡叛乱而得立世家,长沙王至忠而《史记》竟然不载。再如,伯夷"让国饿死,天下称之"而归列传;蔺相如威信敌国、名重泰山而入列传;屈原之志可与日月争辉而序列传;飞将军李广,"史公从倾倒中写出神勇、写出涕零"(浦起龙语)而载之列传;"信陵君为史公心目中最得意人"(郭嵩焘语)而载入列传;太史公愿为晏子执鞭,而晏婴事迹亦见于列传。可见这三种体例,作者都是根据一定的标尺来加以衡量区分的,而与美恶抑扬、进退褒贬无关。问题在于对《史记》体例如何理解。

四、本纪义例

我们认为:要考究、评判《史记》"本纪"、"世家"、"列传"的义

---

①[清]袁枚著,王英志编纂校点:《随园随笔》,见《袁枚全集新编》,第13册,浙江古籍出版社,2015年,第29页。

例,惟一的依据只能是《史记》本身所提供的内容。如果撇开《史记》,先在头脑里形成某个定义或观念,并据此来评论《史记》体例,只能是本末倒置,削足适履。明乎此,方不至在各种说法面前不知取舍,无所适从。

《史通·本纪》云:"盖纪者,纲纪庶品,网罗万物,考篇目之大者,其莫过于此乎!"①

司马贞《五帝本纪索隐》云:"纪者,记也。本其事而记之,故曰本纪。又纪,理也,丝缕有纪。而帝王书称纪者,言为后代纲纪也。"

他们将"本纪"理解为"纲纪"的意思,是正确的(刘知几、司马贞对《史记》具体篇目的理解则多有未当,详后文)。《太史公自序》说:"略推三代,录秦汉,上记轩辕,下至于兹,著十二本纪,既科条之矣。""科条"即科分条列,也就是"纲纪"的意思。但这只是一种抽象的、原则的理解,因而还需要具体化。"纲纪"的含义是什么?

林駉曰:"尝考迁史之纪传世家矣,子长以事之系于天下则谓之纪。"②

刘咸炘曰:"本纪者,一书之纲,惟一时势之所集,无择于王、伯、帝、后。故太史创例,项羽、吕后皆作纪。"③

张照曰:"史法天子则称本纪者,盖祖述马迁之文,马迁之前,固无所为本纪也。但马迁之意,并非以本纪为天子之服物采章若黄屋左纛然,非天子不可用也。特以天下之权之所在,则其人系

---

① [唐]刘知几著,[清]浦起龙通释,王煦华整理:《史通通释》,第33页。
② [宋]林駉:《古今源流至论》,上海古籍出版社,1992年,第295页。
③ 刘咸炘:《刘咸炘论史学》,上海科学技术文献出版社,2008年,第58页。

天下之本,即谓之本纪。若《秦本纪》,言秦未得天下之先,天下之势已在秦也。《吕后本纪》,吕后固亦未若武氏之篡也,而天下之势,固在吕后,则亦曰本纪也。后世史官以君为本纪,臣为列传,固亦无可议者,但是宗马迁之史法而小变之,固不得转据后以议前也。"①

以上诸家以事系于天下及"势"、"权"来解释《史记》本纪,都很有见地,也合于《史记》客观实际。至于太史公为什么不以名号划线,将天子作为全书的纲纪(这样做实在是极其简单省事的),正是我们要进一步讨论的问题。

《史记》是一部纪传体通史,记事自黄帝讫于汉武。《史记》著述的目的之一是要"通古今之变",即考察社会的发展变化。作者发现,天子、皇帝对社会发展进程的作用一般说来是极为重要的,但在某种特殊的情况下,天子、皇帝可能只是有其名而无其实;相反,一些没有天子、皇帝名号的人,却可能操持着主宰天下的权柄,他们对于历史、社会的作用要比那些徒有虚名的帝皇大得多。如义帝之与项羽,吕太后与惠帝、废帝、少帝,情况就是如此。在历史的某个发展阶段,有时甚至可能没有天子、皇帝。如秦昭王五十二年周初亡,至秦始皇二十六年灭六国统一天下,中间有三十四年,项羽灭秦至刘邦诛项中间有四年,都没有一统之主。因此,专以天子、皇帝立纪,显然不足以纲纪全书。在这种情况下,要求作者斤斤计较于名号,完全没有道理。况且问题还不止于此。

《太史公自序》云:"网罗天下放失旧闻,王迹所兴,原始察终,

---

① [汉]司马迁撰,[南朝宋]裴骃集解,[唐]司马贞索隐,[唐]张守节正义:《史记三家注》,广陵书社影印武英殿本《史记》,2014年,第160页。

见盛观衰,论考之行事,略推三代,录秦汉,上记轩辕,下至于兹,著十二本纪。"这段话,是作者自己对十二本纪创作意图的概括,表明本纪不仅在于纲纪全书,而且还理应包括"原始察终,见盛观衰"的历史内容。这一作史宗旨决定了《史记》不单注意记述某一王朝主宰天下的情况,而且更重视王朝盛衰的全过程,并通过各个朝代兴衰前因后果的观察思考来把握历史发展的规律性。朝代的更迭,是一个比较明显的突变,而在突变这一表象的后面往往有一个渐变的过程,这种渐变的过程有时是历时久远的。《秦楚之际月表》说:"汤、武之王,乃由契、后稷修仁行义十余世,不期而会孟津八百诸侯,犹以为未可,其后乃放弑。秦起襄公,章于文、缪、献、孝之后,稍以蚕食六国,百有余载,至始皇乃能并冠带之伦。"《史记》写《夏本纪》、《殷本纪》、《周本纪》、《秦本纪》的过程,实际上即是作者研究、考察夏殷周秦四代兴衰成败的过程。既然是原始察终,就意味着要追根究底,寻本溯源。《自序》为此提供了绝妙的注脚:"维禹之功,九州攸同,光唐虞际,德流苗裔;夏桀淫骄,乃放鸣条。作《夏本纪》第二。""维契作商,爰及成汤;太甲居桐,德盛阿衡;武丁得说,乃称高宗;帝辛湛湎,诸侯不享。作《殷本纪》第三。""维弃作稷,德盛西伯;武王牧野,实抚天下;幽厉昏乱,既丧酆镐,陵迟至赧,洛邑不祀。作《周本纪》第四。""维秦之先,伯翳佐禹;穆公思义,悼豪之旅;以人为殉,诗歌《黄鸟》;昭襄业帝。作《秦本纪》第五。"应该说,殷祖先自契至主癸凡十三世写进《殷本纪》,周祖先自后稷至姬昌凡十五世载入《周本纪》,秦之祖先从女修、大业始,至于庄襄王凡数十世录于《秦本纪》,很好地体现了作者的创作意图。同样道理,项羽、吕太后得立本纪,也因为他们是考察天下兴衰的重要观测点。后人不达《史记》体例及原始察终之旨,反拘泥于后世史法,谓殷自成汤以前、周自武王以前、秦自始皇以前不当入本纪，又谓项羽、吕后不应立本纪，适足以证明太史公史识之卓异不凡。

五、若干本纪题解

（一）《周本纪》

《史通·本纪》云："然迁之以天子为本纪，诸侯为世家，斯诚说矣。但区域既定，而疆理不分，遂令后之学者罕详其义。案姬自后稷至于西伯，嬴自伯翳至于庄襄，爵乃诸侯，而名隶本纪。若以西伯、庄襄以上，别作周、秦世家，持殷纣以对武王，拔秦始以承

中国国家图书馆藏明万历五年刊《史通》

周赧,使帝王传授,昭然有别,岂不善乎?"①

　　晏世澍曰:"姬自后稷至于西伯,嬴自伯翳至于庄襄,诸侯也,而亦以本纪名之,……自乱其例,曾为后儒所讥。"②

　　刘知几、晏世澍二人认为周自后稷至于西伯不应载入本纪,根本没有领会司马迁创作本纪的意图。《自序》云十二本纪"网罗天下放失旧闻,王迹所兴,原始察终,见盛观衰,论考之行事",表明在作者的眼中,某一王朝的创立或灭亡,不仅是一种历史的结局,而且更是一个发展变化的过程。"王迹所兴"是指王朝兴起的原因,终始盛衰指王朝从兴盛到衰亡的全部历史。而且,始与终,盛与衰,是对立统一的两个方面:殷之兴,象征着夏之衰;周之兴,标志着殷之衰。一盛一衰,关系密切。《周本纪》说:"西伯盖即位五十年。其囚羑里,盖益《易》之八卦为六十四卦。诗人道西伯,盖受命之年称王而断虞芮之讼。后十年而崩,谥为文王。改法度,制正朔矣。追尊古公为太王,公季为王季;盖王瑞自太王兴。"《秦楚之际月表》说:"昔虞、夏之兴,积善累功数十年,德洽百姓,摄行政事,考之于天,然后在位。汤、武之王,乃由契、后稷修仁行义十余世。"这些都表明作者注重追溯本源,重视历史发展的过程。周朝应运兴起,并不始于武王。同理,殷之兴,也不自成汤始。这就是作者考察"王迹所兴"而得出的结论。《殷本纪》说纣王淫逸暴虐,西伯修德行善,"诸侯多叛纣而往归西伯。西伯滋大,纣由是稍失权重",可以用来说明殷周得失的紧密联系。无论是从原始察终、反映王朝兴亡全过程的需要出发,还是从三代兴

---

①[唐]刘知几著,[清]浦起龙通释,王煦华整理:《史通通释》,第 33 页。
②晏世澍:《太史公本纪取式〈吕览〉辨》,见[清]江标编:《沅湘通艺录》,岳麓书社,2011 年,第 55 页。

衰相纠结这一事实来看,《周本纪》载后稷至姬昌事迹,都是出于作者的精心安排。如果按照刘知几的说法,将《周本纪》分成本纪和世家两个部分,势必会割断历史,给考察周朝兴衰与成败得失造成困难,不利于很好地总结历史经验。这无异于阉割了《史记》的灵魂。

(二)《秦本纪》

司马贞《索隐》云:"秦虽嬴政之祖,本西戎附庸之君,岂以诸侯之邦而与五帝三王同称本纪?斯必不可,可降为《秦系家》。"

黄淳耀《史记论略・秦本纪》曰:"秦自始皇以前固西戎附庸之国尔,籍虽专天下之约,未尝一天下而称帝也。为有天下之始皇立纪则可,为西戎附庸之国与未一天下之项籍立纪则不可。故秦与始皇宜合而为一,籍宜降而为传。"

梁玉绳曰:"史公以天子为本纪,诸侯为世家。三王事简,不别其代,义统于天子也。若秦庄襄已上,爵在诸侯,而编同本纪,何哉?且秦天下所共恶也,曰'犷秦',曰'虎狼秦',其强暴无道比于禽兽,即史公亦甚恶秦者。乃分列二纪,与三王殊例,似乎不合,当并始皇作一篇为允。倘因事繁文重,则依《史通》、《索隐》之说降为《秦世家》,拔始皇以承周祀,不亦善乎?"[1]

以上三家所言,都是脱离《史记》实际的迂阔之论。天子为本纪,诸侯为世家,并非《史记》定例,说已见前。至于欲降秦为世家,不仅有悖史公原意,在实践中也是行不通的。

立《秦本纪》,主要有两个原因。一是推本求源。牛运震云:"如欲降《秦本纪》为世家,则史家无世家在前、本纪在后之理,势必次《始皇本纪》于《周本纪》之后,而列《秦世家》于十二诸侯之

---

①[清]梁玉绳:《史记志疑》,中华书局,1981年,下册,第1472页。

中,将始皇开疆辟土席卷囊括之业,政不知从何处托基,其毋乃前后失序而其末不属乎!"①郭嵩焘说:"《殷本纪》始契,《周本纪》始稷,皆溯原有天下之始以著其本末。以秦事近,叙述为详,故析《始皇本纪》别为一篇,秦不得有世家明矣。"②牛、郭二人对《史记》原始察终的意图有所体会,实为难得,可惜未详加论述。《始皇本纪》赞云:"(秦)自缪公以来,稍蚕食诸侯,竟成始皇。"《秦楚之际月表》云:"秦起襄公,章于文、缪、献、孝之后,稍以蚕食六国,百有余载,至始皇乃能并冠带之伦。"《六国年表》较为详细地回顾了秦自襄公始立为诸侯,文、穆、献公时逐渐强大,最后称帝的过程,并指出:"学者牵于所闻,见秦在帝位日浅,不察其终始,因举而笑之,不敢道,此与以耳食无异。悲夫!"可见"察其终始"对于治史是何等重要!《自序》云:"维秦之先,伯翳佐禹;穆公思义,悼豪之旅;以人为殉,诗歌《黄鸟》。昭襄业帝。作《秦本纪》第五。"再次表明了作者对历史发展过程的重视。

立《秦本纪》的第二个原因是欲以此为一时纲纪。朱希祖说:"自周赧王亡至秦始皇称帝,中间无统者三十四年,而灭周者秦,故列秦为本纪。"③本纪以编年列事为全书纲纪,赧王以后,天下无主,三十四年中,变剧事繁,势必不容有缺。当时秦国势强大,虽尚未能统一宇内,但天下大势在秦,就连周君的命运也在秦国掌握之中。秦昭王五十二年,取周九鼎入秦,周遂告灭亡。至此,秦已消灭了周朝,创立了秦帝国一统基业。《自序》说"昭襄业帝",把昭襄王和汉高祖"诛籍业帝"相提并论,显然是说秦昭王和

① [清]牛运震撰,崔凡芝校释:《空山堂史记评注校释》,上册,第37页。
② [清]郭嵩焘:《史记札记》,商务印书馆,1957年,第30页。
③ 朱希祖:《中国史学通论》,商务印书馆,2017年,第53页。

刘邦一样,为自己王朝的建立奠定了基础。《六国年表》虽以"六国"为名,实载周、秦、魏、韩、赵、楚、燕、齐八国之事,第一栏载周,因为周是天下共主;第二栏载秦,因为秦国代表了统一天下的趋势。周、秦都不计在六国之数。可见在太史公心目中,周亡之后足为天下纲纪者,非秦莫属。在这一点上,秦与殷、周先祖的情况有所不同。归有光曰:"《秦本纪》与《始皇本纪》当合为一,如周纪始后稷也。以简帙多,始皇自为纪。"①归氏的失误在于他只看到了秦与周祖先的相似之处,而忽略了他们之间的不同之点。以《史记》体例而论,秦自可单独立纪,道理与项羽、吕后立纪同。当然,这和秦始皇最后统一中国这一因素也是分不开的。

(三)《项羽本纪》

班固曰:"汉绍尧运,以建帝业,至于六世,史臣乃追述功德,私作本纪,编于百王之末,厕于秦、项之列。"②

刘知几曰:"项羽僭盗而死,未得成君,求之于古,则齐无知、卫州吁之类也。安得讳其名字,呼之曰王者乎?春秋吴、楚僭拟,书如列国。假使羽盗帝名,正可抑同群盗,况其名曰西楚,号止霸王者乎?霸王者,即当时诸侯。诸侯而称本纪,求名责实,再三乖谬。"③

司马贞《索隐》曰:"项羽崛起,争雄一朝,假号西楚,竟未践天子之位,而身首别离,斯亦不可称本纪,宜降为系家。"

与指斥项羽立纪相呼应,有的学者提出当为义帝立本纪。

洪迈论楚怀王有云:"太史公作《史记》,当为之立本纪,继于

① [明]归有光:《归震川评点史记》,见《史记研究文献辑刊》,国家图书馆出版社,2014年,第6册,第317页。
② 《汉书》,第12册,第4235页。
③ [唐]刘知几著,[清]浦起龙通释,王煦华整理:《史通通释》,第34页。

秦后。迨其亡,则次以汉高祖可也。而乃立《项羽本纪》,义帝之事,特附见焉。是直以羽为代秦也,其失多矣。"①

吴非曰:"义帝始元年,讫二年,合之楚王共三年,犹汉、楚之各为元年、二年也。王且纪元而帝不纪元乎?王纪元而且尊帝,而帝尊不纪元乎?既共尊之为帝矣,帝即不终,一年亦帝,二年亦帝。既当纪元,作《史记》者,项羽且以本纪,同高祖而并列之,不当本纪而纪,而反不及乎义帝当本纪而不纪者,何也?"②

以上诸家,虽然批评《史记》的角度不同,而立论的依据则一,即名号之辨。后世史书,天子立纪,其他人物统归之传(也有少数例外),以明统纪,这是可以理解的。但以这样一种正统观念来规范《史记》,就不妥当了。秦失其鹿,天下共逐之,项羽、刘邦同时并起,本无不同。至于义帝,项羽叔侄立之则为楚王、为义帝,不立则为一牧羊儿。虽有帝王之号,实不能左右天下,终为项羽所杀。作者根据一以贯之的体例,不计名号,惟从纪实,未可厚非。

《项羽本纪》中,项羽自称"身被坚执锐首事,暴露于野三年,灭秦定天下者,皆将相诸君与籍之力也"。作者又说他继陈涉之后,"将五诸侯灭秦,分裂天下,而封王侯,政由羽出,号为霸王,位虽不终,近古以来未尝有也"。项羽灭秦后封立十八王,汉王刘邦也是他亲封的,他掌握着天子权柄,无疑是秦楚之际的实际统治者。在《史记》其他篇什中,太史公更是多次突出他推翻暴秦和主宰天下的事实。如《秦始皇本纪》云:"居月余,诸侯兵至,项籍为纵长,杀子婴及秦诸公子宗族。……项羽为西楚霸王,主命分天

①[宋]洪迈:《容斋随笔》,燕山出版社,2007年,第88页。
②[清]吴非:《楚汉帝月表》,见《二十五史补编》,开明书店,1936年,第1册,第40—41页。

下王诸侯，秦竟灭矣。"《秦楚之际月表》云："初作难，发于陈涉；虐戾灭秦，自项氏；拨乱诛暴，平定海内，卒践帝祚，成于汉家。五年之间，号令三嬗，自生民以来，未始有受命若斯之亟也。"《陈杞世家》云："伯翳之后，至周平王时封为秦，项羽灭之。"《自序》："秦既暴虐，楚人发难，项氏遂乱，汉乃扶义征伐；八年之间，天下三嬗。"邹方锷云："三嬗者，秦嬗楚，楚嬗汉也。此迁所以纪羽者也。"①应该说，作者立《项羽本纪》而不为楚怀王心立纪，是符合《史记》纪实原则和通盘体例安排的。作者反复强调项羽有灭秦之功，是为了着重说明项羽的胜利标志着一代王统的灭亡，是新旧交替的一个转折点，为刘邦统一天下扫清了道路。虽然作者从事实出发，对项羽进行了多方面的批评，但还是按照实际情况将他列入本纪，这在体例上是无可挑剔的。

冯景《解春堂文钞》卷七曰："或谓项羽虽将五诸侯灭秦，而《项羽纪》仍书汉之元年，是天下大统，史迁不与楚而与汉也。是固然。然《春秋》之法，有名与而实不与者。是故其人躬行弑逆而为君，则直书其弑君，而仍不没其为君之号。……羽既灭秦而暴兴也，则登之本纪而不没其为君之文，羽惟放弑义帝而自立也，则以汉纪元，文与而实不与，所以彰其弑君之罪。"

尚镕曰："迁史才横绝千古，即《项羽本纪》可见。其为羽作纪，每为班固、刘知几所诃。然虽称字称王，而前后纪秦汉之年，书之曰死，与后世载记无异，则仍是传体也。"②

---

① [清]邹方锷：《大雅堂初稿》，见《四库未收书辑刊》第 10 辑，北京出版社，1997 年，第 26 册，第 225 页。
② [清]尚镕：《史记辨证》，孙晓主编：《二十四史研究资料汇编·史记》，第 221—222 页。

认为《项羽本纪》不用其纪年，仍属传体，是"文与而实不与"，也是对《史记》体例的曲解。

刘咸炘曰："当时诸侯各自纪年，此纪汉元，取便后世之计算耳，岂以为褒贬乎？登本纪本非与元，号亦不可削，古史亦不以削元为贬。此皆后便妄凿之论，史家不计是也。"[①]用其纪元与否，并不是本纪与世家、列传的根本区别。五帝、夏、殷之纪，只载世系，《周本纪》自东迁之后，纪年稍密，说明纪年也并非必不可少。吕太后当政历经孝惠、废帝、少帝，她自己始终没有建元，而其死称崩，与高祖同，也列于本纪。相反，吴、齐、鲁、燕、宋、晋、楚、越、郑、赵、魏、韩、田齐诸篇，均用各自纪年，但称世家，不曰本纪。用其纪年与否同其人是否为正统也丝毫不相干。《史记》作者头脑中根本没有后世所谓正统的概念。《吕太后本纪》分别用孝惠、废帝之年号，而本纪之名，属之吕后；《汉兴以来诸侯王年表》《惠景间侯者年表》，则以高后元年至八年标目。本纪记当时事实而年表取便于计算，用意甚明。太史公立纪，与后代史家不同，取舍予夺，一以纪实为原则，列某朝或某人于本纪，皆取其纲纪天下之义。故项羽、吕后，篇中不用其纪元而有本纪之名，惠帝称帝建元，在位八年而不与本纪。后人考察《史记》体例，徒据形式而不详参其内容，可谓舍本逐末。

（四）《吕太后本纪》

司马贞《索隐》曰："吕太后本以女主临朝，自孝惠崩后立少帝而始称制，正合附《惠纪》而论之，不然，或别为《吕后本纪》，岂得全没孝惠而独称《吕后本纪》？合依班氏，分为二纪焉。"

---

① 刘咸炘著，张大可、徐兴海校注：《太史公书知意》，商务印书馆，2018 年，第 42 页。

　　梁玉绳曰:"史以吕后作纪,全没惠帝及两少帝,附见牝朝,未免乖违。……《文心雕龙·史传篇》、小司马补《史》、《通志》、《续古今考》并讥史公纪吕之失,当立孝惠纪,而以吕后、两少帝附之,庶几名礼两得。"①

　　这些都是从封建正统观念出发,对《史记》体例加以非难。

　　立《吕太后本纪》与立《项羽本纪》情况相似,因为吕后是当时的实际统治者。所以本篇赞语说:"孝惠皇帝、高后之时,黎民得离战国之苦,君臣俱欲休息乎无为,故惠帝垂拱,高后女主称制,政不出房户,天下晏然。"传中说,吕后残害戚夫人后,"孝惠以此日饮为淫乐,不听政"。这说明惠帝在时,天下号令也是出于吕后。况惠帝之后又有废帝、少帝,前者因激怒吕后而废,后者则因吕后崩而诛。如拘于帝王名分,一一为之立纪,不仅与实际不符,而且也失之琐碎,所以作者单立《吕太后本纪》,而以惠帝、废帝、少帝三人事迹附见传中。郑樵说:"汉吕、唐武之后立纪,议者纷纭不已,殊不知纪者编年之书也,若吕后之纪不立,则八年正朔所系何朝? 武后之纪不立,则二十年行事所著何君? 不察实义,徒事虚言,史家之大患也。"②郑氏主张察其"实义",对吕后立纪的合理性已有所认识,实属不易。

　　徐时栋《烟屿楼读书志》卷一二说:"天下号令在某人,则某人为本纪,此史公史例也。故《高祖本纪》之前,有《项羽本纪》,高祖以后,不立《孝惠皇帝本纪》,而独立《吕后本纪》。固以本纪为纪实,而非争名分之地也。此后无人能具此识力,亦无人敢循此史例矣。"徐氏此论,颇具卓见。它不仅可帮助理解项羽、吕后诸人

---

① [清]梁玉绳:《史记志疑》,下册,第 1473—1474 页。
② [宋]郑樵:《通志》,第 1 册,第 76 页。

为什么列入本纪,也可以说明《史记》体例与褒贬无涉。

第二节　世家

一、世家的创立

《卫康叔世家》:"太史公曰:余读世家言,至于宣公之太子以妇见诛,弟寿争死以相让,此与晋太子申生不敢明骊姬之过同,俱恶伤父之志。然卒死亡,何其悲也! 或父子相杀,兄弟相灭,亦独何哉?"

赵翼云:"《史记·卫世家》赞'余读世家言'云云,是古来本有世家一体,迁用之以记王侯诸国。"①

尚镕云:"(《卫康叔世家》)赞谓'余诸世家言',是卫旧有世家,为迁所取法。"②

赵翼、尚镕认为世家一体古已有之,纯粹是误解。泷川资言云:"《孟子》云:'仲子,齐之世家也。'犹言世禄之家。以为史目,与本纪、列传并称,盖自史公创。"③他还指出《卫康叔世家》赞语中提到的"世家言",是史公自称其书。④　泷川资言的话是正确的。《陈杞世家》云:"舜之后,周武王封之陈,至楚惠王灭之,有世家言。禹之后,周武王封之杞,楚惠王灭之,有世家言。契之后为

---

①［清］赵翼著,王树民校证:《廿二史札记校证》,中华书局,2013 年,第 4 页。

②［清］尚镕:《史记辨证》,见《史记考证文献汇编》,第 229 页。

③［汉］司马迁撰,(日)泷川资言考证,杨海峥整理:《史记会注考证》,第 8 册,第 4406 页。

④［汉］司马迁撰,(日)泷川资言考证,杨海峥整理:《史记会注考证》,第 4 册,第 1707 页。

殷,殷有本纪言。殷破,周封其后于宋,齐湣王灭之,有世家言。……伯夷之后,至周武王复封于齐,曰太公望,陈氏灭之,有世家言。"《管蔡世家》云:"周公旦,其后为鲁,有世家言。蔡叔度,其后为蔡,有世家言。曹叔振铎,其后为曹,有世家言。……康叔封,其后为卫,有世家言。"这些所谓"世家言"都是《史记》中的篇目,都是作者"自称其书"。《管蔡世家》云:"太史公曰:管蔡作乱,无足载者。然周武王崩,成王少,天下既疑,赖同母之弟成叔、冉季之属十人为辅拂,是以诸侯卒宗周,故附之世家言。"《滑稽列传》云齐威王纳淳于髡之言,威行三十六年,"语在《田完世家》中"。尤可证明《史记》"自称其书"的情况。从《卫康叔世家》赞语所写内容来看,也分明是针对正文而发。世家一体,当为《史记》所创立。

二、世家与王侯传国

(一)世家不专指王侯传国

刘知几曰:"自有王者,便置诸侯,列以五等,疏为万国。当周之东迁,王室大坏,于是礼乐征伐自诸侯出。迄乎秦世,分为七雄。司马迁之记诸国也,其编次之体,与本纪不殊。盖欲抑彼诸侯,异于天子,故假以他称,名为世家。"[1]

浦起龙曰:"由周而来,五等相仍。当子长时,汉封犹在,故立此名目,以处夫臣人而亦君人者。"[2]

司马贞曰:"系家者,记诸侯本系也,言其下及子孙常有国。故孟子曰'陈仲子,齐之系家',又董仲舒曰'王者封诸侯,非官之

---

①[唐]刘知几著,[清]浦起龙通释,王煦华整理:《史通通释》,第37页。
②[唐]刘知几著,[清]浦起龙通释,王煦华整理:《史通通释》,第39页。

也，得以代为家也'。"

按照刘知几、司马贞的理解，世家应有二层意思：一是王侯之家，一是子孙相继。用这一尺度来衡量《史记》三十世家，也有不尽相合之处。如孔子布衣，却有《孔子世家》；陈涉称王六月而亡，亦有《陈涉世家》。反观春秋至汉代的一些王侯，世系绵长，却不入世家。这一事实，启迪我们重新思索关于"世家"的含义。

世家专指王侯之家，是后人的理解，"世家"的本来含义并不如此狭窄。《孟子·滕文公下》说："仲子，齐之世家也。"指的是世代显贵之家。《汉书·贾谊传》："孝武初立，举贾生之孙二人至郡守。贾嘉最好学，世其家。"（《史记·屈原贾生列传》略同）颜师古注："言继其家业。"这里的家业，同样不是指王侯爵位，而是指学业。

《史记》中"世家"的内涵，是指某种事业后继有人。"家"并非专指王侯之家，"世"也不仅限于子孙相继。《太史公自序》云："周室既衰，诸侯恣行。仲尼悼礼废乐崩，追修经术，以达王道，匡乱世反之于正，见其文辞，为天下制仪法，垂六艺之统纪于后世。作《孔子世家》第十七。""桀、纣失其道而汤、武作，周失其道而《春秋》作。秦失其政，而陈涉发迹，诸侯作难，风起云蒸，卒亡秦族。天下之端，自涉发难。作《陈涉世家》第十八。"将《自序》与世家之文相对照，道理更为明白（详后文）。《史记》本纪部分有诸侯、霸王乃至太后，而身为天子的人有的却不列其中，不以名号为限，也可以帮助我们理解为什么要立孔子、陈涉世家。

（二）王侯传国未必世家

三代诸侯，《史记》共列世家十六篇，主要涉及以下诸国之事：吴、齐、鲁、燕、管蔡（曹附见）、陈杞、卫、宋、晋、楚、越、郑、赵、魏、韩、田齐。此外，许、邾、滕、薛、江、黄、胡、沈之属，春秋时其国尚在,而世家均略而不录。汉代诸侯,高祖所封功臣侯者一百四十三人,列于世家者仅萧何、曹参、张良、陈平、周勃诸人,其余诸侯,无论封国大小,历年长短,侯第高下,都不入世家。惠帝至孝武时侯者,也都不列世家。王子宗室及功臣封王者,惟立楚元王、荆燕、齐悼惠王、梁孝王、五宗、三王世家,吴王濞、淮南、衡山王、张耳、陈余、韩信、彭越、黥布等,一概入列传。

同为侯王,有的历年长远,有的身死国亡,分别入世家、列传,按照世家前后相继的意义尚不难理解。但许、邾、滕、薛之属有土有民,国祚久长,为什么不立世家?高祖功臣,瓜瓞绵绵延及后世者甚众,为什么世家只录萧何等数人?长沙王吴芮五世为王,为什么世家不载?这些就不是单凭"世家"的字面意思所能理解的了。

刘咸炘曰:"'世家'二字,本不可泥。若必泥于其字,则既已传国,何以无家?既已数世,何为无世?后之传国固有及十数世者,岂遂可为世家邪?"①刘氏认为王侯传国未必就符合世家的要求,颇有眼光。我们认为:王侯相承或某种事业后继有人,只是世家的基本含义,而《史记》中的"世家",还有其他方面的要求。

内容决定形式。司马迁写《史记》,是通过对历史的考察来探求治国之道。《史记》五体,都是为这一总目标服务的。《报任安书》说:"仆窃不逊,近自托于无能之辞,网罗天下放失旧闻,略考其行事,综其终始,稽其成败兴坏之纪,上计轩辕,下至于兹,为十表,本纪十二,书八章,世家三十,列传七十,凡百三十篇。亦欲以究天人之际,通古今之变,成一家之言。""世家"一体,之所以多载王侯贵族,是因为他们对历史发展、国家治乱的影响不仅巨大,而且久远。《留侯世家》说张良"所与上从容言天下事甚众,非天下

① 刘咸炘:《史学述林》,见《刘咸炘论史学》,第65页。

所以存亡,故不著"。《陈杞世家》说:"滕、薛、驺,夏、殷、周之间封也,小,不足齿列,弗论也。"又说:"周武王时,侯伯尚千余人。及幽、厉之后,诸侯力攻相并。江、黄、胡、沈之属,不可胜数,故弗采著于传云。"《史记》的"世家",就一人而言,作者主要是取传主对天下兴亡特别有影响的事件载入史册;就一国而言,则是根据王侯之国对历史演进、国家盛衰作用力的强弱,来决定取舍。《史记》的创作实践,也很好地体现了这一意图。各世家中,凡与王朝兴衰存亡有密切关系的事件,无不一一详载;而对于诸侯世系,只是一笔带过。从世家的创作宗旨到各世家的具体写法,都可以看出,作者注重社会治乱,留意"成败兴坏",用心良苦。世家的创作决不是为了给贵族诸侯撰写家谱。此理既明,则诸侯或入世家,或载列传,甚至不为立传,都将不难理解。司马贞谓《史记》世家"邾、许春秋次国,略而不书;张、吴敌国藩王,抑而不载。并编录有缺,窃所未安"。梁玉绳亦云:"若编斋则邾、莒并春秋时次国,世系足考,其事迹较详于曹、杞,安得云滕、薛、驺(邾后称驺)以小弗论耶? 又吴芮至忠,著于《令甲》,五代称王,侯封支庶,何独缺如乎?"又云吴王濞、淮南、衡山"当入世家"。① 盖未能深究世家体例,未明作者取舍之用意。

三、世家义例

《史通·列传》云:"夫纪传之兴,肇于《史》、《汉》。盖纪者,编年也;传者,列事也。编年者,历帝王之岁月,犹《春秋》之经;列事者,录人臣之行状,犹《春秋》之传。《春秋》则传以解经,《史》、《汉》则传以释纪。寻兹例草创,始自子长。"②

---

①［清］梁玉绳:《史记志疑》,下册,第 1486 页。
②［唐］刘知几著,［清］浦起龙通释,王煦华整理:《史通通释》,第 41—42 页。

不仅列传用以解释本纪,世家一体同样也是用以充实本纪内容的。《史记》的本纪、世家、列传,同为人物传记,组成了一个等级序列:其中本纪是纲领,世家、列传二体都是本纪的补充,但两者在体例上有着明显的区别。

陆家春曰:"窃意史公创为本纪、世家、列传三例,其分处在'势'、'年'二字。揽势之大者谓之本纪,阅年之久者谓之世家,势不及本纪之大,年不及世家之久者谓之列传。……世家多属诸侯,然非如分封锡土非诸侯不得用,故萧、曹、张、陈,食数邑而为世家,韩、彭、黥、陈,控地数千里,不能历久,退之列传,但论年也。"①

林駧曰:"子长以事之有大于列传,则系之世家。夫子在周则臣道,在后世则师道,故以世家别之。陈涉在夏商则为汤武,在秦则为陈涉,故以世家系之。萧、曹、良、平虽曰通侯,而勋烈冠于群后,皆社稷之臣,则亦列于世家也。"②

陆、林二人对世家的解说各有可取之处,同时又都有片面性。陆氏指出世家应阅年久长,是不错的。但他认为世家"但论年"而不及其他,不免有误。因为他无法解释许多诸侯世系绵长,而《史记》却不立世家这一现象。林氏指出事之大小对于世家的重要性,很有道理,然而论势而不论"年",又走向了另一极端,无法解释韩信、彭越、黥布、陈豨等人不列世家而入列传的原因。实际上,"年"与"势"二者都是世家的必备条件,缺一不可。"年"指某种事业历时较久,后继有人。所谓事业,可以是诸侯家业,如王侯入世家者;可以是学业,如孔子;也可以是某种功业,如陈涉发难

---

① [清] 蒋燮均等:《学古堂日记丛钞》,见林庆彰主编:《晚清四部丛刊》第9编,第79册,文听阁图书有限公司,2013年,第271页。
② [宋] 林駧:《古今源流至论》,第295页。

亡秦。所谓后继有人,可以是子孙相继,但并不限于子孙相继。如孔子垂六艺统纪于后世,秦楚之际诸侯继陈涉而起,乃至后妃前后相继。"势"主要是指对社会发展、天下兴亡影响力的大小强弱。历年不永,不得入世家;影响力不大,同样也不能入世家。这就是《史记》世家在体例上的要求。

四、世家与为国藩辅

柯维骐曰:"按《太史公自序》于梁王云'七国叛逆,惟梁为捍',于五宗云'五宗既王,亲属洽和',他如楚元王云'为汉宗藩',荆燕云'为汉藩辅',齐悼惠王云'实镇东土',此诸王有功于汉,不论亲疏,不论享国修短,俱得名世家。乃若吴王、淮南、衡山之属,既无藩辅之功,而其子孙又首倡叛逆,或犯奸恶,自取灭亡,故降为列传,不得与诸王比也。萧、曹、平、勃、张良列之世家,而彭、韩、黥、樊诸人,只为列传,意亦如此。"[1]

朱东润曰:"史迁所言(世家)者,辅弼股肱而已。子曰:'譬如北辰,居其所而众星拱之',环北辰之谓也。《老子》曰:'三十辐共一毂,当其无,有车之用',共一毂之谓也。周汉之间,凡能拱辰共毂,为社稷之臣,效股肱辅弼之任者,则史迁入之世家。开国可也,不开国亦可也,世代相续可也,不能相续亦可也,乃至身在草野,或不旋踵而亡,亦无不可也。明乎此而后可以读《史记》。"[2]

将世家仅仅解释为"藩辅"或"股肱辅弼",似亦可商。《自序》云:"二十八宿环北辰,三十辐共一毂,运行无穷,辅拂股肱之臣配

---

[1][明]柯维骐:《史记考要》,见《史记文献选辑》,社会科学文献出版社,2017年,第13册,第307—308页。

[2]朱东润:《史记考索》,武汉大学出版社,2009年,第11—12页。

焉,忠信行道,以奉主上,作三十世家。"这段话概括了世家的部分
内容,但不是全部。为国藩辅并不是世家的惟一要求,进入世家
的也并不都是股肱之臣。《惠景间侯者年表》说:"太史公读列封
至便侯(名浅,长沙王吴芮之子),曰:有以也夫!长沙王者,著令
甲,称其忠焉。昔高祖定天下,功臣非同姓疆土而王者八国。至
孝惠时,惟独长沙全,禅五世,以无嗣绝,竟无过,为藩守职,信矣。
故其泽流枝庶,毋功而侯者数人。"汉初诸侯,高祖子弟同姓为王
者九国,异姓功臣封王者八人。在所有诸侯中,长沙王善始善终,
为藩守职,可为典范,而《史记》不立世家。汉初功臣及冯唐、张释
之等,或藩辅王朝,或股肱天子,也都不载世家。与此相反,吴、管
蔡、楚、赵、魏、韩、田齐、楚王戊等列于世家,未见得都是取其为国
藩辅之义。当然,话说回来,藩辅王朝与世家之间又有着密切的
联系。辅翼天子,得以继世享国,在位时间长久,更能对政治产生
有力的影响,使这些诸侯有可能符合世家的条件。这是辅弼之臣
多列于世家,而叛逆之臣多入于列传的原因。

五、若干世家题解

(一)《管蔡世家》

梁玉绳曰:"管既无世,何以名家?自当以蔡、曹标名,乃史公
反附曹于管、蔡,不亦乖乎!小司马补史曰:'曹亦姬姓文昭,春秋
时颇称强国,其后数十代,岂可附管、蔡亡国之末而没其篇第?自
合析为一篇。'《史诠》曰:'史公谓管叔乱无足载者,何以称世家
哉?当更曰《蔡曹世家》。'斯得其实矣。"[1]

恽敬《大云山房文稿初集》卷二曰:"且管叔、蔡叔均罪,而管

---

① [清]梁玉绳:《史记志疑》,中册,第 910—911 页。

叔无后，不得有世家，太史公不书曰《蔡世家》，而曰《管蔡世家》，盖圣人之处兄弟也，尽乎当然之仁义而已。使管叔有后如蔡仲，周公必言于成王如蔡仲之封，岂有异哉！"

梁、恽二人对《管蔡世家》的批评，不是毫无道理，但未能领悟作者的创作意图。首先，立《管蔡世家》，是由《史记》的整体构架决定的。赞语云："管叔作乱，无足载者。然周武王崩，成王少，天下既疑，赖同母之弟成叔、冉季之属十人为辅拂，是以诸侯卒宗周，故附之世家言。"这就是说，孤立地从管叔事迹而言，不必载入世家。但就总体而论，作者认为文王十子对王朝的巩固作用巨大，功不可没。《史记》既为周公旦、卫康叔立世家，对其余诸人也必须作一番交代，故本篇不仅写管、蔡，对伯邑考、武王发、曹叔振铎、成叔武、霍叔处、冉季载等八人也一并提及。其次，立《管蔡世家》是合于《史记》体例的。管叔鲜、蔡叔度二人都是周武王弟，武王灭纣后封叔鲜于管，封叔度于蔡，共相纣子武庚禄父，治殷之遗民。武王死后，他们挟武庚作乱，周公杀管叔，而放蔡叔。后来周公言之成王，复立蔡叔之子胡于蔡，以奉蔡叔之祀，禄及后世甚远，符合世家标准，所以载之世家。又因管叔、蔡叔事迹势不可分，所以管叔虽无世可传，也附入世家。文中说"管叔鲜作乱诛死，无后"，"蔡叔度，其后为蔡，有世家言"。《管蔡世家》不为管叔而立，语意甚明。武王之弟叔振铎封于曹，卜世绵长，因曹国小，不另立世家，亦附于此篇。刘咸炘曰："且此篇虽题管蔡，实总叙文昭，曹亦文昭，故叙于此。犹《万石张叔列传》实不止石、张二人，《陈丞相世家》中杂王陵，《张丞相世家》后叙周、赵、任、申屠，史公篇题本不取该备也。"①梁玉绳主张此篇标《蔡曹世家》，不免

---

① 刘咸炘著，张大可、徐兴海校注：《太史公书知意》，第 81 页。

过于拘泥;恽敬对《管蔡世家》篇题的解释,又求之过深。太史公以"管蔡"标目,以概其余,本无不可。

(二)《赵世家》、《魏世家》、《韩世家》

《史通·世家》云:"且诸侯大夫,家国本别。三晋之与田氏,自未为君以前,齿列陪臣,屈身藩后,而前后一统,俱归世家,使君臣相杂,升降失序,何以责季孙之八佾舞庭,管氏之三归反坫?"①

刘知几论赵、魏、韩祖先载入世家之失,未明《史记》之例。《史记》为通史,追本溯源,原始察终,综观兴衰,乃本纪、世家通例。三代及秦本纪既已如此,世家也不例外。春秋、战国各世家,除文、武子孙之先代世系已详著于《周本纪》,不再一一载列外,其余各世家,或详赡,或简略,都要溯及先祖。《吴太伯世家》从太伯、仲雍写起,《楚世家》从帝颛顼高阳入笔,《田敬仲完世家》叙陈厉公及桓公,皆是其证。故尚镕论赵、魏、韩世家谓:"其先世虽为大夫,事迹亦宜序于篇首。"②

梁玉绳曰:"三晋俱篡国,当依《田完世家》称名之例,书曰《赵籍世家》、《魏斯世家》、《韩虎世家》。"③

梁氏所言,未可信从。《史记》世家,或以国度、或以人名标题,不取一律。称名与否本无深意,更与是否篡国无关。《吴太伯世家》称太伯为至德而篇题称其名,《自序》云"嘉句践夷蛮能修其德,灭强吴以尊周室",而世家亦标句践之名,可以为证。

(三)《田敬仲完世家》

《史通·世家》云:"(田齐)列号东帝,抗衡西秦,地方千里,高

---

①[唐]刘知几著,[清]浦起龙通释,王煦华整理:《史通通释》,第38页。

②[清]尚镕:《史记辨证》,见《史记考证文献汇编》,第232页。

③[清]梁玉绳:《史记志疑》,下册,第1478页。

视六国,而没其本号,唯以田完制名,求之人情,孰谓其可?"①

　　梁玉绳曰:"但史公作世家皆书开国之君,彼陈完遭乱奔齐,尚不敢为卿,何有于世家?况斯时齐方鼎盛,奈何以后代之篡,追崇其先祖,齿列诸侯乎?几等王莽之追王胡公、敬仲矣。是当书曰《田和世家》。"②

　　刘、梁二人论《田敬仲完世家》,亦未得《史记》之旨。《史记》三代世家,或标始封之君,或标始基之人,或标中间有代表性的君主,或以国号标题,都不过是藉此表明国别族姓,其间并没有本质的区别。"太伯避历,江蛮是适",为吴国立下基础;"完子避难,适齐为援,阴施五世,齐人歌之",以至"成子得政,田和为侯"(《太史公自序》)。两者有相似之处,故《吴太伯世家》、《田敬仲完世家》二篇,篇名也相类似。

　　(四)《孔子世家》

　　列孔子入世家,历来颇多争议。

　　王安石说:"孔子,旅人也,栖栖衰季之世,无尺土之柄,此列之以传宜矣,曷为世家哉?……处之世家,仲尼之道不从而大;置之列传,仲尼之道不从而小,而迁也自乱其例,所谓多所抵牾者也。"③

　　何焯曰:"论来孔子只合作列传,太史公自据素王之说。"④

　　孔子无王侯之位而入世家,确实较为特殊,但并非不合《史

---

① [唐]刘知几著,[清]浦起龙通释,王煦华整理:《史通通释》,第38页。

② [清]梁玉绳:《史记志疑》,下册,第1478页。

③ [宋]王安石著,张鹤鸣整理《王安石全集·临川先生文集》卷七一"孔子世家议",崇文书局,2020年,第5册,第686页。

④ [清]何焯著,崔高维点校:《义门读书记》,中华书局,1987年,上册,第213页。

记》体例。在《孔子世家》中，写到孔子的子孙有伯鱼、子思、子上、子家、子京、子高、子慎、子襄、忠、武、安国、卬、欢，所以《孔子世家》赞语说："孔子布衣，传十余世，学者宗之。"这是实在意义上的"世家"，是列孔子于世家的第一个原因。《史记》中有《仲尼弟子列传》，载孔门弟子七十七人，又有《孟子荀卿列传》，《儒林列传》说："孟子荀卿之列，咸遵夫子之业而润色之，以学显于当世。"《儒林列传》还详尽记载了从春秋到汉代的儒学传授情况，以显示和强调孔子开创儒学统纪垂范后世。这是抽象意义上的"世家"，是列孔子于世家的第二个原因。

浦起龙曰："位孔子以世家，先儒非之。愚谓《史记》乃从其世及而世家之也，故叙后系独长，至十一传安国，而与己同时，继以子卬孙欢而止。"①

郭嵩焘曰："高帝始以太牢祀孔子，太史公适鲁得观孔子庙堂，诸生以时习礼其家。《儒林传》亦称：'陵夷至秦，天下并争于战国，然齐、鲁间学者独不废。'是孔子之道因是以自世其家，不待后世之追崇也。史公列孔子于世家，自纪其实而已。"②

浦氏以为孔子子孙世及而为世家，郭氏以为孔子因其道而自世其家，都符合《史记》原意，但还不够全面。前文已经说过，一人或一国能否列于世家，还必须考虑政治影响力的大小。而在这方面，孔子入世家也无可挑剔。《儒林列传》说孔子"因史记作《春秋》，以当王法"，《太史公自序》更将孔子作《春秋》与汤、武革命并称，都可见孔子学说对后世影响至巨。《自序》云："周室既衰，诸侯恣行。仲尼悼礼废乐崩，追修经术，以达王道，匡乱世

---

① [唐]刘知几著，[清]浦起龙通释，王煦华整理：《史通通释》，第 39 页。
② [清]郭嵩焘：《史记札记》，第 199 页。

反之于正,见其文辞,为天下制仪法,垂六艺之统纪于后世。作
《孔子世家》第十七。"正是从孔子关天下治乱盛衰这一角度,申
述了作《孔子世家》的理由,而《史记》全书,也始终贯穿着这样一
种认识。

李景星曰:"太史公作《孔子世家》,其眼光之高,胆力之大,推
崇之至,迥非汉唐以来诸儒所能窥测,故刘知几、王安石辈,皆横
加讥刺,以为自乱其例。不知史公之不可及处,正在此也。"①

王鸣盛曰:"以孔子入世家,推崇已极,亦复斟酌尽善。王介
甫妄讥之,全不考三代制度时势,不识古人贵贵尚爵之意。"②

林春溥《竹柏山房十五种·孔子世家补订序》曰:"后世尊孔
子,自史迁始,故布衣也,而列之世家。"

他们都认为孔子入世家,与作者对孔子的尊崇有关。如果孤
立地看一两篇,这似乎也有些道理,但用《史记》全部篇章对照考
察,此说就站不住脚了。诚然,太史公是推崇孔子的,但在《史记》
中将他列入世家还是载于列传,作者是按严格的体例标准决定
的,并不取决于是否尊崇孔子。

(五)《陈涉世家》

陈涉入世家,也是后世集中争论的焦点之一。

《史通·世家》:"案世家之为义也,岂不以开国承家,世代相
续?至如陈胜起自群盗,称王六月而死,子孙不嗣,社稷靡闻,无
世可传,无家可宅,而以世家为称,岂当然乎?"③

---

①李景星著,韩兆琦、俞樟华校点:《四史评议》,第48页。

②[清]王鸣盛撰,陈文和等校点:《十七史商榷》,凤凰出版社,2008年,第
　20页。

③[唐]刘知几著,[清]浦起龙通释,王煦华整理:《史通通释》,第38页。

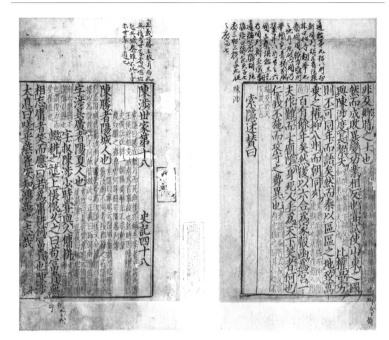

南宋黄善夫刻本《史记·陈涉世家》

司马贞《索隐》曰："（陈涉）时因扰攘，起自匹夫，假托妖祥，一朝称楚，历年不永，勋业蔑如。继之齐、鲁，曾何等级。可降为列传。"

确实，就陈涉一人而论，并不具备列世家的条件，但史公的本意并不在此。

茅瓒曰："涉虽发难，而当时诸王诸起兵者皆备载于此，故称系家而首之。"①

————————

　　曾国藩曰:"'楚虽三户,亡秦必楚。'子长时时不忘此二语。故于陈涉之张楚,项羽之楚,皆所向慕,即于襄强之楚,吕臣之楚,景驹之楚,黥布之楚,怀王孙心之楚,亦缕叙而不敢忽。"①

　　李景星曰:"涉虽一起即蹶,所遣之王侯将相,卒能亡秦,既不能一一皆为之传,又不能一概抹杀,摈而不录。……惟斟酌纪传之间,将涉列为世家,将其余与涉俱起不能遍为立传之人,皆纳入涉世家中,则一时之草泽英雄,皆有归宿矣。故通篇除吴广外,牵连而书者,至有二十余人之多。"②

　　《陈涉世家》不是为陈王一人而设,以上诸家对此都有所体会。《陈涉世家》结语说:"陈胜虽已死,其所置遣侯王将相竟亡秦,由涉首事也。"这段文字,很值得玩味。陈涉"首事",是说陈王为反秦事业开了个头;秦未灭而陈涉"已死",是说他未能最后完成大业;陈涉既死而其所立王侯将相终于亡秦,是说诸侯继承了陈王的事业。本篇既写陈涉首难,同时又写诸侯继起亡秦,笔法与一般列传有别,故归之世家。《自序》云:"桀、纣失其道而汤、武作,周失其道而《春秋》作。秦失其政,而陈涉发迹,诸侯作难,风起云蒸,卒亡秦族。天下之端,自涉发难。作《陈涉世家》第十八。"也正是从诸侯继陈王而起这一角度来说明立《陈涉世家》的用意。

　　郭嵩焘指出陈涉所遣将武臣自立为赵王,韩广为燕王,周市立魏咎为魏王,葛婴立襄强为楚王,秦嘉又立景驹为楚王,认为"陈涉起未久,事迹无可纪者,而楚汉相争大局并由陈涉发其端,

①〔清〕曾国藩:《求阙斋读书录》,陕西师范大学出版社,2015年,第71页。
②李景星著,韩兆琦、俞樟华校点:《四史评议》,第49页。

史公叙汉世家首陈涉以此"。①

郭氏对立《陈涉世家》的理解相当具体,于作者的编排意图也确实有所体会。但他仅仅强调陈涉所置将相的作用,而忽视了其他继陈涉而起的重要历史人物,对陈涉发难这件事本身的意义,仍然估计不足。

《秦楚之际月表》说:"太史公读秦楚之际,曰:初作难,发于陈涉;暴戾灭秦,自项氏;拨乱诛暴,平定海内,卒践帝祚,成于汉家。五年之间,号令三嬗,自生民以来,未始有受命若斯之亟也。"《自序》说:"秦既暴虐,楚人发难,项氏遂乱;汉乃扶义征伐;八年之间,天下三嬗。"这两段文字,有助于我们充分认识陈涉首事的意义。作者把大泽乡发难到秦、项灭亡看作是一个连贯的历史时期:有陈涉的揭竿而起,尔后有项羽灭秦;有项羽灭秦,然后才有刘邦的统一天下。而这一历史时期是不能割裂的。从这个意义上来讲,继承陈胜事业的,远不止是他所派遣的将相,而应该包括亡秦的项羽和最终创建汉王朝的刘邦。作者多次指出陈涉发难的作用,实际上是肯定他为刘邦开辟了道路。《秦楚之际月表》从秦二世元年七月陈涉起兵反秦开始,清楚地表明大泽乡起义开创了一个新的历史阶段。此后项羽、刘邦相继得志,都是继承陈王余绪。高祖时为陈涉置守冢三十家于砀,使他得以血食后世,正表明刘邦以陈胜的继承者自居。作者之所以不像项羽一样给陈涉立本纪,是因为项羽推翻了秦王朝,并在一定的时期内起着天下主宰的作用;而陈涉却未能左右天下形势,很快为秦军所灭。《史记》的编纂原则是"天下号令在某人,则某人为本纪"。陈涉不符合这一条,而其事迹又不同于一般的列传人物,所以只能归于

---

① [清]郭嵩焘:《史记札记》,第205页。

世家。既然陈涉的事业后继有人，且至汉高祖而终定天下，因此把他列入"世家"，在体例上是可以成立的。

郝敬《史记愚按》卷三曰："陈涉举事不效，身死族灭，亦为《世家》；项羽图王不成，亦为《本纪》。盖二人以匹夫起义，为民取残，为六王报怨，无论成败，皆足以不朽。英雄利钝有时，作史者扬励，慰人心一快耳。"

郝氏以为立《陈涉世家》，含有扬励之意，当代不少研究者又认为列陈涉于世家，表现了作者对农民起义的肯定和歌颂，是《史记》人民性的体现。对此，笔者也不敢苟同。《史记》对陈涉固然有肯定和赞扬的一面，但也不乏讥评之处。如本传中载录了他杀掉故人的不智之举；叙写了他为人苛酷，任用谗佞，以至于众叛亲离的情况，并认为这是他失败的主因。《儒林列传》说："陈涉起匹夫，驱瓦合適戍，旬月以王楚，不满半岁竟灭亡，其事至微浅。"在《秦始皇本纪》和《陈涉世家》中，作者一再引用贾谊《过秦论》中的话，认为："陈涉瓮牖绳枢之子，甿隶之人，而迁徙之徒也。材能不及中人，非有仲尼、墨翟之贤，陶朱、猗顿之富也。蹑足行伍之间，俯仰仟佰之中，率罢散之卒，将数百之众，转而攻秦。"就陈涉个人而言，作者甚至觉得不值一提。显而易见，陈涉入世家，并不是作者以此来褒奖他，而只能从体例上找原因。

（六）《外戚世家》

王若虚曰："且既以诸侯为世家，则孔子、陈涉、将相、宗室、外戚等复何预也？"[1]

徐孚远《史记测义·外戚世家》曰："纪后妃而号曰外戚，非也。后代史书皇后自作纪，而外戚别作传，乃为得之。"

---

① [金] 王若虚著，马振君点校：《王若虚集》，中华书局，2017 年，上册，第 135 页。

　　对于立《外戚世家》，前人也有站在同意的立场上进行解说者。

　　尚镕云："外戚而曰世家，因其父兄弟侄封侯也。"①

　　孙德谦云："考世家之例，凡以叙有土之君。外戚而次之世家者，实以皇后之家，其父子兄弟类无不受封为国，世及相继，与吴、鲁等同。迁之意盖在此，故题之曰外戚，得厕乎世家之中。"②

　　尚、孙二人解释立《外戚世家》的原因，虽不为无见，然而却未必正确。汉代功臣及宗室封侯者，绝大多数不入世家，便是明证。

　　《史记》皇子封王者多入世家。《齐悼惠王世家》、《梁孝王世家》、《五宗世家》、《三王世家》是也。这些王国的大小盛衰，往往随后妃的命运而沉浮。根据《史记》原始察终、综观盛衰之旨，后妃自应入世家。诚然，将她们分别附载各诸侯王世家也未尝不可，但这样似乎不足以突出后妃的重要地位。《外戚世家》开篇便说："自古受命帝王及继体守文之君，非独内德茂也，盖亦有外戚之助焉。夏之兴也以涂山，而桀之放也以末喜。殷之兴也以有娀，纣之杀也嬖妲己。周之兴也以姜原及大任，而幽王之禽也淫于褒姒。故《易》基《乾》《坤》，《诗》始《关雎》，《书》美厘降，《春秋》讥不亲迎。夫妇之际，人道之大伦也。礼之用，唯婚姻为兢兢。夫乐调而四时和，阴阳之变，万物之统也。可不慎与？人能弘道，无如命何。甚哉，妃匹之爱，君不能得之于臣，父不能得之于子，况卑下乎！"就后妃对政治的影响力而言，也完全够入世家的资格。

　　子子孙孙，国祚相承，当然可以帮助理解世家的含义，而后妃

---

①［清］尚镕：《史记辨证》，见《史记考证文献汇编》，第 233 页。
②［清］孙德谦：《太史公书义法》，见《史记研究文献辑刊》，第 12 册，第 3 页。

代代不绝,如世代相继,又何尝不能看作是世家!《自序》云:"成皋之台,薄氏始基。诎意适代,厥崇诸窦。栗姬偩贵,王氏乃遂。陈后太骄,卒尊子夫。嘉夫德若斯,作《外戚世家》第十九。"正是就后一个角度而言的。这与后世学者继承孔子学业,六国诸侯继承陈涉事业,实出一理。后之学者将世家的"家"坐实为一家一姓之家,故对《史记》体例的理解,多有偏差。《外戚世家》所写主要人物有吕太后、薄太后、窦太后、王太后、卫皇后,她们分别是惠帝、文帝、景帝、武帝、卫太子的生母。在作者看来,她们世代相继,和西汉皇统的延续是相辅相成的。其他后妃生子也无不封王,这些爵位封国也都可以世代沿袭。汉朝天下,未尝不可看作是她们世代相传。因此,将本篇视为若干世家的合编,亦无不可。

刘知几曰:"马迁撰皇后传,而以外戚命章。案外戚凭皇后以得名,犹宗室因天子而显称,若编皇后而曰外戚传,则书天子而曰宗室纪,可乎?"[1]

刘氏批评《外戚世家》标题不当,颇有道理。《外戚世家》主要写后妃,亦兼记外戚。后妃之家因裙带关系而封侯,后妃干政则要张大外戚形势,而外戚的际遇又因后妃的宠辱而升降。后妃与外戚,政治上实为一体。作者用"外戚世家"之名来写后妃,意在于此。

(七)《荆燕世家》

燕王刘泽和荆王刘贾都因系刘邦亲属而得封,故二人合传。刘泽封为燕王,"南面称孤者三世",符合世家条件,故为之立世家。刘贾为黥布所杀,国未传子孙,照例该入列传,但因与刘泽同

---

[1]〔唐〕刘知几著,〔清〕浦起龙通释,王煦华整理:《史通通释》,第85页。

为刘邦亲属，且有"以策为王"之功，遂并入世家。连类而书，与《管蔡世家》同出一例。

第三节 列传

一、列传的创立

《伯夷列传》云："孔子曰：'伯夷、叔齐，不念旧恶，怨是用希。''求仁得仁，又何怨乎？'余悲伯夷之意，睹轶诗可异焉。其传曰：伯夷、叔齐，孤竹君之二子也。……"

范文澜云："晋太康中，汲冢得《穆天子传》一卷，是战国史官固有专为一人作传之例矣。《伯夷列传》有'其传曰'，是古有伯夷叔齐传。"①

范文澜认为古代已有"传"这一体例，所举二证都值得商榷。《穆天子传》非原有之名，王隐《晋书·束皙传》所载甚明："《周王游行》五卷，……今谓之《穆天子传》。"②对《伯夷列传》中所称"传"的理解，研究者分歧较大。

司马贞《索隐》曰："按：'其传'盖《韩诗外传》及《吕氏春秋》也。"

现今所见《韩诗外传》、《吕氏春秋》二书，都没有《伯夷列传》所载的内容，故高步瀛也主张重新探源，他在《史记别录》中认为："二书恐非史公所据。盖别有传记载其事，故曰'其传曰'。"

---

① 范文澜：《正史考略》，上海书店出版社，1989年，第14—15页。
② 杜预《春秋左氏经传集解后序》之孔颖达《正义》引，见［清］阮元校刻：《春秋左传正义》，中华书局，2009年，第4752页。

　　笔者以为：司马贞谓"传"指《韩诗外传》及《吕氏春秋》固不足取，但他认为"传"不是后世传记的概念，却是正确的。

　　在司马迁以前，传与文献有关者，常用来表示两个概念。传与经相对应，指解经的文字。如子夏《易传》、毛公《诗传》、《韩诗外传》、伏生《尚书大传》等都是。传也可以泛指书传。如《孟子·梁惠王下》称"于传有之"，《滕文公下》称"传曰"，又如《荀子》称"传曰"共有十九例，都是其证。司马迁父子，对"传"的理解，也不出这一范围。司马谈《论六家要指》云"六艺经传以千万数"，《自序》称"厥协六经异传，整齐百家杂语"，用的都是与经相对的概念。《六国年表》序云："传曰'法后王'何也？"盖本之《荀子·儒效》"法后王，一制度"。《李将军列传》云："传曰：其身正，不令而行；其身不正，虽令不行。"此数语出《论语·子路》。观此二例，则传又兼指书传而言。

　　《史通·列传》云："夫纪传之兴，肇于《史》、《汉》。盖纪者，编年也；传者，列事也。编年者，历帝王之岁月，犹《春秋》之经；列事者，录人臣之行状，犹《春秋》之传。《春秋》则传以解经，《史》、《汉》则传以释纪。"①

　　赵翼曰："古书凡记事立论及解经者，皆谓之传，非专记一人事迹也。其专记一人为一传者，则自迁始。"②

　　刘知几以《史》、《汉》纪传比之《春秋》经传，语最明晰，与《史记》实际情况完全相符。《史记》中本纪、世家、列传三体，以本纪为纲，世家、列传都是对本纪内容的扩展和补充。《自序》说："二十八宿环北辰，三十辐共一毂，运行无穷，辅拂股肱之臣配焉，忠

---

① ［唐］刘知几著，［清］浦起龙通释，王煦华整理：《史通通释》，第41页。
② ［清］赵翼著，王树民校证：《廿二史札记校证》，第5页。

信行道,以奉主上,作三十世家。"主上为北辰,为车之"毂",而臣
下为列宿,为车之"辐",正说明本纪为世家之中心,而世家为本纪
之展开辐射。列传之于本纪,也是如此。司马迁父子曾多次以孔
子作《春秋》自比。《自序》云:"太史公曰:先人有言:'自周公卒五
百岁而有孔子。孔子卒后至于今五百岁,有能绍明世,正《易传》,
继《春秋》,本《诗》、《书》、《礼》、《乐》之际?'"又云:"序略,以拾遗
补艺,成一家之言,厥协六经异传,整齐百家杂语。"将《史记》与六
艺经传相比拟,并非无因。赵翼以为《史记》借记事立论及解经之
传以为人物传记,也得其本源。因此,以"传"之名来写人物传记,
应视为《史记》的创举。退一步说,即使《史记》以前真有伯夷、叔
齐传,也很难一笔抹煞《史记》的创造之功。七十列传,有以类相
从的类传,如刺客、循吏、儒林、酷吏等;有以国族相别的传记,如
匈奴、南越、东越、朝鲜等;一般的人物传记中也有专传、合传、附
传、序传等不同的类型,每一类型的传记各有一定的格式和写法。
这不能不说是创造性的劳动。

二、列传义例

司马贞《伯夷列传索隐》云:"列传者,谓叙列人臣事迹,令可
传于后世,故曰列传。"张守节《正义》云:"其人行迹可序列,故云
列传。"他们将"列"理解为"叙(序)列",似可商榷。日本学者中井
积德云:"传不一而足,次第成列,故谓之列传耳。"①李少雍先生
说得更为明白:"既然有很多个传,总称这些传记时便只好称为
'列传'(诸传),单称各个传记,亦可以称为'列传'(分传)。这正

---

① [汉]司马迁撰,(日)泷川资言考证,杨海峥整理:《史记会注考证》,第5
　册,第2722页。

如'列国'、'列侯'等词可以兼指多数与单数的情形一样。"①《史记》纪传,仿《春秋》经传,编次诸传,为本纪内容之补充,故称列传。根据《自序》,七十列传主要记载那些"扶义俶傥,不令己失时,立功名于天下"的人物。

三、若干列传题解

(一)《张耳陈余列传》

司马贞《索隐》曰:"张耳、吴芮势侔楚、汉,位埒齐、韩,俱怀从沛之心,咸享誓河之业,爵在列侯之上,家传累代之基,长沙既曰令终,赵王亦谓善始,并可列同系家焉。"

从《史记》体例来考察,张耳、陈余入列传,并无不妥。张、陈二人关系密切,始为刎颈之交,后为不共戴天之仇敌,事迹不可割裂。陈余兵败被杀,王位未传子孙,理应入列传;张耳封为赵王,死后其子张敖嗣位,后因反叛嫌疑改封宣平侯,嗣国不终,且又与陈余同传,故一并载入列传。况世家、列传,本不以王与不王为别。即使专记张耳一人,也未必可入世家。长沙王吴芮泽及后世,非但不次世家,亦不载列传,就是证明。

(二)《吴王濞列传》《淮南衡山列传》

司马贞曰:"五宗之国,俱享大邦,虽复逆乱萌心,取污朝典,岂可谓非青社之国哉! 然淮南犹有后不绝,衡山亦其罪盖轻,比三卿之分晋,方暴秦之灭周,可不优乎! 安得黜其王国,不上同《五宗》《三王》,列于系家? 其吴濞请与楚元王同为一篇,淮南宜与齐悼惠王为一篇。"

梁玉绳曰:"濞与淮南、衡山俱帝胄大邦,不但当以类从,亦当

---

① 李少雍:《司马迁传记文学论稿》,重庆出版社,1987年,第76—77页。

皆次于《齐悼惠王世家》之下,乃置濞四十六,淮南衡山五十八,何也? 若以谋反贬在列传,则彼在世家者皆不反之王乎? 班彪讥迁黜淮南衡山条例不经而不及濞。小司马谓濞宜与楚元王为一篇,淮南宜与齐悼惠为一篇,庶几允惬。"①

司马贞、梁玉绳对这二篇提出责难,实未深究《史记》体例。

如果说大邦便当有世家,则魏豹、彭越、黥布、韩信等也应列入世家,这显然与《史记》体例不符。吴王濞叛乱被杀,身死国除,子孙靡嗣,理应编之列传。淮南王刘长反叛国除,孝文帝立其子刘安为阜陵侯,虽复迁为淮南王,但不是继承父位,且后来谋反自杀,国除为九江郡。衡山王刘赐叛逆自杀,国除为衡山郡,也是位不再传。故两人一起编于列传。

吴王濞和淮南衡山二传,传主都曾封王,他们之所以不入世家,原因在于他们王位未及子孙,而不是作者故意将他们归于列传以表示贬抑。班彪讥司马迁"进项羽、陈涉而退淮南、衡山,细意委曲,条例不经",②乃是以己度人,有失公允。

总之,《史记》本纪、世家、列传三类人物传记,体例严密,自成一格。太史公从实际出发,并不拘泥于帝与不帝、王与不王:天子未必有纪,称纪未必天子;封王的不一定都载世家,载于世家的也不全是王侯。本纪之"纪",不必局限于帝王统纪,世家之"家",也并不专指侯王之家。本纪、世家、列传,在体例上各有不同的标准和要求,而与作者的主观倾向及好恶(如褒贬抑扬等)无关。

---

① [清]梁玉绳:《史记志疑》,下册,第1483页。
②《后汉书》,第5册,第1327页。

第四节　表

一、表的创立

桓谭《新论》云："太史《三代世表》，旁行邪上，并效周谱。"[1]
后人据此多谓表之一体为因习前人。

赵翼云："《史记》作十表，昉于周之谱牒，与纪、传相为出入。"[2]

程金造云："汉时及后世之人，已曾谓太史公十表非其首创，而仿自《周谱》。是则言表体为太史公首创之说者，不足信也。"[3]

认为表为史公所创的，也不乏其人。如，刘知几《史通·杂说上》云："观太史公之创表也，于帝王则叙其子孙，于公侯则纪其年月，列行萦纡以相属，编字戢舂而相排。虽燕、越万里，而于径寸之内犬牙可接；虽昭穆九代，而于方尺之中雁行有叙。"[4]卢文弨亦云："史之有表也，创于子长，而沿于孟坚。"[5]

模仿之于创制，两者截然不同。究竟应以哪一种观点为是呢？笼统地讲，二说都有一定的道理。要比较确切地回答这一问题，需要结合表的形式和内容加以综合分析。

首先应该肯定，太史公见到过谱谍一类的书，而且不止一种。谱谍记诸侯世系、谥号，从内容到形式与《史记》都有相似之处，但

---

① [汉]桓谭撰，朱谦之校辑：《新辑本桓谭新论》，中华书局，2009 年，第 40 页。

② [清]赵翼著，王树民校证：《廿二史札记校证》，第 4 页。

③ 程金造：《史记管窥》，陕西人民出版社，1985 年，第 14 页。

④ [唐]刘知几著，[清]浦起龙通释，王煦华整理：《史通通释》，第 437 页。

⑤ [清]卢文弨：《抱经堂文集》，见《卢文弨全集》，第 8 册，浙江大学出版社，2017 年，第 54 页。

两者并不完全等同。从内容方面来考察,《史记》诸表显然不仅仅是记载诸侯世、谍。试举例言之:《十二诸侯年表》序言说:"太史公曰:儒者断其义,驰说者骋其辞,不务综其终始;历人取其年月,数家隆于神运,谱谍独记世谥,其辞略,欲一观诸要难。于是谱十二诸侯,自共和讫孔子,表见《春秋》、《国语》学者所讥盛衰大指著于篇,为成学治古文者要删焉。"《太史公自序》也说:"幽、厉之后,周室衰微,诸侯专政,《春秋》有所不纪;而谱谍经略,五霸更盛衰,欲睹周世相先后之意,作《十二诸侯年表》。"言"谱谍独记世谥,其辞略","谱谍经略",明确指出了谱谍过于简略而不符合自己的作史意图。《十二诸侯年表》实际上是汇合了"儒者"、"驰说者"、"历人"、"数家"、"谱谍"各种文献的内容要点,从而创造出来的一种综合形式。主要是记载"五霸更盛衰"的情况,"表见《春秋》、《国语》学者所讥盛衰大指著于篇,为成学治古文者要删焉"。以大事记的形式载列天下兴亡治乱的大略,更多地是受到了《春秋》的启发,只不过《春秋》所载偏于鲁国,此篇诸国并重而已。就形式的综合性和内容的侧重点这两个方面而言,《史记》诸表都明显有别于谱谍的体例。作者以"表"名篇而不用谱谍旧称,不完全是为了在名目上标新立异。况且《史记》各表,形式多有变化,不必尽同于《三代世表》所谓旁行邪上者。因此,尽管表确实受到谱谍的启发,但并非对谱谍的简单模仿。

二、十表义例

司马贞《三代世表索隐》:"应劭云:'表者,录其事而见之。'案:《礼》有《表记》,而郑玄云'表,明也'。谓事微而不著,须表明也,故言表也。"《史记》的表,兼有应劭、郑玄所说的两种含义。表仿《春秋》,以编年为主,记录各个时期的大事,同时,也有表隐微之事使之著明的意思。《自序》云："并时异世，年差不明，作十表。"王朝之与诸侯，列国之间，头绪繁杂，世次参差，诸事散在各篇，不便纵横比较，盛衰终始，治乱之迹，不易明了。用表的形式反映历史发展的线索，简洁明白。各表序言，揭示作者研究历史的目的、方法、成果，与表配合，也是相得益彰。

《史记》十表，共有三种名称：《三代世表》为世表，《秦楚之际月表》为月表，其余各表，均为年表。世表、年表、月表是作者根据实际情况和客观需要创造出来的不同形式。

三、诸表题解

十表的标题和形式，一般不难理解，但有一些特殊之处，需略作说明。

（一）《三代世表》

此表自黄帝至于共和，上不限于夏禹，下不及于周亡，名称"三代"，只是举其主要内容而言。如果以王朝的盛衰为线索，则《十二诸侯年表》的全部、《六国年表》的绝大部分内容，都可以归入《三代世表》。在这一点上，表的处理方法，与本纪有所不同。

三代之君，皆出于五帝，《三代世表》载列五帝，有追本溯源之意。五帝久远渺茫，传记少见，事迹难明，故以"三代"标目。

（二）《十二诸侯年表》

此表共十四栏：周、鲁、齐、晋、秦、楚、宋、卫、陈、蔡、曹、郑、燕、吴。其中周为天下宗主，自然不在诸侯之列，其余诸侯，十有三国，与"十二"之数不符。司马贞认为十二诸侯中不包括吴国："篇言十二，实叙十三者，贱夷狄不数吴，又霸在后故也。不数而叙之者，阖闾霸盟上国故也。"

《春秋》所谓蛮夷戎狄，不仅包括吴、越，秦、楚也在其中。《史记》既以秦、楚入于诸侯之数，就没有理由单独将吴摈斥于外。何况吴为太伯之后，世家列于首篇，足证司马贞之说有误。

王拯曰："史公殆以齐至吴为十二诸侯，而周、鲁不与焉。盖此表本《春秋》，以周、鲁为纲纪。"①王氏之说，颇为有理。《十二诸侯年表》序言云："于是谱十二诸侯，自共和讫孔子，表见《春秋》、《国语》学者所讥盛衰大指著于篇，为成学治古文者要删焉。"

（三）《六国年表》

此表共八栏：周、秦、魏、韩、赵、楚、燕、齐。除周之外，实记七国。潘永季云："秦继周，而此篇据《秦记》，故挈秦于六国之先。"②这段话意在理解秦为何列于诸侯之前，也可移来理解表称"六国"的含义。诸侯六国，周、秦不在其中。

（四）《汉兴以来将相名臣年表》

此表凡记公卿重臣之薨、免、诛、自杀、抵罪、免侯、告老，重要职官之罢、置，多用倒书形式，颇为独特。清代汪越《读史记十表》、陈直先生《史记新证》都曾注意及此。汪氏认为"恐此或便观览，未必有深义也"。陈直先生则认为："倒书之例，为太史公所特创。……一顺一倒，使读者易于分明，当日设用朱墨颜色顺写，固无不可，然在竹简用两色，比较复杂，故改创倒书之例。"③他们提出并分析此表倒书的问题，不无意义。但据张晏所列，本文在十篇亡书之中，余嘉锡先生也力证其说。是否为太史公原作，应是研究此篇书法的前提。《史记》十表，其余各篇均无倒书而此篇独

①见刘咸炘著，张大可、徐兴海校注：《太史公书知意》，第52页。
②潘永季《读史记札记》，《丛书集成续编·史部》第21册，上海书店出版社，1994年，第11页。
③陈直：《史记新证》，中华书局，2006年，第59—60页。

有,究竟是什么原因,也有待进一步探索。

四、表的功能

十表在《史记》五体中结构较为独特,它的每一篇都反映出某一历史阶段的概况,合起来简明地勾画出从黄帝到太初三千年历史发展变化的轨迹,它既相对独立,又与其他各体紧密联系。刘知几看到了十表与其他各体部分交叉的关系,对司马迁立表总体上作了否定:

> 天子有本纪,诸侯有世家,公卿以下有列传,至于祖孙昭穆,年月职官,各在其篇,具有其说,用相考核,居然可知。而重列之以表,成其烦费,岂非谬乎?且表次在篇第,编诸卷轴,得之不为益,失之不为损。用使读者莫不先看本纪,越至世家,表在其间,缄而不视,语其无用,可胜道哉![1]

刘知几的看法,有失公允。《史记》立十表,功用主要有三:

一是使记载简明集中。本纪、世家记五帝、三王之世系,春秋战国至汉代王侯之情况,散在各篇,"并时异世,年差不明",不便于纵横对照比较,读起来往往不得要领。《史记》立表,叙帝王之子孙,纪公侯之年月。"虽燕、越万里,而于径寸之内犬牙可接;虽昭穆九代,而于方尺之中雁行有叙。使读者阅文便睹,举目可详"。[2] 数篇在手,则三千年之历史豁然贯通,帝业之盛衰,王朝之兴替,各国力量之消长,王朝与诸侯之关系,无不一目了然。各篇序言,提纲挈领,辞旨丰赡,足以启人思考。司马迁立表纵贯旁通,以精妙的形式,简洁的语言,通过纵横比照,力图使读者得到

---

①[唐]刘知几著,[清]浦起龙通释,王煦华整理:《史通通释》,第48—49页。
②[唐]刘知几著,[清]浦起龙通释,王煦华整理:《史通通释》,第437页。

鲜明而深刻的印象,以期更好地发挥历史的借鉴作用。同时,他通过表的形式,也较为系统地阐明了自己的历史观。《史记》十表是司马迁把自己的著作上升为"一家之言"的极其重要的组成部分,不能简单地用记事的眼光来看待它。

二是补纪传之未及。顾炎武曰:"(表)与纪传相为出入,凡列侯、将相、三公九卿,其功名表著者,即系之以传。此外大臣无积劳,亦无显过,传之不可胜书,而姓名爵里存没盛衰之迹,要不容以遽泯,则于表乎载之,又其功罪事实,传中有未悉备者,亦于表乎载之,年经月纬,一览了如,作史体裁,莫大于是。"①十表之中,《高祖功臣侯者年表》以后五表,所载内容多为纪传世家所无;《三代世表》至《汉兴以来诸侯王年表》五表,也多有其他诸体所不载之事。顾炎武的论断,完全符合实际。

三是避免繁冗。牛运震曰:"盖事繁变众,则年月必不能详;世积人多,则传载必不能备。年表者,所以较年月于列眉,画事迹于指掌,而补纪传书志之所不及也。况年表既立,则列传可省。如高祖功臣百有余人,有《功臣侯年表》,则一百余人之功绩、履历、官爵、封邑、传国失侯,详悉具备,检图可得也。建元以来侯者七十二国,亦同此论。若无年表,则高祖功臣侯者百有余人,宁当为百有余传乎?建元以来侯者七十二国,宁当一一悉为传乎?此《史记》之有年表,其命意不可及,而其立法为不可议也。后世如《南》、《北》诸史,本纪则失之繁细,列传则伤于冗杂,虽缘纪叙不善,亦概由年表不立之故。而刘知几《史通》以为史家列表,徒滋

①[清]顾炎武著,[清]黄汝成集释,栾保群、吕宗力校点:《日知录集释》,上海古籍出版社,2014年,下册,第569页。

烦费,得不为益,失不为损,考其立说,不亦诬乎!"①无论从理论角度还是从史学实践看,牛运震的观点都不无道理。

郑樵云:"《史记》一书,功在十表,犹衣裳之有冠冕,木水之有本原。"②赵翼论《史记》十表,亦云"作史体裁,莫大于是"。③ 表在史书中所起的作用,是不容忽视的。

第五节　书

一、书的创立

对于书这一体例,前人意见纷纭。兹取诸说中有代表性者列于下方,并加以分析。

刘知几认为书效《礼经》:"夫刑法、礼乐、风土、山川,求诸文籍,出于三礼。及班、马著史,别裁书志。考其所记,多效《礼经》。"④

章学诚以为仿《管子》、《吕览》、《淮南子》:"夫马、班书志,当其创始,略存诸子之遗。《管子》、《吕览》、《鸿烈》诸家,所述天文地圆官图乐制之篇,采掇制数,运以心裁,勒成一家之言,其所仿也。"⑤

范文澜将《律书》、《历书》、《天官书》、《封禅书》、《乐书》、《平

---

① [清]牛运震撰,崔凡芝校释:《空山堂史记评注校释》,第131—132页。

② [宋]郑樵:《通志》,第1册,第1页。

③ [清]赵翼著,王树民校证:《廿二史札记校证》,第4页。

④ [唐]刘知几著,[清]浦起龙通释,王煦华整理:《史通通释》,第51页。

⑤ [清]章学诚著,仓修良编注:《文史通义新编新注》,下册,第1002—1003页。

准书》、《河渠书》诸篇,与《尚书》中《尧典》、《禹贡》有关片断对照,以为:"《史记》八书,实取则《尚书》,故名曰书。"①

以上诸家,各以所见,推原《史记》八书所本,故结论互异。他们所举各书,虽然与八书材料有相关之处,在体例上其实并无直接渊源关系。从内容看,《史记》八书是作者历史研究体系中的一个组成部分。在作者看来,这些事物对天下兴亡、国家治乱都有着重要的影响。因而八书内容的确定显然不是对某一著作的仿效。况且,判定某一体例是否确立,应对有关内容进行系统的考察,而不能只看局部片断。个别事件或零星的史料为《史记》所资取,只能证明《史记》取材,而不足以说明它们在体例上的继承关系。试想如果因为书的内容有取自《尚书》或与《尚书》相似者,就断定八书仿《尚书》而作,那么,《史记》中五帝、夏、殷、周、秦各本纪,宋、鲁、燕、卫、晋各世家,从《尚书》取材者极多,《三代世表》也明言有取于《尚书》,是否可以说本纪、世家、表这三种体例也出于《尚书》呢?《史记》本纪、世家、列传、表、书各体,从《左传》、《国语》、《世本》等书取材的更是比比皆是,又应如何看待呢?与内容密切相关的,还有编纂形式。《史记》八书,是作者"通古今之变"的重要内容,因而偏重于典章制度、文化、经济等专门史的叙述。它们以时间为线索,分门别类,扼要地综述古今,形成了固定的格式。这一点,也是前此各书所不具备的。如《仪礼》述吉、凶、军、宾、嘉五礼,《尚书》所载各事,《管子》书中《封禅》、《地数》诸篇,《吕览》中《侈乐》、《适音》、《古乐》诸篇,《淮南子》中《天文》、《地形》、《兵略》诸篇,从名称到性质,都与《史记》有别。因此,《史记》八书体例,应视为太史公所创。

---

① [南朝梁]刘勰著,范文澜注:《文心雕龙注》,上册,第293页。

二、八书义例

司马贞《礼书索隐》云:"书者,五经六籍总名也。此之八书,记国家大体。班氏谓之志,志,记也。"《自序》云:"礼乐损益,律历改易,兵权山川鬼神,天人之际,承敝通变,作八书。"《史记》八书,借用五经六籍之总名,分门别类,记述历代文化典章制度和其他一些重要专题,是作者"究天人之际,通古今之变"的重要内容。

第四章 《史记》的取材

历史著作以真实为生命。它每载一人，每叙一事，都应做到言有所据，事有所托，而不容向壁虚造。取材问题，是衡量《史记》科学性的根本标尺，也是研究其他许多问题的基础。

第一节 《史记》称引的文献

班彪曰："孝武之世，太史令司马迁采《左氏》、《国语》，删《世本》、《战国策》，据楚汉列国时事，上自黄帝，下讫获麟，作本纪、世家、列传、书、表，凡百三十篇，而十篇缺焉。迁之所记，从汉元至武以绝，则其功也。至于采经摭传，分散百家之事，甚多疏略，不如其本，务欲以多闻广载为功，论议浅而不笃。"①班彪的话，与班固《汉书·司马迁传》中对《史记》的评论基本一致。班氏父子都肯定《史记》取材广博，并指出了《史记》所依据的几种主要著作，大的方面并没有错。但是，他们的论述过于简略，还不足以明确揭示《史记》取材的全貌。

郑樵《通志·总序》云："大著述者必深于博雅，而尽见天下之书，然后无遗恨。当迁之时，挟书之律初除，得书之路未广，亘三

①《后汉书》，第5册，第1325页。

千年之史籍,而踯躅于七八种书,所可为迁恨者,博不足也。"①

王鸣盛云:"据班氏述迁所采书只此五六种。盖百家淆杂,皆弃不取,此所以为有识。……迁所采书只有五六种。"②

如果说班氏父子的评论流于简略的话,那么,郑、王二人的意见则明显失之偏颇。

以上所举,都是人们对《史记》取材的一些总体认识,至于具体问题的研究,前人有不少精辟的见解,这里不一一列出。总的说来,自汉代一直到一九四九年以前,人们对《史记》资料还未能从整体上完全把握。

一九四九年以后,这方面的研究取得了长足的进步。一九五五年,卢南乔先生发表《论司马迁及其历史编纂学》一文,③列举《史记》所称引的资料达八十余种;一九六三年,金德建先生出版《司马迁所见古书考》,洋洋三十万言,对司马迁所见书进行了更为系统详尽的探索;张大可先生《史记研究·论史记取材》一文,列出司马迁所见之书多达百余种。这些论著,从大处着眼,致力于廓清本源,大大深化了人们对《史记》取材范围的认识。

太史公所见文献资料,《史记》各篇加以称引者即有上百种。其中六艺类二十八种,诸子方技类四十九种,史地档案类十八种,文学类七种。兹按类编排如次:

六艺类资料有:1.《易》;2.今文《尚书》,3.古文《尚书》,4.《书序》,5.《周书》;6.《诗》,7.申公《诗训》,8.《韩诗内传》,9.《韩诗外

①[宋]郑樵:《通志》,第1册,第1页。

②[清]王鸣盛:《蛾术编》,商务印书馆,1958年,上册,第146—147页。

③卢南乔:《论司马迁及其历史编纂学》,《文史哲》1955年第11期,第9—19页。

传》;10.《周官》（即《周礼》），11.《礼记》，12.《大戴礼记》，13.《士礼》（即《仪礼》），14.《汉礼仪》；15.《乐》；16.《春秋》，17.《左氏春秋》，18.《国语》，19.《穀梁春秋》，20.《公羊春秋》，21.《铎氏微》，22.《虞氏春秋》，23.《春秋灾异之记》，24.《春秋繁露》，25.《春秋杂说》；26.《论语》，27.《弟子籍》；28.《孝经》。

诸子方技类资料有：1.《管子》，2.《晏子春秋》，3.《老子》，4.《老莱子》，5.《庄子》，6.《申子》，7.《韩非子》，8.《太公兵法》，9.《司马兵法》，10.《司马穰苴兵法》，11.《孙子兵法》，12.《孙膑兵法》，13.《吴起兵法》，14.《魏公子兵法》，15.《商君书》，16.《孟子》，17.《荀子》，18.《终始》，19.《大圣》，20.《主运》，21.《驺衍子》，22.《淳于髡子》，23.《慎子》，24.《环渊子》，25.《接子》，26.《田骈子》，27.《驺奭子》，28.《公孙龙子》，29.《剧子》，30.《李子》，31.《尸子》，32.《长卢子》，33.《吁子》，34.《墨子》，35.《公孙固子》，36.《周书阴符》，37.《吕氏春秋》，38.《新书》，39.《蒯通书》，40.《郦生书》，41.《新语》，42.《槃盂》诸书，43.《兒宽书》，44.《札书》，45.《甘公星占》，46.《石公星占》，47.《历术甲子篇》，48.《黄帝脉书》，49.《扁鹊脉书》。

史地档案类资料有：1.《百家》，2.《史记》，3.《谍记》，4.《历谱谍》，5.《终始五德传》，6.《五帝系谍》，7.《春秋历诸谍》，8.《秦记》，9.《禹本纪》，10.《山海经》，11.《秦楚之际》，12.《列封》，13.《令甲》，14.《汉律令》，15.《汉军法》，16.《汉章程》，17.《功令》，18.晁错所更令三十章。

文学类资料有：1.《屈原赋》，2.《宋玉赋》，3.《唐勒赋》，4.《景差赋》，5.《贾谊赋》，6.《司马相如赋》，7.司马相如文。

这些资料，《史记》俱有明文可供按核（详见文后附录）。此外，还有一些不明出处的文献。如乐毅、鲁仲连、邹阳、李斯等人的书信等,作者也应有文献根据。

　　班固曰:"故司马迁据《左氏》、《国语》,采《世本》、《战国策》,述《楚汉春秋》,接其后事,讫于天汉,其言秦汉,详矣。至于采经摭传,分散数家之事,甚多疏略,或有抵梧。亦其涉猎者广博,贯穿经传,驰骋古今,上下数千载间,斯以勤矣。"①《左氏》等五种书,用今天的眼光来看,都可以归入史的范畴。班固总论《史记》取材而特别指出《左氏》等书,就因为它们是太史公作史时的主要参考文献。但这五种书,《史记》没有提及的竟有三种,即《国策》、《楚汉春秋》、《世本》。今本《战国策》共有四百七十九章,②太史公虽然从未提到过"国策"、"国事"、"短长"、"事语"、"长书"、"修书"这些名称,但《史记》与《战国策》相关者,多至九十余事,作者见到过有关资料,当无疑问。《世本》、《楚汉春秋》二书,唐代犹存,故刘知几尚能考见二书与《史记》的渊源关系。刘氏《史通·杂说上》云:"自汉已降,作者多门,虽新书已行,而旧录仍在,必校其事,可得而言。案刘氏初兴,书唯陆贾而已。子长述楚汉之事,专据此书。"③又云:"昔读《太史公书》,每怪其所采多是《周书》、《国语》、《世本》、《战国策》之流。"④据此,可知班固所云《史记》采《战国策》、《楚汉春秋》、《世本》的话是可信的。《史记》各篇未提及从三书取材,足证《史记》曾加称引的文献资料,远不能代表其取材的全部。

　　卢南乔先生说:"先秦及同他并世人流传的载籍,他是完全能

---

①《汉书》,第 9 册,第 2737 页。

②据诸祖耿先生《战国策集注汇考》,凤凰出版社,2008 年。

③[唐]刘知几著,[清]浦起龙通释,王煦华整理:《史通通释》,第 438 页。

④[唐]刘知几著,[清]浦起龙通释,王煦华整理:《史通通释》,第 427 页。

够得到而且加以利用的。《汉书·艺文志》'大凡书六略,三十八种,五百九十六家,万三千二百六十九卷',除晚出者,我们相信太史署是会收有的。从班固《汉书》对武帝以前的撰写,并没有补入什么新的资料,就可充分证明。"①卢先生的论断,完全符合实际情况。

第二节　《史记》取材的途径

《史记》取材范围极其广阔。作者搜求史料,也是不遗余力。《史记》取得史料的途径,主要有以下几个方面。

一、寻求诸侯史记

《六国年表》序言云:"秦既得意,烧天下《诗》、《书》,诸侯史记尤甚,为其有所刺讥也。《诗》、《书》所以复见者,多藏人家,而史记独藏周室,以故灭。惜哉,惜哉!独有《秦记》,又不载日月,其文略不具。"经秦火焚烧,诸侯史记损失可能相当严重,而这些资料对于《史记》创作又特别重要,故而司马迁在父亲指导下,曾专程外出访求诸侯史记。卫宏《汉旧仪》云:"司马迁父谈,世为太史,迁年十三,使乘传行天下,求古诸侯之史记。"②现在《史记》中的有关内容,经过作者熔铸改写,与原始史料面目已不完全相同,但部分资料取自诸侯史记,犹可考见。

孙德谦曰:"《史记》本纪、世家,其间多有称'我'者,如《秦

---

① 卢南乔:《论司马迁及其历史编纂学》,《文史哲》1995 年第 11 期,第 11 页。
② [宋]李昉等:《太平御览》,中华书局,1960 年,第 2 册,第 1114 页。《西京杂记》卷六文略同。

本纪》桓公三年'晋败我一将',昭襄王三十一年'楚人反我江南',《吴世家》'吴伐楚,楚败我师',诸如此类,或以为史公删之未尽者,不知既用旧文,当留存之,有不必刊削者也。盖周时列国诸侯各有国史,一国之史言'我',所以别于人,故谓之'我'者,为其国史之旧可见矣。"①《史记》载录各国事件,多用第一人称代词"我"字,我们从中不难判定主方和客方,从而确定作者是依据哪国史记来写定这些文字的。如《燕召公世家》:

> (庄公)二十七年,山戎来侵我。

> 易王初立,齐宣王因燕丧伐我。

> 武成王七年,齐田单伐我,拔中阳。

> (燕王喜)二十九年,秦攻拔我蓟。

这些记载都用燕国年号纪年,用第一人称代词"我"来指代燕国,记他国与燕相关之事则直书国名,显然是燕国史官记录本国历史的口吻。《燕召公世家》还有这样的记载:

> (孝王)三年卒,子今王喜立。

> 今王喜四年,秦昭王卒。

作者撰写《史记》,与燕王喜之时已相距一百多年,而文中两次出现"今王"字样,分明是照抄燕史,未遑删改留下的痕迹。这和《汉书》作者袭用《史记》成文而不加改作,同出一理。

类似《燕召公世家》的述史语气,在《史记》中还有很多。太史公叙六国世家,用第一人称代词"我"共计一百二十二次。其中《赵世家》用"我"字二十四次,《魏世家》四十三次,《韩世家》二十九次,《田敬仲完世家》十次,《楚世家》十二次,《燕召公世家》四次。此外,《吴太伯世家》、《鲁周公世家》、《晋世家》、《十二诸侯年

---

① [清]孙德谦:《太史公书义法》,第17页。

表》、《六国年表》等篇，记载诸侯各国之事，都有用第一人称者。这说明《史记》利用诸侯史记的范围相当广泛，从中采取的资料也非常丰富。

二、阅读皇家图书档案

《自序》："（司马谈）卒三岁而迁为太史令，䌷史记石室金匮之书。"䌷，是缀集的意思；石室、金匮，都是国家藏书之处。太史一职，为司马迁充分利用国家图书资料，提供了极大的便利。《隋书·经籍志》云："武帝置太史公，命天下计书，先上太史，副上丞相，开献书之路，置写书之官，外有太常、太史、博士之藏，内有延阁、广内、秘室之府。"《自序》云："百年之间，天下遗文古事靡不毕集太史公。太史公仍父子相续纂其职。"秘府藏书是《史记》资料的主要来源，得以自由翻阅这些藏书，是保证《史记》撰写顺利进行的一个重要前提，故《自序》记载司马迁当太史后的第一件事情，便是阅读这些资料，从中选取史材。

司马迁元封三年任太史，至天汉三年遭李陵之祸，出狱后"为中书令，尊宠任职"。① 先后任太史公、中书令的特殊经历，使得司马迁得以广泛地接触到各种文书档案，这在《史记》中有清楚的反映。

如，《汉兴以来诸侯王年表》载诸侯王的始封、徙王、入朝、除国、诛灭、自杀、薨嗣、谥号等，系统而详尽；《高祖功臣侯者年表》记侯国国名、侯功、户数、始封年月日、益户、徙封、薨嗣、诛免、侯第等，极其具体；《惠景间侯者年表》、《建元以来侯者年表》、《建元以来王子侯者年表》诸篇，记载侯国基本情况，亦颇详明。《高祖

---

① 《汉书》，第 9 册，第 2725 页。

功臣侯者年表》云"余读高祖侯功臣,察其首封,所以失之者",《惠景间侯者年表》云"太史公读列封至便侯","长沙王者,著《令甲》",《儒林列传》云"余读《功令》"。作者所读史料,都属于国家档案一类,《史记》王侯诸表,当是根据这类资料整理而成。《汉书·高后纪》载吕太后二年下诏"差次列侯功以定朝位,臧于高庙",正是《高祖功臣侯者年表》"侯第"一栏的依据。

又如,赵翼云:"《史记·曹参世家》叙功处,绝似有司所造册籍,自后樊哙、郦商、夏侯婴、灌婴、傅宽、靳歙、周缍等传,记功俱用此法。并细叙斩级若干,生擒若干,降若干人,又分书身自擒斩若干,所将卒擒斩若干,又总叙攻得郡若干,县若干,擒斩大将若干,裨将若干,二千石以下若干,纤悉不遗,另成一格。盖本分封时所据功册,而迁料简存之者也。然亦可见汉初起兵,即令诸将各立简牒,以纪劳绩,无枉无滥,所以能得人死力,以定大业也。"①《绛侯周勃世家》叙周勃战功极为详细,杨慎称其"叙战功处与《曹参世家》、樊郦等列传同一凡例",②实际就因为它们都是根据档案资料编排而成,故笔法颇相类似。其他如《史记》所载的诏书敕命,臣下百官的书奏议疏等,也多据国家档案著录。

三、实地考察,调查访问

从《自序》及《史记》各篇来看,太史公游历异常丰富。《自序》云:"二十而南游江、淮,上会稽,探禹穴,窥九疑,浮于沅、湘;北涉汶、泗,讲业齐、鲁之都,观孔子之遗风,乡射邹、峄;厄困鄱、薛、彭城,过梁、楚以归。于是迁仕为郎中,奉使西征巴、蜀以南,南略

---

① [清]赵翼著,王树民校证:《廿二史札记校证》,第11页。
② [明]杨慎、李元阳辑:《史记题评》,《史记文献选辑》,第9册,第439页。

邛、筰、昆明,还报命。"据《史记》各篇,太史公到过的地方尚有:空
桐、涿鹿、东海(《五帝本纪》);庐山,九江,太湟,姑苏,五湖,洛汭、
大邳,淮、泗、济、漯,蜀之岷山、离碓,龙门,朔方(《河渠书》);齐,
泰山、琅邪、齐之北部海边(《齐太公世家》);大梁之墟(《魏世
家》);鲁,孔子之家、庙堂(《孔子世家》);箕山(《伯夷列传》);薛
(《孟尝君列传》);楚,春申君故城宫室(《春申君列传》);长沙,屈
原自沉处(《屈原贾生列传》);北边,长城亭障,直道(《蒙恬列
传》);淮阴(《淮阴侯列传》);丰、沛,萧曹樊哙滕公之家(《樊郦滕
灌列传》)。

王国维云:"史公足迹,殆遍宇内,所未至者,朝鲜、河西、岭南
诸初郡耳。"①

读万卷书,行万里路,意义同样重大。太史公的游历,取得了
大量可贵的第一手资料,扩大了见闻范围,为更好地完成《史记》
创作,提供了有力的保证。太史公游历各地的收获,主要表现在
以下一些方面:

(一)考察山川地理

顾炎武曰:

> 秦楚之际,兵所出入之途,曲折变化,唯太史公序之如指
> 掌。以山川郡国不易明,故曰东,曰西,曰南,曰北,一言之
> 下,而形势了然。以关塞江河为一方界限,故于项羽则曰"梁
> 乃以八千人渡江而西",曰"羽乃悉引兵渡河",曰"羽将诸侯
> 兵三十余万,行略地至河南",曰"羽渡淮",曰"羽遂引东,欲
> 渡乌江"。于高帝则曰"出成皋玉门,北渡河",曰"引兵渡河,
> 复取成皋"。盖自古史书兵事地形之详未有过此者,太史公

------

① 王国维:《观堂集林》,第2册,第487页。

　　胸中固有一天下大势,非后代书生之所能几也。①
顾炎武的评论颇为中肯。太史公对天下大势的了解,实获益于广
泛游历掌握的地理资料以及得到的感性知识。这类例子在《史
记》中还有不少。如,《西南夷列传》云:

　　　　西南夷君长以什数,夜郎最大;其西靡莫之属以什数,滇
　　最大;自滇以北君长以什数,邛都最大。……其外西自同师
　　以东,北至楪榆,名为嶲、昆明,……地方可数千里。自嶲以
　　东北,君长以什数,徙、筰都最大;自筰以东北,君长以什数,
　　冉駹最大,……在蜀之西。自冉駹以东北,君长以什数,白马
　　最大,皆氐类也。此皆巴蜀西南外蛮夷也。

梁启超盛赞此传为叙述复杂史迹之“最好模范”。② 元封元年(前
111),司马迁曾出使西南夷,奉命设郡置吏,对犬牙交错、情况极
其复杂的西南民族有很深的了解,故记载其大小方位及有关史实
能够做到得心应手,条理井然。

　　又如,《河渠书》云:

　　　　太史公曰:余南登庐山,观禹疏九江,遂至于会稽太湟,
　　上姑苏,望五湖;东窥洛汭,大邳,迎河,行淮、泗、济、漯洛渠;
　　西瞻蜀之岷山及离碓;北自龙门至于朔方。

观此可知作者记载全国的江河水利,是以系统的考察为基础的。

　　(二)观览文物古迹

　　太史公非常重视文物古迹的史料价值。作者在这方面的努
力在《史记》中时有反映。如,《秦始皇本纪》载录《泰山刻石》、《琅

----

①[清]顾炎武著,[清]黄汝成集释,栾保群、吕宗力校点:《日知录集释》,下
　册,第562页。
②梁启超:《中国历史研究法》,河北教育出版社,2000年,第131页。

邪石刻》、《之罘石刻》;《孔子世家》云"适鲁,观仲尼庙堂车服礼器,诸生以时习礼其家,余低回留之不能去云";《自序》云他曾"讲业齐、鲁之都","乡射邹、峄",还曾"探禹穴";《魏世家》云"吾适故大梁之墟";《留侯世家》说作者开始以为张良一定长得魁梧奇伟,"至见其图,状貌如妇人好女";《伯夷列传》称"余登箕山,其上盖有许由冢云";《春申君列传》称曾至楚地,亲眼看到春申君的故城宫室;《蒙恬列传》称曾到北部边境,从直道归,"行观蒙恬所为秦筑长城亭障,堑山堙谷,通直道",并得出秦"固轻百姓力"的印象;《淮阴侯列传》说曾往韩信葬母处,"视其母冢";《樊郦滕灌列传》称"观故萧、曹、樊哙、滕公之家"。

梁启超曰:"司马迁作《孔子世家》,自言'适鲁,观仲尼庙堂服礼器,诸生以时习礼其家,低回留之不能去'。作史者能多求根据于此等目睹之事物,史之最上乘也。"①司马贞云:"太史公之书,既上序轩黄,中述战国,或得之于名山坏壁,或取之以旧俗风谣。"这类史料,多属作者"目睹之事物"。

(三)了解风俗民情

《史记》中写到风俗民情的地方很多。如《五帝本纪》云"余尝西至空桐,北过涿鹿,东渐于海,南浮江、淮矣,至长老皆各往往称黄帝、尧、舜之处,风教固殊焉",《齐太公世家》云"吾适齐,自泰山属之琅邪,北被于海,膏壤二千里,其民阔达多匿知,其天性也",《孟尝君列传》云"吾尝过薛,其俗间里率多暴桀子弟,与邹、鲁殊",《西南夷列传》详细记载了西南夷少数民族的习俗,如有无君长、聚邑,耕田还是畜牧,土著抑或移徙,魋结或是编发等。

①梁启超:《中国历史研究法》,第54页。

　　《货殖列传》对全国各地风俗民情的记载极为集中:关中之地"膏壤沃野千里","其民犹有先王之遗风,好稼穑,殖五谷,地重,重为邪";雍地、栎邑"多贾";三河土地小狭,民人众,"其俗纤俭习事",种、代"人民矜懻忮,好气,任侠为奸,不事农商","其民羯羠不均",且"僄悍","其谣俗犹有赵之风";"中山地薄人众,犹有沙丘纣淫地余民,民俗懁急,仰机利而食","丈夫相聚游戏,悲歌忼慨,起则相随椎剽,休则掘冢作巧奸冶,多美物,为倡优","女子则鼓鸣瑟,跕屣,游媚贵富,入后宫,遍诸侯";"郑、卫俗与赵相类";邯郸"近梁、鲁,微重而矜节","濮上之邑徙野王,野王好气任侠,卫之风也";上谷至辽东一带"大与赵、代俗相类,而民雕捍少虑";齐地"人民多文彩布帛鱼盐";临菑"其俗宽缓阔达,而足智,好议论,地重,难动摇,怯于众斗,勇于持刺,故多劫人者,大国之风也","其中具五民";邹、鲁滨洙、泗,"犹有周公遗风","俗好儒,备于礼,故其民龊龊","地小人众,俭啬,畏罪远邪","及其衰,好贾趋利,甚于周人";梁、宋之地"其俗犹有先王遗风,重厚多君子,好稼穑,虽无山川之饶,能恶衣食,致其蓄藏";越、楚有三俗,西楚之地,"其俗剽轻,易发怒",陈地之民"多贾",徐、僮、取虑"则清刻,矜已诺",东楚之地"其俗类徐、僮","朐、缯以北,俗则齐","浙江南则越",南楚之地"其俗大类西楚","与闽中、干越杂俗,故南楚好辞,巧说少信","江南卑湿,丈夫早夭",颍川、南阳一带为故夏地,"夏人政尚忠朴,犹有先王之遗风","颍川敦愿",南阳"俗杂,好事业,多贾","其任侠,交通颍川,故至今谓之'夏人'"。总之,楚、越之地"或火耕而水耨,果隋蠃蛤,不待贾而足,地势饶食,无饥馑之患,以故呰窳偷生,无积聚而多贫。是故江、淮以南,无冻饿之人,亦无千金之家"。沂、泗水以北"民好畜藏","秦、夏、梁、鲁好农而重民。三河、宛、陈亦然,加以商贾。齐、赵设智巧,仰机

利。燕、代田畜而事蚕"。顺便提一句,《货殖列传》还详细地记载
了各地的资源物产。

从上面引文可以看出,太史公对各地风俗民情的研究非常系
统,而且细致深入。文中描绘各地风俗,既有大范围的概述,也有
较小区域的分叙,在研究民俗的同时,作者还注意到自然环境、经
济条件、政治区划、文化传统的影响,乃至于不同民俗之间的相互
影响。如此深刻细致的认识,显然也是得力于作者大量的调查
研究。

(四)访问著名学者

据《自序》和《汉书·儒林传》,司马迁曾向当时的著名学者董
仲舒、孔安国二人访学。董仲舒治《公羊春秋》,对《史记》有较为
深广的影响,而孔安国对于扩大《史记》的资材,似乎帮助更为直
接。《史记·儒林列传》云"鲁周霸、孔安国、洛阳贾嘉颇能言《尚
书》事"。"孔氏有古文《尚书》,而安国以今文读之","逸书得十余
篇,盖《尚书》滋多于是矣"。《汉书·儒林传》云当时"遭巫蛊,未
立于学官。安国为谏大夫,授都尉朝,而司马迁亦从安国问
故",①所以"迁书载《尧典》、《禹贡》、《洪范》、《微子》、《金縢》诸
篇,多古文说"。

实际上,除《儒林传》所举之外,《史记》还有采自古文《尚书》
的资料。阎若璩云:

>司马迁亲从安国问古文,故撰《殷本纪》曰"既绌夏命,还
>亳,作《汤诰》:'维三月,王自至于东郊,告诸侯群后……'"凡
>一百二十六字,……而所见必孔氏壁中物,其为真古文《汤

①《汉书》,第 11 册,第 3607 页。

诰》，似可无疑。①

阎氏又云：

余向谓汤伐桀，以十八祀乙未秋往，越明年丙申三月建
卯归，《殷本纪》所谓"绌夏，还亳，作《汤诰》，维三月"是
也。……因反覆古文《汤诰》，读逾有味：四渎配四方，实后代
祀典之祖，真史迁所受书二十四篇之一，无疑。②

又，据金德建先生研究，"《史记》里面所征引的各篇《尚书》，
凡篇目六十，篇数六十四（其中《盘庚》、《太甲》均有三篇）。其中
的篇名不见于后来百篇《书序》中的，有《太戊》和《五官有司》两
篇"。③ 这些篇中，也当有访书问故的成果。

（五）咨询口碑传言

梁启超云："采访而得其口说，此即口碑性质之史料也。司马
迁作史多用此法。"④《史记》中采用口碑流传的材料很多。如：

《项羽本纪》云："吾闻之周生曰'舜目盖重瞳子'，又闻项羽亦
重瞳子。"《赵世家》云："吾闻冯王孙曰：'赵王迁，其母倡也，嬖于
悼襄王。悼襄王废適子嘉而立迁。迁素无行，信谗，故诛其良将
李牧，用郭开。'岂不谬哉！"《魏世家》："吾適故大梁之墟，墟中人
曰：'秦之破梁，引河沟而灌大梁，三月城坏，王请降，遂灭魏。'说
者皆曰魏以不用信陵君故，国削弱至于亡，余以为不然。"《魏公子
列传》称作者曾到大梁故址，"求问其所谓夷门"，弄清了夷门原来

① ［清］阎若璩撰，黄怀信、吕翊欣校点：《尚书古文疏证》，上海古籍出版社，
　　2010年，上册，第75页。
② ［清］阎若璩撰，黄怀信、吕翊欣校点：《尚书古文疏证》，第368页。
③ 金德建：《司马迁所见书考》，上海人民出版社，1963年，第80页。
④ 梁启超：《中国历史研究法》，第52页。

就是城之东门。《樗里子甘茂列传》云:"樗里子以骨肉重,固其理,而秦人称其智,故颇采焉。"《刺客列传》:"太史公曰:世言荆轲,其称太子丹之命,'天雨粟,马生角'也,太过。又言荆轲伤秦王,皆非也。始公孙季功、董生与夏无且游,具知其事,为余道之如是。"《淮阴侯列传》云作者至淮阴,当地人告诉他韩信为布衣时,志向就与众不同,韩信母亲死后,虽然家里很穷,无力厚葬,却选了一处高敞之地加以营治,坟旁可置万家。作者亲至其地考察,证实所言不虚。《樊郦滕灌列传》说作者曾到过丰、沛一带,"问其遗老",并加考察,发现所见所闻,与过去的认识有不同之处。又云:"余与他广通,为言高祖功臣之兴时若此云。"《卫将军骠骑列传》说,苏建曾告诉太史公大将军卫青对称举天下贤大夫的态度。

以上所列,在《史记》中都有明文可考。有些资料,《史记》虽未明言,其实也有可能得之口碑流传。

张鹏一云:"武帝时经营四夷,若部落建置,酋长世次,物产风俗,恐当时秘府尚无纪载,无论西域南服未入中国,即蒙恬兵力只及新秦,龙庭游帐无从犁埽,更何论其山川道路,东西方域耶? 史公既与张骞、唐蒙同时,当时出塞北征诸将,苏建、李广诸人,过从友善,《匈奴》《大宛》各传事实,必得之苏、李诸人之谈论,不尽资诸石室金匮之藏。"①又,《史记》多有俗语谣谚民歌,这类资料也当有出自口说者。如,《陈涉世家》:"客曰:'夥颐! 涉之为王沈沈者!'楚人谓多为夥,故天下传之,夥涉为王,由陈涉始。"《曹相国世家》载百姓颂《萧曹之歌》:"萧何为法,颟若画一;曹参代之,守而勿失。载其清静,民以宁一。"《苏秦列传》:"鄙谚曰:宁为鸡口,

①张鹏一:《太史公年谱》,民国二十二年(1933)刻本,第3页B面、4页A面。

无为牛后。"《魏其武安侯列传》载《颍川儿歌》:"颍水清,灌氏宁;颍水浊,灌氏族。"《淮南衡山列传》:"一尺布,尚可缝;一斗粟,尚可春;兄弟二人不能相容。"

《史通·曲笔》云:"昔秦人不死,验苻生之厚诬;蜀老犹存,知葛亮之多枉。"①太史公不辞艰辛,游历采访,咨询当事人与知情者,大大拓宽了史料的来源,也使得辨别史料的方法更加丰富多样。《史记》叙述战国末年及秦汉时期历史准确生动,与此有一定的关系。

四、亲身接触有关人事

《史记》作者亲身经历所得的材料,主要可以从两个方面来考察。

一是亲睹其事。太史公、中书令二职,地处枢要,侍从皇帝左右,有机会参与一些重大的事件,甚至是一般大臣都不能参与的事件。

例如,元封二年,武帝为了治理黄河决口,发卒数万人,并亲临瓠子口,"令群臣从官自将军已下皆负薪填决河"。武帝为此作歌二首。其一云:"瓠子决兮将奈何,皓皓旰旰兮闾殚为河!殚为河兮地不得宁,功无已时兮吾山平。吾山平兮巨野溢,鱼沸郁兮柏冬日。延道弛兮离常流,蛟龙骋兮方远游。归旧川兮神哉沛,不封禅兮安知外!为我谓河伯兮何不仁,泛滥不止兮愁吾人?啮桑浮兮淮、泗满,久不反兮水维缓。"其二云:"河汤汤兮激潏湲,北渡迂兮浚流难。搴长茭兮沉美玉,河伯许兮薪不属。薪不属兮卫人罪,烧萧条兮噫乎何以御水!颓林竹兮楗石菑,宣房塞兮万福

---

① [唐]刘知几著,[清]浦起龙通释,王煦华整理:《史通通释》,第185页。

来。"填塞瓠子后，又筑宫其上，名曰宣房宫，从此黄河"复禹旧迹，而梁、楚之地复宁，无水灾"。《河渠书》赞语称"余从负薪塞宣房，悲《瓠子》之诗而作《河渠书》"。据此知作者创作此篇的动机及对填塞瓠子的具体记载，以至作者对水利的认识，都与他参加塞河的经历有关。

又如，《封禅书》载："文成死明年，天子病鼎湖甚，巫医无所致，不愈。游水发根言上郡有巫，病而鬼神下之。上召置祠之甘泉。及病，使人问神君。神君言曰：'天子无忧病。病少愈，强与我会甘泉。'于是病愈，遂起，幸甘泉，病良已。大赦，置寿宫神君。寿宫神君最贵者太一，其佐曰大禁、司命之属，皆从之。非可得见，闻其言，言与人音等。时去时来，来则风肃然。居室帷中。时昼言，然常以夜。天子祓，然后入。因巫为主人，关饮食。所以言，行下。又置寿宫、北宫，张羽旗，设供具，以礼神君。神君所言，上使人受书其言，命之曰'画法'。其所语，世俗之所知也，无绝殊者，而天子心独喜。其事祕，世莫知也。"文中明明说神君之事极其秘密，"世莫知"，而作者却对神君的言论、行动了如指掌，原因何在？《封禅书》赞语为我们揭穿了谜底："太史公曰：余从巡祭天地诸神名山川而封禅焉。入寿宫侍祠神语，究观方士祠官之意，于是退而论次自古以来用事于鬼神者，具见其表里。"据此而知《封禅书》所载内容，也与作者经历有着密切的关系。

二是亲接其人。据王国维《太史公行年考》，与太史公交往而文献可征者有十四人，其中贾嘉、樊他广、平原君朱建子、冯遂、田仁、壶遂、苏建、董仲舒、孔安国、李陵、任安十一人，《史记》都提到名字，或有事迹记载。《屈原贾生列传》云"贾生之孙二人至郡守，而贾嘉最好学，世其家，与余通书"；《张释之冯唐列传》云"（冯）遂字王孙，亦奇士，与余善"；《田叔列传》云"仁与余善,余故并论之"。《韩长孺列传》云:"余与壶遂定律历,观韩长孺之义,壶遂之深中隐厚。世之言梁多长者,不虚哉!壶遂官至詹事,天子方倚以为汉相,会遂卒。不然,壶遂之内廉行修,斯鞠躬君子也。"此外,《自序》载太史公与壶遂讨论作史的对话,又载董生关于《春秋》之学,《儒林列传》载董仲舒、孔安国事迹。作者对这些人物的了解,都有赖于同他们的交往。《李将军列传》云:"余睹李将军悛悛如鄙人,口不能道辞。"《游侠列传》云:"吾视郭解,状貌不及中人,言语不足采者。"作者对他们的印象,也正来自亲睹其人。

以上我们为了论述方便,更出于指其实事的考虑,将太史公亲身经历所得的材料,分为亲睹其事和亲接其人两个方面。而事实上,这二者之间并不能截然分开。太史公作为皇帝的近臣,有机会了解朝廷上下,乃至全国范围内发生的重大事件,也有条件接触君主王侯、达官贵人及形形色色的人物。这对于作者写当代史,帮助极大。

第三节　《史记》取材简析

一、作者搜集史料的时间

老太史公司马谈是《史记》的奠基者。据《自序》,他"仕于建元元封之间",在太史之位长达三十年。司马氏的祖先为周室太史,司马谈对此颇感自豪,他热爱本职工作,并以作史为己任,临终时殷切希望司马迁日后能继承自己所任太史之职,且嘱咐司马迁:"为太史,无忘吾所欲论著矣。"司马迁俯首流涕回答说:"小子不敏,请悉论先人所次旧闻,弗敢阙。"从太史公父子的对话,可以

清楚地看出，司马迁在继承父亲志向的同时，也从父亲那儿接受
了有关的文献遗产。虽然《史记》中哪些资料属司马谈遗留，哪些
为司马迁所搜集，今天已无法完全分清，但毫无疑问，司马谈确有
资料留给了司马迁。王国维曾据《史记》所载，指出与史公交游
者，"《刺客列传》有公孙季功、董生，《樊郦滕灌列传》有樊它广，
《郦生陆贾列传》有平原君子(朱建子)。……而公孙季功、董生曾
与秦夏无且游。考荆轲刺秦王之岁，下距史公之生，凡八十有三
年，二人未必能及见史公道荆轲事。又樊它广及平原君子辈行亦
远在史公前，然则此三传所纪，史公或追纪父谈语也。"①顾颉刚
先生认为"此三传成于谈手无疑"。② 司马迁"追纪父谈语"也好，
司马谈亲自修史也罢，都可以证明《史记》中有司马谈留下来的材
料。《自序》云："太史公曰：先人有言：'自周公卒五百岁而有孔
子。孔子卒后至于今五百岁，有能绍明世，正《易传》，继《春秋》，
本《诗》、《书》、《礼》、《乐》之际？'意在斯乎，意在斯乎！小子何敢
让焉。"又载司马谈临终之言称："自获麟以来四百有余岁，而诸侯
相兼，史记放绝。今汉兴，海内一统，明主贤君忠臣死义之士，余
为太史而弗论载，废天下之史文，余甚惧焉，汝其念哉！"司马谈既
有继孔子作史的愿望，又明确形成了作史的宗旨和计划，并且已
经开始"次旧闻"，可以想见，这位任职数十年的老太史，在这方面
留给儿子的遗产，一定十分丰厚。

　　司马迁元封三年继父职任为太史，天汉三年遭李陵之祸，出
狱后任中书令，继续《史记》的撰写工作，至征和二年底作书报任
安时，《史记》尚未完全竣工。这段时间，共有十八年。何况在此

---

① 王国维：《观堂集林》，第 2 册，第 509 页。
② 顾颉刚：《史林杂识初编》，第 227 页。

之前，司马迁二十壮游，一路考察访问，网罗旧闻之目的非常明确；据卫宏《汉旧仪》，司马迁十三岁时便有过外出寻求诸侯史料的经历。这样，司马迁搜寻史料的时间，至少也有二三十年。也即是说，司马谈、司马迁父子二人罗致史料的时间，少说也在半个世纪以上。从中我们可以看到太史公父子献身史学的伟大精神和无与伦比的坚韧意志，同时也使我们有理由相信，太史公父子有相当充裕的时间，从容不迫地求索创作《史记》所需的有关资料。

二、搜集史料的视野

我们今天能见到的先秦史传，较为重要的有《尚书》、《春秋》、《左传》、《国语》、《战国策》等。这些著作，主要是记载与政治、军事、外交有关的一些重大事件，并且往往有所侧重（如《春秋》记事而不录言论，《尚书》、《国语》、《国策》偏于记言）。这些特点，决定了它们取材的范围比较狭窄，史料来源相对单一。《尚书》依据虞、夏、商、周四代之典，而"《书》之所主，本于号令"，"故其所载，皆典、谟、训、诰、誓、命之文"。《春秋》"观《周礼》之旧法，遵鲁史之遗文"[①]。《左传》意在解经，故左丘明"观其史记"，"论本事而作传"[②]。《国语》多载各国嘉言善语。刘向校理《战国策》，则一本于战国高才秀士的"奇智异策"。如上所述，已经可以看出先秦史传取材的大致范围：它们选取史料的对象，基本上是一些现成的文献，而其中最主要的是史籍。

《史记》是我国第一部百科全书式的纪传体通史，它在时间上

①［唐］刘知几著，［清］浦起龙通释，王煦华整理：《史通通释》，第7页。
②《汉书》，第6册，第1715页。

绵亘三千年,所记内容涉及到社会生活的各个方面:五帝三代,列
国诸侯,天子后妃,王侯贵族,公卿大夫,学者、刺客、方技、游侠、
佞幸、倡优、日者、龟策、货殖等各色人物,无不备录;四夷外国,乃
至礼乐律历,兵权山川鬼神,天官食货,无不囊括其中。这一记述
规模,决定了作者搜求史料的视野是极其开阔的。司马迁有志于
"网罗天下放失旧闻",而终于求仁得仁,如愿以偿,他曾不无自豪
地宣称:"百年之间,天下遗文古事靡不毕集太史公。"太史公的自
信,源于他对史料的充分把握。

　　前文已经论及,光是《史记》曾加称引的文献,就有百种之多,
但这仅仅是《史记》资料的一小部分。《自序》云:"秦拨去古文,焚
灭《诗》、《书》,故明堂石室金匮玉版图籍散乱。"王国维据此认为
"是秦石室金匮之书至武帝时未亡"。① 惠帝四年下诏废除秦挟
书令,汉武帝时命丞相公孙弘大收篇籍,广开献书之路,出现了
"书积如山"的情形。②《汉书·艺文志》云:于是"建藏书之策,置
写书之官,下及诸子传说,皆充秘府"。成帝时,"以书颇散亡,使
谒者陈农求遗书于天下"。这次征求遗书,只是起一种拾遗补缺
的作用。《艺文志》又云:"汉兴,张良、韩信序次兵法,凡百八十二
家,删取要用,定著三十五家。诸吕用事而盗取之。武帝时,军政
杨仆捃摭遗逸,纪奏兵录,犹未能备。至于孝成,命任宏次兵书为
四种。"③这里的四种,即《汉志》所载兵权谋、形势、阴阳、技巧四
类。四类共五十三家,而张良、韩信所次兵法达一百八十二家,这

①王国维:《观堂集林》,第 2 册,第 307 页。
②[梁]萧统编,[唐]李善注:《文选》卷三八《为范始兴作求立太宰碑表》注引
　《七略》语,中华书局,1997 年,第 542 页。
③《汉书》,第 6 册,第 1762—1763 页。

正是武帝时捃摭遗逸,"犹未能备"的注脚。由此可见,武帝时所收集到的图书,是刘向校书时的主要文献资料。刘向、刘歆父子进行大规模的书籍校理工作,成果十分可观。据班固《汉书·艺文志》(该《志》系由刘歆《七略》节缩而成),"大凡书,六略三十八种(类),五百九十六家,万三千二百六十九卷"。而且,这还仅仅是杀青缮写后定本的数量,校书时各种版本及卷数更要超出许多倍。如刘向《管子书录》称"凡中外书五百六十四篇,以校除复重四百八十四篇,定著八十六篇";《晏子书录》称"凡中外书三十篇,为八百三十八章","定著八篇,二百一十五章";《列子书录》称"内外书凡二十篇","定著八篇";《孙卿书书录》称"所校雠中《孙卿书》凡三百二十二篇","定著三十二篇";刘歆《山海经书录》称"校秘书太常臣望所校《山海经》凡三十二篇,今定为一十八篇"。《汉书·艺文志》所载近六百家,其中的大部分,太史公都应当能看到。甚至《汉志》所不载的文献,有的太史公也能见到。如,陈仁锡《陈评史记》卷四三"赵世家考"云:"楚、赵、魏、韩、田齐诸世家,多《战国策》所遗漏之文。"又如,《管晏列传》赞语云:"太史公曰:吾读管氏《牧民》、《山高》、《乘马》、《轻重》、《九府》及《晏子春秋》。"刘向《管子书录》称"《九府》书民间无有",可见太史公所读《管子》,亦有刘向未见之篇。成帝时书颇亡佚,由此可窥一斑。

太史公不仅"绌史记石室金匮之书","厥协六经异传,整齐百家杂语",广泛阅读国家所藏各种图书资料和档案文书,充分利用现成的文献,而且采取各种方法,多方搜集资料,扩大取材范围。司马迁曾向孔安国问故;年轻时有过外出寻找诸侯史记的经历;他作过大量的调查访问,实地考察,接触有关人物,掌握口碑流传的资料,了解山川地理,民情风俗;他留意与历史有关的金石、图像、庙堂、车服礼器等文物建筑;他还注意收集民间歌谣、鄙谚俗语。太史公注意文献而不为文献所囿，他搜索史料的目光几乎遍及与史有关的一切领域。《史记》不仅记事系统翔实，在记言方面，举凡典谟训诰誓命，行人辞令，谋士策划，嘉言善语，国家律令，君主诏制，臣下书策奏议，人物对话，民谚俚语，文章诗赋歌谣，滑稽诙谐之辞，无不载录。这样的记载格局和规模，远远超过了前此一切史书。历史是人的活动的总和。生活在二千多年前的司马迁，以其亲身实践，第一次深刻地揭示出历史学的博大内涵。他熔铸史料的眼光和气魄，不但格局狭小的先秦史传无法望其项背，就是章学诚"六经皆史"的著名论断，也难免瞠乎其后了。

《史记》称引文献分类表

一、六艺类二十八种

序号	书名	引文备征	备注
1	易	《孔子世家》：孔子晚而喜《易》。 《太史公自序》：太史公受《易》于杨何。	
2 3	今文尚书 古文尚书	《儒林列传》：汉定，伏生求其书，亡数十篇，独得二十九篇，即以教于齐鲁之间。学者由是颇能言《尚书》。孔氏有《古文尚书》。	
4	书序	《三代世表》：至于(孔子)序《尚书》则略，无年月。	
5	周书	《货殖列传》：《周书》曰："农不出则乏其食，工不出则乏其事，商不出则三宝绝，虞不出则财匮少。"	按：此引自《逸周书》。

序号	书名	引文备征	备注
6	诗	《孔子世家》：古者诗三千余篇，及至孔子，去其重。取可施于礼义，三百五篇，孔子皆弦歌之，以备王道，成六艺。	
7 8 9	申公诗训 韩诗内传 韩诗外传	《儒林列传》申公独以《诗》经为训以教。韩生推《诗》之意，而为内、外传数万言，其语颇与齐鲁间殊。	
10	周官	《封禅书》：《周官》曰：冬日至，祀天于南郊。	按：《周官》即《周礼》。
11	礼记	《六国年表》：《礼》曰：天子祭天地，诸侯祭其域内名山大川。 《封禅书》：文帝使博士诸生刺六经中作《王制》。 《孔子世家》：子思作《中庸》。	按："礼曰"云云引自《礼记·王制》。《中庸》亦《礼记》篇名。
12	大戴礼记	《五帝本纪赞》：予观《春秋》、《国语》，其发明《五帝德》、《帝系姓》章矣。 《夏本纪赞》：孔子正夏时，学者多传《夏小正》云。	按：《五帝德》、《帝系姓》、《夏小正》，皆出《大戴礼记》。
13 14	士礼 汉礼仪	《儒林列传》：于今独有《士礼》，高堂生能言之。叔孙通作《汉礼仪》。	按：《士礼》即《仪礼》。
15	乐	《太史公自序》：《乐》乐所以立，故长于和。	
16 17	春秋 左氏春秋	《十二诸侯年表》：是以孔子明王道，干七十余君莫能用。故西观周室，论史记旧闻，兴于鲁而次《春秋》。上记隐，下至哀之获麟。约其辞文，去其烦重，以制义法，王道备，人事浃。鲁君子左丘明，因孔子史记，具论其语，成《左氏春秋》。	

序号	书名	引文备征	备注
18	国　语	《太史公自序》:左丘失明,厥有《国语》。	
19 20	穀梁春秋 公羊春秋	《儒林列传》:瑕丘江生为《穀梁春秋》。汉兴至于五世之间,唯董仲舒名为明于《春秋》,其传公羊氏也。	
21 22	铎氏微 虞氏春秋	《十二诸侯年表》:铎椒为楚威王傅,为王不能尽观《春秋》,采取成败,卒四十章,为《铎氏微》。赵孝成王时,其相虞卿上采《春秋》,下观近势,亦著八篇,为《虞氏春秋》。	
23	春秋灾异之记	《儒林列传》:董仲舒以春秋灾异之变推阴阳所以错行,著《灾异之记》。	
24	春秋繁露	《十二诸侯年表》:上大夫董仲舒推《春秋》义,颇著文焉。《索隐》曰:"作《春秋繁露》是。" 《太史公自序》:子曰:"我欲载之空言,不如见之于行事之深切著明也。"	按:《自序》引孔子之言出自《春秋繁露·俞序篇》,文小异。
25	春秋杂说	《平津侯主父列传》:公孙弘者,年四十余,乃学《春秋杂说》。	
26 27	论　语 弟子籍	《仲尼弟子列传》:太史公曰:论言《弟子籍》,出孔氏古文近是。余以弟子名姓文字悉取《论语》弟子问,并次为篇,疑者阙焉。	
28	孝　经	《仲尼弟子列传》:曾参,孔子以为能通孝道,故授之业。作《孝经》。	

二、诸子方技类四十九种

序号	书名	引文备征	备注
1 2	管 子 晏子春秋	《管晏列传》：太史公曰：吾读管氏《牧民》、《山高》、《乘马》、《轻重》、《九府》及《晏子春秋》，详哉其言之也。至其书，世多有之，是以不论，论其轶事。	按：赞语称引管氏各篇，除《九府》外，均见于《管子》。
3 4 5 6 7	老 子 老莱子 庄 子 申 子 韩非子	《老子韩非列传》：于是老子乃著书上下篇，言道德之意五千余言而去。老莱子亦楚人也，著书十五篇，言道家之用。庄子著书十余万言，大抵率寓言也。申不害著书二篇，号曰《申子》。韩非作《孤愤》、《五蠹》、《内外储》、《说林》、《说难》十余万言。	按：《汉书·艺文志》有《老莱子》十六篇、《申子》六篇。
8	太公兵法	《留侯世家》：旦日，视其书，乃《太公兵法》也。	
9 10	司马兵法 司马穰苴兵法	《司马穰苴列传》：齐威公使大夫追论古者《司马兵法》，而附穰苴于其中，因号曰《司马穰苴兵法》。	按：《司马兵法》实际上不止一部书。
11 12 13	孙子兵法 孙膑兵法 吴起兵法	《孙子吴起列传》：阖庐曰："子之十三篇，吾尽观之矣。"孙膑，世传其兵法。吴起《兵法》，世多有之。	
14	魏公子兵法	《魏公子列传》：诸侯之客进兵法，公子皆名之，故世俗称《魏公子兵法》。	
15	商君书	《商君列传》：余尝读商君开塞耕战书。	

序号	书名	引文备征	备注
16 17 18 19 20 21 22 23 24 25 26 27 28 29 30 31 32 33 34	孟　　子 荀　　子 终　　始 大　　圣 主　运 驺衍子 淳于髡子 慎　　子 环渊子 接　　子 田骈子 驺奭子 公孙龙子 剧　　子 李　　子 尸　　子 长卢子 吁　　子 墨　　子	《孟子荀卿列传》：孟轲作《孟子》七篇。荀卿于是推儒、墨、道德之行事兴坏，序列著数万言而卒。驺衍深观阴阳消息而作怪迁之变，《终始》、《大圣》之篇十余万言。至燕，作《主运》。自驺衍与齐之稷下先生，如淳于髡、慎到、环渊、接子、田骈、驺奭之徒，各著书言治乱之事，以干世主，岂可胜道哉！慎到，赵人。田骈、接子，齐人。环渊，楚人。皆学黄老道德之术，因发明序其指意。故慎到著十二论，环渊著上下篇，而田骈、接子皆有所论焉。驺奭者，齐诸驺子，亦颇采驺衍之术以纪文。而赵亦有公孙龙为坚白同异之辩，剧子之言；魏有李悝，尽地力之教；楚有尸子、长卢；阿之吁子焉。自如孟子至于吁子，世多有其书，故不论其传云。盖墨翟，宋之大夫，善守御，为节用。	
35	公孙固子	《十二诸侯年表》：及如荀卿、孟子、公孙固、韩非之徒，各往往捃摭《春秋》之文以著书，不可胜纪。	
36	周书阴符	《苏秦列传》：于是得周书《阴符》。	
37	吕氏春秋	《吕不韦列传》：吕不韦乃使其客人人著所闻，号曰《吕氏春秋》。	
38	新　　书	《秦始皇本纪》：太史公曰：善哉乎贾生推言之也！ 《陈涉世家》：褚先生曰：地形险阻，所以为固也。《集解》：徐广曰："一作'太史公'。"	

序号	书名	引文备征	备注
39	蒯通书	《田儋列传》:蒯通者,善为长短说,论战国之权变,为八十一首。	
40 41	郦生书 新 语	《郦生陆贾列传》:太史公曰:世之传郦生书,余读陆生《新语书》十二篇,固当世之辩士。	
42	槃盂诸书	《魏其武安侯列传》:蚡辩有口,学《槃盂》诸书。	
43	兒宽书	《儒林列传》:兒宽为人温良,有廉智,自持,而善著书、书奏。	
44	札 书	《封禅书》:公孙卿有札书曰。	
45 46	甘公星占 石公星占	《天官书》:昔之传天数者:周室、史佚、苌弘;于宋,子韦;郑则裨灶;在齐,甘公;楚,唐眜;赵,尹皋;魏,石申。皋、唐、甘、石,因时务论其书传,故其占验凌杂米盐。甘、石历五星法,唯独荧惑有反逆行。	按:甘公有《天文星占》八卷,石公有《天文》八卷。今佚。
47	历术甲子篇		按:《历书》摘引《历术甲子篇》。
48 49	黄帝脉书 扁鹊脉书	《扁鹊仓公列传》:阳庆使意尽去其故方,更悉以禁方书予之,传黄帝、扁鹊之脉书,五色诊病,知人生死,决嫌疑,定可治,及药论书,甚精。	按:黄帝、扁鹊各有内外经,见《艺文志》。

三、史地档案类十八种

序号	书名	引文备征	备注
1	百 家	《五帝本纪》《百家》言黄帝,其文不雅驯,荐绅先生难言之。	按:《百家》见《艺文志》。
2	史 记	《天官书》:余观史记,考行事。	
3 4 5 6	谍 记 历谱谍 终始五德传 五帝系谍	《三代世表》:余读《谍记》,黄帝以来皆有年数。稽其《历谱谍》、《终始五德之传》,古文咸不同,乖异。于是以《五帝系谍》、《尚书》集世纪黄帝以来讫共和为《世表》。	
7	春秋历谱谍	《十二诸侯年表》:太史公读《春秋历谱谍》。	
8	秦 记	《六国年表》:太史公读《秦记》。	
9 10	禹本纪 山海经	《大宛列传》:至《禹本纪》、《山海经》所有怪物,余不敢言之也。	
11	秦楚之际	《秦楚之际月表》:太史公读秦楚之际。	
12 13	列 封 令 甲	《惠景间侯者年表》:太史公读《列封》至便侯。长沙王者,著《令甲》。	
14 15 16	汉律令 汉军法 汉章程	《太史公自序》:于是汉兴,萧何次律令,韩信申军法,张苍为章程,叔孙通定礼仪,则文学彬彬稍进。	按:《汉礼仪》已见前六艺类。
17	功 令	《儒林列传》:余读《功令》。	
18	晁错所更令三十章	《袁盎晁错列传》:错所更令三十章,诸侯皆喧哗疾晁错。	

四、文学类七种

序号	书名	引文备征	备注
1 2 3 4	屈原赋 宋玉赋 唐勒赋 景差赋	《屈原贾生列传》：太史公曰：余读《离骚》、《天问》、《招魂》、《哀郢》，悲其志。屈原既死之后，楚有宋玉、唐勒、景差之徒者，皆好辞而以赋见称。然皆祖屈原之从容辞令，终莫敢直谏。	
5	贾谊赋	《屈原贾生列传》：贾生为长沙王太傅，及渡湘水，为赋以吊屈原，其辞曰。有鸮飞入贾生舍，止于坐隅，乃为赋以自广，其辞曰。太史公曰：读《服鸟赋》，同死生，轻去就，又爽然自失矣。	
6 7	司马相如赋 司马相如文	《司马相如列传》：相如他所著，若《遗平陵侯书》、《与五公子相难》、《草本书》篇，不采，采其尤著公卿者云。	按：本传多载司马相如文、赋。

说明：

1.本表参考了卢南乔、张大可诸先生的研究成果。

2.为求引文简洁，表中一律不使用删节号。

第五章 《史记》与几种主要史籍

《汉书·司马迁传》说太史公"据《左氏》、《国语》,采《世本》、《战国策》,述《楚汉春秋》"。其父班彪也说过类似的话。班氏所列几种史籍,都是太史公依据的重要资料,考察《史记》取材,有必要说明《史记》与它们之间的关系。由于各书内容特点不一,存佚有别,《史记》从各书取材时所采用的方法也不尽相同,这里根据具体情况,分三部分来论述。

第一节 《史记》与《左传》、《国语》

一、司马迁曾见过《左传》、《国语》

《十二诸侯年表》云鲁君子左丘明"因孔子史记具论其语,成《左氏春秋》",自序云"左丘失明,厥有《国语》"(《报任安书》同)。太史公见过《左氏春秋》、《国语》二书,本应不成问题,但后世学者对此却多有疑惑。如,刘知几《史通·杂说上》肯定《史记》有取于《国语》、《世本》、《国策》、《楚汉春秋》,而同时又云"《左氏传》,汉代其书不行,故子长不之见也"。① 姚文田曰:"余见后之述世谱

①［唐］刘知几著,［清］浦起龙通释,王煦华整理:《史通通释》,第432页。

者,大都以《史记》为本,方史公时《左传》未出,故其摭拾旧闻,今以相校,时有牴牾。"①吕思勉先生从史源学的角度立论,亦云:"迁书所述之事,虽与《左》、《国》或同,而其辞绝异,安得谓其曾见《左》、《国》?"②

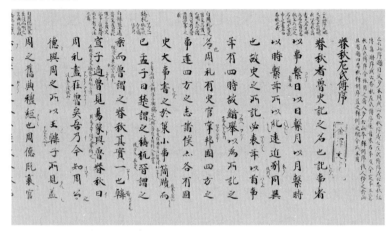

日本宫内厅书陵部藏《春秋经传集解》钞卷

　　事实上,司马迁确实曾见过《左传》、《国语》。刘向《别录》叙《左传》传授系统云:"左丘明授曾申,申授吴起,起授其子期,期授楚人铎椒,铎椒作《抄撮》八卷授虞卿,虞卿作《抄撮》九卷授荀卿,荀卿授张苍。"③《汉书·儒林传》云:"汉兴,北平侯张苍及梁太傅贾谊、京兆尹张敞、太中大夫刘公子皆修《春秋左氏传》。"又云贾谊曾"为《左氏传》训故",授赵人贯公,贯公授其子长卿。说明在

①[清]姚文田:《邃雅堂集》,见《清代诗文集汇编》,上海古籍出版社,2010年,第448册,第557页。
②吕思勉:《秦汉史》,第810页。
③[清]阮元校刻:《春秋左传正义》,第3695页。

司马迁之前,《左传》早已流行。《史记》采用《左传》资料,尤可证明司马迁见过《左传》。《吴太伯世家》云:"余读《春秋》古文,乃知中国之虞与荆蛮、句吴兄弟也。"王国维论此云:"此即据《左氏传》宫之奇所云'太伯、虞仲,太王之昭'者以为说,而谓之'《春秋》古文',是太史公所见《春秋左氏传》亦古文也。"①宫之奇之语,见于《左传》僖公五年,王氏指出太史公所见《左传》为古文,刘歆《移太常博士书》称"《春秋左氏》丘明所修,皆古文旧书,多者二十余通,臧于秘府,伏而未发",可谓不谋而合。金德建先生《司马迁所见书考》更多方求证,共列六款,论定《史记》所称"春秋"多指《左传》,又考定"司马迁所见《左传》中有'君子曰'"。《史记》从《左传》、《国语》两书取材者甚多(下文将进一步提到),足以证明太史公见过这两本书,这里不一一罗列。

二、《史记》对二书史料的处理

《史记》对《左传》、《国语》所载史料的处理,有两个显著的特点。

第一是删削。《春秋左氏传》所载,《史记》绝大部分予以删削。如,鲁桓公在位十八年,在这段时间里,通计《春秋》、《左传》记载有关鲁国的事件,共有六十余起,而《鲁周公世家》载录的,一共不到十条。即:桓公二年,以宋之赂鼎入于太庙;三年,使挥迎妇于齐为夫人;六年,夫人生子,名之曰同;十六年,会于曹,伐郑,入厉公;十八年,公如齐被杀。此外,《十二诸侯年表》桓公元年载夫人出身,十五年载天王来求车。其余五十余事,《世家》、《年表》都删除不载。《史记》删削的事件,大致有以下一些方面。

① 王国维:《观堂集林》,第 2 册,第 309 页。

一是诸侯会盟。如：桓公元年,公会郑伯于垂,公及郑伯盟于越;二年,公会齐侯、陈侯、郑伯于稷,公及戎盟于唐;三年,公会齐侯于嬴,公会杞侯于郕,公会齐侯于谨;六年,公会纪侯于成;十一年,柔会宋公、陈侯、蔡叔,盟于折,公会宋公于夫钟,公会宋公于阚;十二年,公会杞侯、莒子,盟于曲池,公会宋公、燕人,盟于谷丘,公会宋公于虚,公会宋公于龟,公会郑伯,盟于武父;十三年,公会纪侯、郑伯;十四年,公会郑伯于曹,郑伯使其弟语来盟;十五年,公会齐侯于艾,公会宋公、卫侯、陈侯于袲;十七年,公会齐侯、纪侯,盟于黄,公会邾仪父,盟于趡;十八年,公会齐侯于泺。

二是战争和有关军事行动。如：桓公二年,入杞以讨不敬;四年,公狩于郎;五年,城祝丘;六年,大阅;七年,焚咸丘;八年,伐邾;十年,齐、宋、郑来战于郎;十二年,及郑师伐宋,战于宋;十三年,及齐侯、宋公、卫侯、燕人战;十五年,谋伐郑纳厉公;十六年,城向;十七年,及齐师战于奚,及宋人、卫人伐邾。

三是聘问往来。如：桓公二年,滕子来朝,杞侯来朝;三年,公子翚如齐逆女,齐侯使其弟年来聘;四年,周宰伯渠纠来聘;五年,天王使仍叔之子来聘;六年,纪侯来朝;七年,谷伯绥来朝,邓侯吾离来朝;八年,天王使家父来聘,祭公来;九年,曹大子来朝;十五年,邾人、牟人、葛人来朝。

四是祭祀及自然情况。如：桓公元年大水;三年,有年;五年,大雩,螽;八年春正月己卯烝,夏五月丁丑烝,雨雪;十三年,大水;十四年,无冰,御廪灾,尝。

桓公之外,见于《春秋》、《左传》记载的还有隐、庄、闵、僖、文、宣、成、襄、昭、定、哀十一公,这些君主在位期间,《史记》对经传所载史实删削的情况,也与桓公时期相类似。其余吴、齐、燕、管蔡、陈杞、卫、宋、晋、楚、越、郑各世家,《十二诸侯年表》对《春秋》、《左传》的删削，也大致如此。

《国语》所载资料，《史记》删削更多。如《鲁语》上、下篇共三十七章，除孔丘论羊、论大骨、论楛矢这几件与孔子有关的事载于《孔子世家》外，《鲁周公世家》对此一无所取。《周本纪》、《齐太公世家》、《晋世家》、《郑世家》、《楚世家》、《吴太伯世家》、《越王句践世家》诸篇，对《周语》、《齐语》、《晋语》、《郑语》、《楚语》、《吴语》、《越语》的删略，情况也多相类似。

第二是简化。《史记》对《左传》、《国语》所载史料的简化，主要可分为两个方面。

一是简化事件过程以及一些具体记载。如：

1.成公二年，《左传》载齐、晋鞌之战，大约有 1500 字，《齐太公世家》只用了 300 余字，《晋世家》仅有百余字。

2.成公二年《传》载："宋文公卒。始厚葬，用蜃炭，益车马，始用殉，重器备。椁有四阿，棺有翰桧。"①并载"君子曰"近 50 字。《宋微子世家》但云"文公卒，子共公瑕立。始厚葬。君子讥华元不臣矣"。至于厚葬之制度及君子评论的具体内容，一概从略。

3.成公二年《传》又载楚国君臣处置夏姬事，凡 400 余言，于申公巫臣劝楚庄王、子反勿纳夏姬，自己设连环计娶夏姬以奔晋，子反欲以重币锢之，楚王不许诸事，无不详悉。《国语·楚语上》载夏姬事也有百余字。《晋世家》但云"楚申公巫臣盗夏姬以奔晋，晋以巫臣为邢大夫"，一共不足 20 字。《楚世家》则只字不提。

4.成公七年，《传》载子反、子重灭申公巫臣之族，叙述前因后果及其过程有 300 字。《晋世家》述其事不足 60 字，《吴太伯世家》40 余字，《楚世家》不载此事。

---

① ［清］阮元校刻：《春秋左传正义》，第 4116 页。

5.成公十六年,《传》载晋楚鄢陵之战,凡 1700 字。《晋世家》载其事约 150 字,《楚世家》不足 60 字。

6.成公十八年,《传》文综述晋悼公即位后的一些举措,凡 250 字,《晋语七》记载有关事件近千言,《晋世家》记其事不足百字。

二是省略言辞。如:

1.成公三年,《传》叙智罃归晋,详载楚王与智氏对话,共 200 余字。《晋世家》载其事而尽删其言辞。

2.成公四年,梁山崩,《传》载晋侯、伯宗等对话约百字,《晋语五》载晋君与宗伯对答之辞亦有百余言。《晋世家》仅云"十四年,梁山崩。问伯宗,伯宗以为不足怪也"。

3.成公八年,《传》载韩厥劝晋侯立赵武之辞凡 50 余字。《晋世家》载此仅有 14 字。

4.成公十三年,《传》载晋吕向绝秦,凡 700 余言。《晋世家》仅云"三年,使吕向让秦"。

5.成公十六年,《传》详载宣伯请晋杀季文子,及子叔声伯、郤氏、范文子诸人对答凡 300 余字,《鲁语上》载子叔声伯如晋谢季文子,录子叔声伯与鲍国对话,也有 200 余言。《鲁周公世家》全删诸人言辞,而云:"十六年,宣伯告晋,欲诛季文子。文子有义,晋人弗许。"

除以上所举成公时代的一些例子外,《史记》对《左传》、《国语》记载的其他史料,也都作了类似的简化省略。

三、《史记》对二书的补充

见于《左传》、《国语》的资料,《史记》作了大量的删削简化,而对二书所不载或是与二书不同的内容,《史记》又旁罗异文,作了很多补充。《国语》以记言为主,而且不够系统,故《史记》叙春秋

时事,内容多为《国语》所无,这无须加以论证。《史记》对《左传》
的补充,同样也极为普遍。这里仅以鲁宣公、成公时期为限,举与
晋国有关的几个例子:

1.《左传》宣公十五年载:"(晋)使解扬如宋,使无降楚。"《郑
世家》云:"乃求壮士得霍人解扬,字子虎,诳楚,令宋毋降。"杨伯
峻先生云:"解扬早已为晋大夫,见文八年《传》;宣元年曾为楚囚,
此时则已归晋,宜非一时求得之壮士,司马迁盖采异说。"①

2.《左传》宣公十七年载:"晋侯使郤克征会于齐。齐顷公帷
妇人使观之。郤子登,妇人笑于房。"《晋世家》云:"八年,使郤克
于齐。齐顷公母从楼上观而笑之。所以然者,郤克偻,而鲁使蹇,
卫使眇,故齐亦令人如之以导客。"有关齐人导客的具体描写,《公
羊》、《穀梁》都有记载,均与《史记》不同。盖太史公采自他书。

3.《左传》成公八年载晋讨赵同、赵括,灭其族,韩厥言于晋
侯,复立赵武事。《晋世家》载其事本于《左传》而较为简略。《赵
世家》载屠岸贾灭赵氏,程婴、公孙杵臼保护赵氏孤儿,韩厥劝立
赵武,赵武复立灭屠岸贾之族,叙述极其详细,而所载与《左传》、
《国语·晋语六》均异。

4.《左传》成公十七年载:"栾书怨郤至,以其不从己而败楚师
也,欲废之。使楚公子茷告公曰:'此战也,郤至实召寡君,以东师
之未至也,与军帅之不具也,曰:"此必败,吾因奉孙周以事君。"'"
杨伯峻先生云:"《晋世家》云谓栾书'乃使人间谢楚,楚来诈厉公'
云云。与《左传》不同。"②

《史记》作者非常注重网罗遗文轶事。故《五帝本纪》称"其轶

---

①杨伯峻:《春秋左传注》,中华书局,2009 年第 3 版,第 2 册,第 759 页。

②杨伯峻:《春秋左传注》,第 2 册,第 901 页。

乃时时见于他说",《管晏列传》云"论其轶事"。各本纪、世家春秋时期的一些记载多与《左传》、《国语》不同,或为二书所无,正是作者贯彻这一意图的结果。

太史公对《左传》、《国语》所载资料多有删简,同时又多列异文,主要是出于两点考虑。一是尽量避免重复,增加《史记》的有效容量,二是删繁就简,自成体系。这二者都是为了达到熔铸史料以成一家之言的目的。从《史记》对《左传》、《国语》二书史料的处理也可以清楚地看出,作者对这两部著作的内容是非常熟悉的。

第二节　《史记》与《战国策》

《汉书·司马迁传》云"(司马迁)采《世本》、《战国策》"。班固的话,很容易使人产生误解。郑樵、王鸣盛、刘咸炘等人或以为司马迁写战国史仅从《国策》取材,甚或断定二书相关之事《史记》全抄《国策》,大多是受了班氏的影响。其实,《史记》与《国策》的关系,比人们所想象的要复杂得多。

今本《史记》与《国策》所载关系密切者共有九十余事。如将二书有关记载作一较为详细的对照分析,就可以发现:《史记》与《战国策》所载,只有少数条目是基本相同的;而在更多的情况下,则是二者之间不同程度地存在着差异。下面试分析别言之。

一、《史记》与《国策》不同的材料

《史记》、《国策》所载不同者,又可分为以下几种情况:

(一)叙事不同

1.《秦策五·濮阳人吕不韦贾于邯郸》以吕不韦为濮阳人,《吕不韦列传》云"吕不韦者,阳翟大贾人也";《国策》所载事迹亦多与《史记》不同。故司马贞《索隐》云："班固虽云太史公采《战国策》,然为此传当别有所闻见,故不全依彼说。"

2.《齐策一·成侯邹忌为齐相》与《田敬仲完世家》所载人名、时间、事件多有不同,田忌三战及出奔事,《策》合为一章,《史记》分系于齐威王二十六年、三十五年、宣王二年。马骕曰:"《战国策》田忌既败魏于马陵,因被购不得入齐,乃出奔楚,与《史》不同。《史》忌走在桂陵战后,宣王召之复位,与此异。"①

3.《齐策四·齐人有冯谖者》与《孟尝君列传》之文亦多殊异。方苞曰:"冯骥事见《国策》而语则异,盖秦汉间论战国权变者非一家,史公所录,与今传《国策》异耳。"②

4.《魏策一·陈轸为秦使于齐》载陈轸事。诸祖耿先生云:"《史记》与此章同叙陈轸为犀首策谋,然有三异:《策》此章言轸为秦使齐过魏,《史记》则谓楚使轸于秦过梁,一异也;《策》此章云魏王使李从以车百乘使于楚,《史记》则谓田需约诸侯从亲,楚王疑之,李从之与田需,二异也;《策》此章云犀首遂主天下之事,《史记》则谓三国相事皆断于犀首,三异也。有此三异,而文各不同,盖一事而传闻异也。"③

5.《韩策二·韩傀相韩》载聂政事。诸祖耿先生云:"此章具见《史记·刺客列传》,词更详备。此作韩傀,《史》作侠累;此云东孟之会,《史》云方坐府上;此云兼中哀侯,而《史》则无之。此其异也。又此无政姊之名,而《史记》有之;政姊之言,此劲简有力,而

---

① 引自诸祖耿编撰:《战国策集注汇考》,凤凰出版社,2008 年,上册,第 500 页。
② 引自诸祖耿编撰:《战国策集注汇考》,中册,第 598 页。
③ 诸祖耿编撰:《战国策集注汇考》,中册,第 1177 页。

《史记》纡余详备,风格亦不相同。"①

　　(二)详略不同

　　这里又可以分为《史》详于《策》、互有详略、《策》详于《史》三种不同情况。《史》详于《策》的如:

　　1.《秦策三·谓应侯曰》记说辞而不及结果,《白起王翦列传》"无以为武安君功也"句下有应侯言于秦王及秦、韩、赵三国罢兵等情节凡41字。

　　2.《秦策三·蔡泽见逐于赵而入韩魏》共1512字,《范睢蔡泽列传》有2283字。

　　3.《秦策五·文信侯欲攻赵以广河间》载甘茂事,《樗里子甘茂列传》多"文信侯乃入言之于始皇曰"一段凡79字。

　　4.《齐策六·燕攻齐》载燕将得书后的反应及结果总共14字,但云"燕将曰:'敬闻命矣!'因罢兵到读而去。"《鲁仲连列传》则详载燕将见书后直到自杀的心理活动过程,并载田单屠聊城及鲁仲连逃隐海上之事,凡96字。钱穆曰:"鲁连此书,史公或亦采诸《鲁连子》十四篇中。"②

　　5.《魏策一·魏公叔痤病》仅136字,《商君列传》凡200余言,有公叔痤先君后臣召鞅令去之言,为《国策》所无。

　　互有详略的如:

　　1.《秦策三·范睢曰臣居山东》末26字《范睢蔡泽列传》未载;《史记》"且夫三代所以亡国者"以下十余句凡74字,则为《策》所无。

　　2.《楚策一·张仪为秦破从连横》"臣以为计无便于此者"以

————————

① 诸祖耿编撰:《战国策集注汇考》,下册,第1447—1448页。
② 钱穆:《先秦诸子系年》,商务印书馆,2001年,第549页。

下 76 字,《张仪列传》无;《史记》此下有屈原进谏、怀王不听一段,则为《国策》所无。

3.《赵策二·武灵王平昼闲居》"赵文进谏曰"一段 279 字、"赵造谏曰"以下 199 字,并《赵世家》所无;而《史记》首叙大朝信宫及召楼缓谋一段,为《国策》所无。《史》云赵文、赵造、周袑、赵俊皆谏止王胡服,而《策》谏者仅赵文、赵造二人;《史》末云"遂胡服招骑射",《策》不及结果。

4.《赵策三·秦攻赵》载公孙龙之言仅 82 字,《平原君虞卿列传》凡 128 字;《国策》有虞卿、赵王答问之辞,而《史记》则无。

5.《魏策四·信陵君杀晋鄙》赵王郊迎以下仅 135 字,《魏公子列传》凡 244 字;《国策》辞详事略,《史记》事、辞俱详;《策》说者为唐且,《史》无主名;《策》唐且说辞分为两段,《史》则合为一段;《策》两载信陵君之言,《史》俱无。

6.《燕策一·燕文公时》首段 50 字,《苏秦列传》为 113 字;《国策》"故桓公负妇人"至"因败为功者也"32 字,则为《史记》所无。

7.《燕策一·苏秦死》自"夫无谋人之心"至"而欲报之二年矣"98 字及末尾"曰内寇"至"势也"27 字,并《苏秦列传》所无;而《史记》"吾终以子受命于天矣"以下 41 字,则为《国策》所无。

《策》详于《史》的如:

1.《秦策二·陉山之事》有齐令田章割地入质合于赵、赵告秦而秦使公子他之赵的情节及对话,《穰侯列传》都没有记载。

2.《赵策一·秦王谓公子他曰》前半章为《赵世家》所无,自"冯亭守三十日"以下事,《史记》亦载之,但文不全同。

3.《韩策一·张仪为秦连横》末 41 字为《张仪列传》所无。

4.《韩策一·秦韩战于浊泽》末 32 字论断为《韩世家》所无。

5.《燕策一·燕昭王收破燕后即位》郭隗论致士之法及求千里马 256 字,为《燕召公世家》所无。

6.《燕策一·齐伐宋》载苏代说燕昭王事凡 735 字,《苏秦列传》止 651 字。

7.《中山策·昭王既息民缮兵》载白起之辞特详,武安君、秦王之言及秦王使应侯责武安君,秦王强起武安君及武安君顿首而言等情节言辞,并《白起王翦列传》所无。

(三)文辞不同

1.《秦策一·苏秦始将连横》载苏秦说秦惠王之辞 600 余言,《苏秦列传》仅 80 多字;"父母闻之"至末 91 字,《史记》、《国策》亦有较大差异。故诸祖耿先生谓二者"语不相同,足征《史》之与《策》各有所受,本不相袭"。①

2.《秦策二·齐助楚攻秦》"张仪诳楚"一段,《史记·楚世家》及《张仪列传》两书之,文各不同,《策》亦与《史》异。

3.《魏策三·秦败魏于华》载须贾说穰侯之辞,诸祖耿先生谓:"此章见《史记·穰侯列传》,布局全同而字句多异。"②

4.《燕策三·燕王喜使栗腹以百金为赵孝成王寿酒》载燕王与乐氏往来书辞及事情经过,与《乐毅列传》全异。

5.《秦策三·薛公为魏谓魏冉曰》与《孟尝君列传》文辞多有不同。

6.《秦策三·范子因王稽入秦》及《王稽至》二章,文辞与《范睢蔡泽列传》亦多异。

---

①诸祖耿编撰:《战国策集注汇考》,上册,第 138 页。
②诸祖耿编撰:《战国策集注汇考》,中册,第 1246 页。

（四）国名不同

1.《东周策·周共太子死》一段,《周本纪》以为西周之事。

2.《西周策·雍氏之役》一章,《周本纪》以为东周之事。

3.《秦策二·陈轸谓楚王》称齐楚相伐,《张仪列传》谓韩魏相攻。

4.《齐策二·秦攻赵长平》谓齐燕救赵,《田敬仲完世家》则云齐楚救赵。

5.《赵策一·赵收天下》苏秦说赵王文中作"韩"者,《赵世家》作"齐"。

6.《韩策三·韩人攻宋》之"韩",《田敬仲完世家》俱作"齐"。

（五）人名不同

1.《西周策·薛公为韩魏攻楚》主名为"韩庆",《孟尝君列传》作"苏代"。

2.《西周策·秦败魏将犀武军于伊阙》之"犀武",《周本纪》作"师武"。

3.《秦策一·张仪又恶陈轸于秦王》之"孝己",《张仪列传》作"曾参"。

4.《秦策二·甘茂去秦且之齐》之"苏子",《樗里子甘茂列传》明言"苏代"。

5.《齐策一·南梁之难》田侯、张丏、田臣思三人,《田敬仲完世家》作宣王、驺忌子、孙子。

6.《齐策四·孟尝君逐于齐而复反》之"谭拾子",《孟尝君列传》作"冯骥"。

7.《楚策一·楚王问于范环》之"范环"、"公孙郝",《樗里子甘茂列传》作"范蜎"、"向寿"。

8.《赵策三·赵使机郝之秦》之"机郝"、"宋突",《穰侯列传》

作"仇液"、"宋公"。

9.《赵策四·秦召春平侯》之"春平侯"、"世钧"、"平都君"，《赵世家》作"春平君"、"泄钧"、"平都"。

10.《魏策一·苏秦拘于魏》一章，《苏秦列传》以为苏代事；《策》以说者为苏秦，《史记》则谓齐使。

11.《魏策三·魏将与秦攻韩》之"朱巳"，《魏公子列传》作"无忌"。

12.《韩策一·韩公仲谓向寿曰》说向寿者为"韩公仲"，《樗里子甘茂列传》云"韩公仲使苏代谓向寿"；《策》有"公孙郝"之名而《史》作"公孙爽"。

13.《韩策一·观鞅谓春申君曰》之"观鞅"，《春申君列传》作"朱英"。

14.《韩策二·楚围雍氏》之"司马康"、"昭献"，《韩世家》作"司马庚"、"昭鱼"。

15.《韩策二·谓新城君曰》之"几瑟"，《韩世家》作"虮虱"。

16.《韩策二·冷向谓韩咎曰》之"冷向"、"几瑟"，《韩世家》作"苏代"、"虮虱"。

17.《韩策三·韩人攻宋》之"韩珉"、"苏秦"，《田敬仲完世家》作"韩聂"、"苏代"。

18.《韩策三·赵魏攻华阳》之"田苓"，《韩世家》作"陈筮"。

19.《燕策一·张仪为秦破从连横》之"赵王"，《张仪列传》作"襄子"。

20.《燕策一·燕王哙既立》之"储子"、"齐宣王"，《燕召公世家》作"诸将"、"齐湣王"。

21.《秦策三·谓应侯曰》、《韩策二·谓新城君曰》皆无主名，《白起王翦列传》、《韩世家》均指为"苏代"。

如前所列，《史记》、《国策》同载一事，有的所叙事迹不尽相同，有的详略有别，有的文辞互异，有的国名、人名不合。其中详略不同者，又可分为《史》详于《策》、互有详略和《策》详于《史》三种不同的类型。这里为了行文的方便，还只是对各种不同的情况作了一些大致的划分，实际上在一条记载中，有时《史记》与《国策》的歧异还不止一项。两者记事不同或人名、国名有异，一般不可能出自作者杜撰，而只能解释为所据史料不同（当然也不排除传写会出现讹误，但这种情况只能是少数）。《史》详于《策》及互有详略这两种情况，其中《史记》较《国策》为详的部分，也很难设想会出自作者的虚构。《策》详于《史》的部分记载，《史记》作者或许有可能依据《国策》的资料加以删节而成，但这仅仅是两种可能性中的一种。从总体上来看，《史记》作者对于战国史料基本上是照抄而不是删改。《国策》记载详于《史记》的那一部分条目，两者往往在其他方面也有所不同，这种不同也许能证明它们所根据的并不是同一底本。如：《东周策·周共太子死》"公若欲为太子"以下 44 字，为《周本纪》所无，《史记》系此事于西周，与《策》在东周不同。《齐策三·孟尝君将入秦》凡 204 字，《孟尝君列传》止 149字；《策》载苏子说辞 146 字，《史》仅有 78 字；《策》云"苏秦"，《史》作"苏代"，主名不同。《魏策三·华军之战》载孙臣之言，为《魏世家》所无；《策》之"段干崇"、"孙臣"，《史》作"段干子"、"苏代"。《燕策一·人有恶苏秦于燕王者》共 609 字，《苏秦列传》只有 487字，两者言曾参、伯夷、尾生及主母、主父之次第各不相同，人恶苏秦及秦与燕王对答之辞亦各异。

（六）其他

除了以上所举之外，还有一种类型是《史记》同于他书而与《国策》不同的，从中可以更清楚地看出两者根据的材料不同。

如:《秦策一·司马错与张仪争论于秦惠王前》一章,《张仪列传》
较《策》多 61 字,《新序·善谋上》较《策》多 58 字,《史记》、《新序》
之文大致相同而与《策》异。《秦策二·秦武王谓甘茂》与《樗里子
甘茂列传》、《新序·杂事二》叙事次第正好相反。《赵策三·秦攻
赵于长平》所载时间、人物、问答先后次序,与《平原君虞卿列传》、
《新序·善谋上》都不尽相同。故诸祖耿先生谓:"盖《史记》、《新
序》同出一源,而此章则别有所本也。"①他如:《秦策四·秦昭王
谓左右》所载之事,又见《魏世家》、《说苑·敬慎》,《秦策四·说秦
王曰》又见《春申君列传》、《新序·善谋上》,《赵策三·魏使人因
平原君请从于赵》及《秦赵战于长平》二章,又见于《平原君虞卿列
传》及《新序·善谋上》,《魏策一·魏武侯与诸大夫浮于西河》又
见《孙子吴起列传》、《说苑·贵德》,《燕策二·昌国君乐毅为燕昭
王合五国之兵而攻齐》又见《乐毅列传》、《新序·杂事三》,《史记》
与《国策》文字不同者甚多,而与《说苑》、《新序》等书往往相同。

二、《史记》与《国策》相同的材料

　　以上我们用较多的篇幅讨论了《史记》与《战国策》两书的不
同之处(尚有极少数条目未列出),下面再来看看《史记》、《国策》
记载相同或大致相同的情况。这一类型也有二十例,兹列举
如下:

　　1.《东周策·东周与西周战》,见《周本纪》;

　　2.《秦策二·义渠君之魏》,见《张仪列传》;

　　3.《齐策一·苏秦为赵合从》,见《苏秦列传》;

　　4.《齐策一·张仪为秦连横》,见《张仪列传》;

---

① 诸祖耿编撰:《战国策集注汇考》,中册,第 1026 页。

5.《齐策二·张仪事秦惠王》,见《张仪列传》;

6.《楚策一·苏秦为赵合从》,见《苏秦列传》;

7.《楚策四·楚考烈王无子》,见《春申君列传》;

8.《赵策一·晋毕阳之孙豫让》,见《刺客列传》;

9.《赵策二·苏秦从燕之赵》,见《苏秦列传》;

10.《赵策二·张仪为秦连横》,见《张仪列传》;

11.《赵策三·秦围赵之邯郸》,见《鲁仲连邹阳列传》;

12.《赵策四·赵太后新用事》,见《赵世家》;

13.《魏策一·苏子为赵合从说魏王》,见《苏秦列传》;

14.《魏策一·张仪为秦连横说魏王》,见《张仪列传》;

15.《魏策一·魏王将相张仪》,见《张仪列传》;

16.《魏策三·魏将与秦攻韩》,见《魏世家》;

17.《韩策一·苏秦为楚合从说韩王》,见《苏秦列传》;

18.《燕策一·苏秦将为从》,见《苏秦列传》;

19.《燕策二·秦召燕王》,见《苏秦列传》;

20.《卫策·秦攻魏之蒲》,见《樗里子甘茂列传》。

在这些条目中,《史记》、《国策》两书所载的基本事件、人物、对话、叙述乃至评论文字几乎完全相同,这说明两者之间又确实存在着某种渊源关系。

三、《史记》与《国策》的史料渊源

综上所述,《史记》、《国策》共同记载的九十余事中,有两类不同的情况:一是两书记载基本相同的,共二十条,数量不到总数的四分之一;另一类是两书记载存在明显不同的,约七十余条,占总数的四分之三以上。对以上现象,应如何理解呢?

众所周知,战国之时,纵横游说盛行,诸侯养士成风。孟尝、

平原、信陵、春申之徒各招致食客数千人，其他王侯贵族之客不可胜计。这些宾客说士往往采撷旧事，加以整理润饰，或参以己意，增删益横，以为游说之资。同一件事，经过辗转传抄，到后来就不完全相同了。刘向《战国策书录》云"所校中战国策书、中书余卷，错乱相糅莒，有国别者八，篇少不足"；又云"中书本号，或曰国策，或曰国事，或曰短长，或曰事语，或曰长书，或曰修书"。可知刘向所见的《战国策》底本，有几种不同的情况：有篇章较备的，也有残缺不全的；有区分国别的，也有不加分别的；书名也各不相同。刘向将各本排比校勘，去其复重，补其不足，然后将所校之书写定并冠以"战国策"之名。简言之，刘向据以校定《战国策》的版本非止一种。明白了这一点，《史记》与《战国策》的关系也就容易说清了：在司马迁采取的战国史料中，有一部分和刘向校书时所见的相同，这是《史记》、《国策》两书部分篇章惊人相似的原因；同时，《史记》所依据的大部分资料又与《国策》存在着差别，这便是两书记言叙事有着诸多不同的答案。

总之，《史记》取材，不必完全依赖于《国策》。

第三节　《史记》与《世本》、《楚汉春秋》

《世本》、《楚汉春秋》二书久佚，现在已无法将《史记》与它们作全面的比较，以探求其史源，只能根据二书残存的一些资料，窥其大略。

一、《世本》

（一）《世本》的记载范围和内容

《汉书·艺文志》载"《世本》十五篇"。班固自注云："古史官记黄帝以来讫春秋时诸侯大夫。"《司马迁传》亦云："又有《世本》，录黄帝以来至春秋时帝王公侯卿大夫祖世所出。"这两则资料，大致说明了《世本》所载内容及时间界限。现行较为完备的《世本》辑本，有商务印书馆一九五七年出版的《世本八种》，但其中已有后人增窜的成分。为了说明问题，这里只取三家注所引《世本》资料与《史记》作些比较分析。

中华书局点校本《史记》三家注称引《世本》，总数在 220 处以上（有少数地方提及《世本》而未录其文），引用《世本》超过 3 条的，有以下诸篇：《五帝本纪》5 条，《夏本纪》10 条，《殷本纪》8 条，《周本纪》12 条，《秦本纪》5 条，《秦始皇本纪》7 条，《三代世表》10 条，《十二诸侯年表》5 条，《六国年表》9 条，《吴太伯世家》8 条，《齐太公世家》7 条，《鲁周公世家》22 条，《燕召公世家》3 条，《管蔡世家》4 条，《陈杞世家》6 条，《卫康叔世家》9 条，《晋世家》12 条，《楚世家》13 条，《赵世家》14 条，《魏世家》18 条，《韩世家》8 条，《田敬仲完世家》6 条，《苏秦列传》4 条。以上各篇，引文总计达 205 条，占三家注引《世本》总数的百分之九十以上。这些条目所涉及的内容，主要是在春秋之前，也有少数是在战国时期。《世本》的记事范围，也正是《史记》可能从中取材的范围。

《世本》重在记载帝王诸侯卿大夫世系、姓名、谥号，这些是它可供《史记》取材的主要内容。

（二）《史记》与《世本》不尽相同

王谟论《世本》，有云"太史公虽采此书作本纪、世家，亦不尽依其说"。①《史记》三家注引《世本》的二百多处文字，只有少数条目因《史记》未载，注家引《世本》以补其不足，其余绝大多数条

---

① [汉]宋衷注，[清]秦嘉谟等辑：《世本八种》，商务印书馆，1957 年，第 2 页。

目,都与《史记》不同。这当然是注家罗列异文的必然结果,但也足以说明:《世本》不是《史记》作有关记载的惟一资料来源。以《鲁周公世家》为例,这类资料共有 20 条。兹列举如次:

1.鲁公伯禽卒,子考公酋立。《索隐》:"《系本》作'就'。"

2.(炀公)六年卒,子幽公宰立。《索隐》:"《系本》名圉。"

3.幽公弟溃杀幽公而自立,是为魏公。《集解》:"徐广曰:《世本》作'微公'。"《索隐》:"《系本》溃作弗。"

4.魏公五十年卒,子厉公擢立。《索隐》:"《系本》作'翟'。"

5.献公三十二年卒,子真公濞立。《索隐》:"濞,《系本》作'挚'。"

6.孝公卒,子弗湟立。《索隐》:"《系本》作'弗皇'。《年表》作'弗生'。"

7.惠公卒,长庶子息摄当国。《索隐》:"《系本》隐公名息姑。"

8.(惠公)生子允。《索隐》:"《系本》亦作'轨'也。"

9.鲁人施伯曰。《正义》:"《世本》云施伯鲁惠公孙。"

10.鲁人立齐归之子裯为君,是为昭公。《索隐》:"《系本》作'稠'。"

11.季氏与郈氏斗鸡。《集解》:"徐广曰:郈,一本作'厚',《世本》亦然。"

12.郈昭伯亦怒平子。《索隐》:"按《系本》,昭伯名恶,鲁孝公之后,称厚氏也。"

13.臧昭伯之弟会伪谗臧氏。《索隐》:"《系本》臧会,臧顷伯也,宣叔许之孙,与昭伯赐为从父昆弟也。"

14.鲁文公卒,东门遂杀嫡立庶。《索隐》:"《系本》作'述'。"

15.定公卒,子将立。《索隐》:"《系本》'将'作'蒋'也。"

16.子显立,是为穆公。《索隐》:"《系本》'显'作'不衍'。"

17.（景公）子叔立，是为平公。《索隐》："《系本》'叔'作'旅'。"

18.（平公）子贾立，是为文公。《索隐》："《系本》作'潜公'。"

这些条目，《史记》、《世本》两书几乎都不相同，除了少数几条《史记》取自《春秋》、《左传》外，大多另有所据。他如五帝、夏、殷、周、秦、秦始皇各本纪，三代、十二诸侯、六国三表，吴、齐、燕、管蔡、陈杞、卫、宋、晋、楚、郑、赵、魏、韩、田齐诸世家，都有与《世本》不同的资料，这从一个角度说明了《史记》资料来源的广泛性。

二、《楚汉春秋》

（一）《楚汉春秋》的记载范围和内容

《汉书·艺文志》载"《楚汉春秋》九篇"。班固自注云："陆贾所记。"《后汉书·班彪传》云："汉兴，定天下，太中大夫陆贾记录时功，作《楚汉春秋》九篇。"司马贞云："（《楚汉春秋》）汉太中大夫楚人陆贾所撰，记项氏与汉高祖初起及说惠文间事。"清人洪颐煊有《楚汉春秋》辑本，辑录佚文共五十条。① 金德建先生云："《楚汉春秋》是记载历史性质的一部书。它记载范围之所涉及，时间上大约可以规定在秦末和楚、汉战争的一段时期之间。间或也有提起惠帝、文帝时候的事迹，那只是少数。"②金先生的结论完全正确。中华书局修订本三家注引用《楚汉春秋》共 34 次，分布情况如下：《项羽本纪》7 次，《高祖本纪》4 次，《高祖功臣侯者年表》7次，《荆燕世家》2 次，《淮阴侯列传》3 次，《刘敬叔孙通列传》3 次，

---

① ［清］洪颐煊《经典集林》，见《续修四库全书》，上海古籍出版社，1996 年，第1200 册，第 401—402 页。

② 金德建：《司马迁所见书考》，第 322—323 页。

《留侯世家》《绛侯周勃世家》《黥布列传》《韩信卢绾列传》《樊郦滕灌列传》《傅靳蒯成列传》《季布栾布列传》《吴王濞列传》各 1 次。从三家注引文的分布情况及其具体内容来分析,可以清楚地看出,《楚汉春秋》主要记载楚、汉战争的一些事件及高祖功臣的一些情况,包括人名、侯国名等。班固所谓“记录时功”,诚为有据。应该予以强调的是,现今所见《楚汉春秋》佚文多半与高祖始封功臣有关,却没有一条涉及功臣后代的情况,与《楚汉春秋》之名完全符合。《郦生陆贾列传》记载陆贾孝文时出使匈奴事,又云“陆生竟以寿终”,他活到文帝时应无疑问。《楚汉春秋》极个别条目记录吕后、孝文时事,可能是作者随手附记,就主体而言,则是一部名实相符的“楚汉春秋”。

　　(二)《史记》不专据《楚汉春秋》

　　刘知几曰:“自汉以降,作者多门,虽新书已行,而旧录仍在,必校其事,可得而言。案刘氏初兴,书唯陆贾而已。子长述楚、汉之事,专据此书。譬夫行不由径,出不由户,未之闻也。然观迁之所载,往往与旧不同。如郦生之初谒沛公,高祖之长歌鸿鹄,非唯文句有别,遂乃事理皆殊。”①刘氏将《史记》与《楚汉春秋》相较,所言不无见地。但他认定汉初“书唯陆贾”,前提有误,故结论尚有偏差。《史通·六家》云:“晏子、虞卿、吕氏、陆贾,其书篇第,本无年月,而亦谓之《春秋》。”②《题目》亦云:“吕、陆二氏,各著一书,唯次篇章,不系时月,此乃子书杂记,而皆号曰《春秋》。”③据此,知《楚汉春秋》本不著年月。而《项羽本纪》《高祖本纪》《秦

---

①〔唐〕刘知几著,〔清〕浦起龙通释,王煦华整理:《史通通释》,第 438 页。
②〔唐〕刘知几著,〔清〕浦起龙通释,王煦华整理:《史通通释》,第 7 页。
③〔唐〕刘知几著,〔清〕浦起龙通释,王煦华整理:《史通通释》,第 85 页。

楚之际月表》、《高祖功臣侯者年表》诸篇，记事都有系年，甚至有系统详尽的月日记载，诸世家、列传，也多有系年。这显然不可能是专据陆贾之书。即以《楚汉春秋》的具体记载而言，也多与《史记》不同。以《高祖功臣侯者年表》为例，与《楚汉春秋》不同者有以下内容。

1.《高祖功臣侯者年表》序言云："封爵之誓曰：'使河如带，泰山若厉。国以永宁，爰及苗裔。'"《太平御览》卷五九八引《楚汉春秋》云："高帝初侯者，皆书券曰：'使黄河如带，泰山如砺，汉有宗庙，无绝世也。'"①

2.本表"侯第"一栏《索隐》引姚氏曰："萧何第一，曹参二，张敖三，周勃四，樊哙五，郦商六，奚涓七，夏侯婴八，灌婴九，傅宽十，靳歙十一，王陵十二，陈武十三，王吸十四，薛欧十五，周昌十六，丁复十七，虫达十八。《史记》与《汉表》同，而《楚汉春秋》则不同者，陆贾记事在高祖、惠帝时，《汉书》是后定功臣等列，及陈平受吕后命而定，或已改邑号，故人名亦别。且高祖初定唯十八侯，吕后令陈平终竟以下列侯第录，凡一百四十三人也。"

3.表载清阳侯名王吸，《索隐》引《楚汉春秋》作"王隆"。

4.表载傅宽封阳陵侯，《索隐》引《楚汉春秋》侯国名"阴陵"。

5.表载博阳侯名陈濞，《索隐》引《楚汉春秋》名"濆"。

6.表载曲城侯虫达，《索隐》引《楚汉春秋》作"夜侯虫达"。

7.表载张偃以鲁王为南宫侯，《索隐》引《楚汉春秋》云"南宫侯张耳"。

以上各条，二书所载都不相同。《秦楚之际月表》云"太史公读秦楚之际"，《高祖功臣侯者年表》云"余读高祖侯功臣"，《惠景

---

① ［宋］李昉等：《太平御览》，第3册，第2693页。

间侯者年表》云"太史公读列封至便侯","长沙王者,著《令甲》,称其忠焉"。其余楚汉之际资料档案尚多,太史公作史不必专据《楚汉春秋》,当在情理之中。

综前所述,《史记》从《左传》、《国语》、《国策》、《世本》、《楚汉春秋》诸书取材,情况各不相同。《左传》、《国语》二书,汉初影响已彰,且记事相当系统、详尽(特别是《左传》),作者采入《史记》以删削简化为主,同时注意搜罗异文;《国策》当时尚未定型,资料有散失的可能,《史记》从中选择较为重要者入史,一般情况下保持原貌不作改动,而其中绝大多数资料不同于现在的《战国策》;《世本》为太史公载录春秋以前帝王诸侯卿大夫世、谥提供了系统的材料,但《史记》所载亦多与之不同;《楚汉春秋》叙楚汉间事为详,司马迁著史也往往加以裁择,并不"专据此书"。由此可证,《史记》取材的范围非常广泛,作者拥有的史料也相当丰足,班固云太史公"据《左氏》、《国语》,采《世本》、《战国策》,述《楚汉春秋》",不能看得过于拘泥。

第六章　史料运用与史料价值

　　《史记》作者极其重视史料的搜集。同样,他也极为重视对史料的消化、吸收和合理利用。他在驾驭历史资料,营造《史记》宏伟大厦的同时,总结出取舍史料的一些重要原则,归纳出处理史料的一整套方法。这些内容,形成了鲜明的理论色彩,对作者修史具有直接的指导意义。

第一节　史料取舍的原则

　　司马迁作史之时,天下遗文古事靡不毕集。面对丰富而且繁杂的资料,他没有不加选择地堆砌成文,而是根据需要予以取舍裁择。《史记》取材原则的确定,与作者修史目的、宗旨和方法有紧密联系。归纳起来,主要有如下几条。

一、注重天下兴亡

　　太史公创作《史记》,意欲"究天人之际,通古今之变","稽其成败兴坏之纪"。① 作者试图以史的形式,观察古今盛衰的变化,

---

① [汉]司马迁:《报任安书》,见[梁]萧统编,[唐]李善注:《文选》卷四一,第581页。

探求治国之道。此一目的，决定了《史记》在取材上对国家治乱存亡的特殊关注。《留侯世家》说："留侯从上击代，出奇计马邑下，及立萧何相国，所与上从容言天下事甚众，非天下所以存亡，故不著。"《张丞相列传》说："自申屠嘉死之后，景帝时开封侯陶青、桃侯刘舍为丞相。及今上时，柏至侯许昌、平棘侯薛泽、武强侯庄青翟、高陵侯赵周等为丞相。皆以列侯继嗣，娖娖廉谨，为丞相备员而已，无所能发明功名有著于当世者。"这些人虽然位极人臣，但无益于成败治乱之数，所以作者毅然决定不为他们立传。相反，一些人物虽然地位没有丞相尊贵，却因有关国家政治，而得以在《史记》中占有一席之地。记载一人之事是如此，考察一国之事同样也是如此。《陈杞世家》说："滕、薛、驺、夏、殷、周之间封也，小，不足齿列，弗论也。"又说："周武王时，侯伯尚千余人。及幽、厉之后，诸侯力攻相并，江、黄、胡、沈之属，不可胜数，故弗采著于传云。"这些国家，国小力微，对历史发展进程影响不大，故作者略而不论。纵览《史记》全书，太史公载五帝、三王、春秋战国以至秦汉，于存亡兴衰之际尤为留意，都体现出作者重视天下兴亡的取材原则。

二、成书流传者不论

对于有著作流行于世的人物，《史记》不取其作品，对他们的事迹，则分别不同情况，灵活处理。大致可分为三种类型。一是载其行事。《孙子吴起列传》云："太史公曰：世俗所称师旅，皆道《孙子》十三篇，吴起《兵法》，世多有，故弗论，论其行事所施设者。"《老子韩非列传》、《司马穰苴列传》也有类似的说明。二是论其轶事。《管晏列传》："太史公曰：吾读管氏《牧民》、《山高》、《乘马》、《轻重》、《九府》，及《晏子春秋》，详哉其言之也，既见其著书，欲观其行事,故次其传。至其书,世多有之,是以不论,论其轶事。"三是不论其传。《孟子荀卿列传》:"自如孟子至于吁子,世多有其书,故不论其传云。"《史记》不录流行于世的著作,是为了节省篇章,增加有效容量。后世史书载文过滥,"非复史书,更成文集",①可见《史记》裁决之可贵。

三、网罗天下放失旧闻

"网罗天下放失旧闻"这句话,载于《太史公自序》,又见于《报任安书》。《秦始皇本纪》记载,始皇帝三十四年(前213),丞相李斯上奏:"请史官非秦记皆烧之。非博士官所职,天下敢有藏《诗》、《书》、百家语者,悉诣守、尉杂烧之。有敢偶语《诗》、《书》者弃市。……令下三十日不烧,黥为城旦。所不去者,医药卜筮种树之书。若欲有学法令,以吏为师。"此奏经秦始皇认可而施行,对于民间所藏书籍,造成了灾难性的后果。

汉惠帝四年废除秦挟书之令,至武帝时始广开献书之路,汉初统治者以国家的力量,经过多方努力,在很大程度上弥补了秦焚书坑儒所带来的损失,这无疑是值得称道的。而司马迁以个人之力克服种种困难,访求遗文轶事的努力,更是令人钦敬。

在利用文献资料方面,单是《史记》所称引的百余种文献,就可以窥见他广收博览、披沙拣金搜集史料之一斑。他求史记,访古书,更可看出他网罗旧闻的良苦用心。

尤其值得赞赏的是,他并没有以掌握现成的文献资料为满足。他根据作史的需要,进行过大量艰苦细致的调查访问,实地考察,收集一切对作史有用的材料。例如,战国末年和秦楚之际

---

① [唐]刘知几著,[清]浦起龙通释,王煦华整理:《史通通释》,第117页。

这两个重要的历史时期的有关史料,太史公就作过系统的察访。他到过大梁之墟,听墟中人讲述秦灭魏的史实,寻访过所谓夷门,看到过春申君的故城宫室,还亲至孟尝君封地,感受到薛地多暴桀子弟与孟尝君招致天下任侠、奸人有关,肯定世称孟尝君好客名不虚传。秦失天下,与轻用民力有关,史公特别留意过蒙恬所筑长城亭障及开通的直道。彭城为项王建都之所,又是楚汉战争的重要战场,丰、沛是刘邦龙飞之地,又是樊、郦、滕、灌、绛侯周勃等人的故乡,淮阴是楚汉战争的关键人物韩信的出生之处,这些地方,作者曾一一亲至其地,深入调查访问。从实际效果来看,作者耳闻目睹,不但扩大了史源,更增长了史识,这在《史记》中多有体现。

《自序》云,汉兴至太初“百年之间,天下遗文古事靡不毕集太史公。太史公仍父子相续纂其职”。太初之时,作者收集史料的工作已基本就绪,因而开始了《史记》的创作。天下遗文古事靡不毕集太史公,这一可喜局面的出现,离不开太史公艰苦卓绝的劳动。

四、择取雅言

《五帝本纪》赞语云:“《百家》言黄帝,其文不雅驯,荐绅先生难言之。”又云作此篇时“择其言尤雅者,故著为本纪书首”。这里提出了取材择其雅言的原则。《殷本纪》:“太史公曰:余以《颂》次契之事,自成汤以来,采于《诗》、《书》。”采《诗》、《书》入史,是因为这些资料典雅可据。同时,“雅驯”与否是决定一切史料取舍的重要原则。

择取雅言的另一面是摈弃怪诞不经的东西。《天官书》云:“幽、厉以往,尚矣。所见天变,皆国殊窟穴,家占物怪,以合时应,其文图籍礼祥不法。是以孔子论六经,纪异而说不书。"《自序》亦云:"星气之书,多杂礼祥,不经;推其文,考其应,不殊。比集论其行事,验于轨度以次,作《天官书》。"《刺客列传》:"太史公曰:世言荆轲,其称太子丹之命,'天雨粟,马生角'也,太过。"《大宛列传》:"至《禹本纪》、《山海经》所有怪物,余不敢言之也。"

以上所言,都是太史公明言摈弃的材料。还有一些资料,作者没有具体指出其内容,然而也在被删削之列。如《五帝本纪》云"《百家》言黄帝,其文不雅驯"。"百家"作为书名,见于《汉书·艺文志》,共有一百三十卷。它记载了哪些内容,我们已无法判定。但有一点是明确的,即书中有一些"不雅驯"的记载。《史记》将这类资料删去,无疑是正确的。当然,《史记》选择史料也不可能尽善尽美。如《殷本纪》载简狄吞玄鸟卵而生契,《周本纪》载姜原践巨人迹而生弃,《秦本纪》录女修吞玄鸟卵而生大业。这些事件或见于《诗》、《书》,或存于口碑,流播既广,太史公遵孔子纪异而说不书之成法,未尽加刊落,故犹存此奇异之迹。至于《高祖本纪》载刘媪梦与神遇而生高祖,刘邦斩白帝子诸事,实与《陈涉世家》鱼腹丹书、篝火狐鸣如出一辙,太史公未必相信实有其事。总的说来,《史记》选取史料相当精严。

第二节　处理史料的方法

一、综合整齐

《汉书·艺文志》云:"昔仲尼没而微言绝,七十子丧而大义乖。故《春秋》分为五,《诗》分为四,《易》有数家之传。战国从横,真伪分争,诸子之言纷然淆乱。至秦患之,乃燔灭文章,以愚黔首。……迄孝武世，书缺简脱，礼坏乐崩。"《自序》云："周道废，秦拨去古文，焚灭《诗》、《书》，故明堂石室金匮玉版图籍散乱。"经过春秋战国的诸子争鸣和秦朝的焚书坑儒，到了汉武帝时代，太史公所面对的，是数量庞大，而又相当杂乱无章的一大堆资料。为了充分利用这些史料为撰写《史记》服务，作者付出了极为艰巨的劳动。

《自序》称作十二本纪、十表、八书、三十世家、七十列传，"凡百三十篇，五十二万六千五百字，为《太史公书》。序略，以拾遗补艺，成一家之言，厥协六经异传，整齐百家杂语"。这段话的最后两句，提出了《史记》处理史料最主要的方法。张大可先生说："所谓'厥协'，就是综合、贯通；'整齐'就是别择、统一。"①白寿彝先生释"协"为"综合"，言"整齐"有"批判"的意思。② 都符合《史记》原意。综合与整齐二者之间有联系，但侧重点有所不同。下面分别加以论述。

（一）综合各家

为了表述得更加清楚，《史记》综合各种资料的工作，可以分为三个不同的层次。

大而言之，整部《史记》系综合经传百家而成。本书第四章专论《史记》取材，实际上就是谈这个问题。

中而言之，《史记》各篇，通常也综合各种资料成文。张大可先生论《五帝本纪》，有云："这篇三千四百五十字的本纪（未计赞语字数），在文献方面至今犹能按核的典籍就有十余种：①古今文《尚

---

① 张大可：《史记研究》，商务印书馆，2013年，第230页。

② 白寿彝：《史记新论》，见《白寿彝文集》，河南大学出版社，2008年，第1册，第201页。

书》,②《大戴礼记》(即《五帝德》及《帝系姓》),③《国语》,④《左传》,⑤《世本》,⑥《庄子》,⑦《孟子》,⑧《韩非子》,⑨《战国策》,⑩《吕氏春秋》,⑪《礼记》,⑫《淮南子》。此外,还有我们至今无法按核的典籍,如《百家》、《谍记》等。"①又如《十二诸侯年表》序言说孔子作《春秋》后,左丘明、铎椒、虞卿、吕不韦、荀卿、孟子、公孙固、韩非、张苍、董仲舒诸人,纷纷著书立说,接着说:"太史公曰:儒者断其义,驰说者骋其辞,不务综其终始;历人取其年月,数家隆于神运,谱谍独记世谥,其辞略,欲一观诸要难。于是谱十二诸侯,自共和讫孔子,表见《春秋》、《国语》学者所讥盛衰大指著于篇,为成学治古文者要删焉。"显然,此篇也是兼采各种资料写成。其他许多篇目,也往往如此。

小而言之,《史记》叙述一事,也常常兼取各种资料。这里以《晋世家》为例略举数事以明之。如,晋献公二十二年,《世家》载晋假道伐虢灭虞,过程全同《左传》僖公六年,文末云:"荀息牵曩所遗虞屈产之乘马奉之献公,献公笑曰:'马则吾马,齿亦老矣。'"这饶有意味的结尾,《左传》不载,而《韩非子·十过》、《公羊》、《穀梁》、《新序·善谋上》都有类似的记载,由是可知《世家》之文所采不止一家。晋献公二十六年,《世家》载里克杀奚齐与悼子,荀息死之。君子曰:"《诗》所谓'白圭之玷,犹可磨也,斯言之玷,不可为也。'其荀息之谓乎!不负其言。"这里的"君子曰",系糅合《左传》僖公九年、《国语·晋语二》两处的"君子曰"而成,前数句采自《左传》,末句则源于《国语》。晋文公元年,《世家》载介之推不言禄,与《左传》僖公二十四年之文略同。《世家》载介之推从者作《龙蛇歌》,又载文公封介山事,都不见于《左传》,而《吕氏春秋·

①张大可:《史记研究》,第 226 页。

介立》、《新序·节士》、《水经·汾水注》等都有类似记载,知《世家》也不是专据《左传》。《晋世家》同类例子远不止这些。《史记》中许多篇章记事,也往往与此相类。

从上文所述,大致可以看出《史记》综合史料的广泛与细致,也可以想见这项工作的艰巨性。

(二)整齐史料

《史记》对历史资料的综合工作,并不是简单地将它们汇聚到一起,不加选择,漫无章法地随意拼凑,而是根据一定的条理,按照一定的系统,对它们进行取舍裁择,予以分类整合,使之成为《史记》这一系统工程中的有机组成部分。

《史记》本纪、世家、列传、书、表五体,因其体例不同,所载内容、程式方面的要求也不尽相同。作者根据各体的不同特点,从众多的资料中选取有用的史料,重加划分归类,并按照体例的要求加以编次序列。作者常用的方法,有删削剪裁,提炼概括,错综兼采,训释古文等。梁启超曰:"前此史家著述成绩何如,今不可尽考。略以现存之几部古史观之,大抵为片断的杂记,或顺按年月纂录。其自出机杼,加以一番组织,先定全书规模,然后驾驭去取各种资料者,盖未之前有;有之,自迁书始也。《自序》云:'余所谓述故事,整齐其世传,非所谓作也。'此迁自谦云尔。作史安能凭空自造,舍'述'无由,史家唯一职务,即在'整齐其世传','整齐'即史家之创作也。能否'整齐',则视乎其人之学识及天才。太史公知整齐之必要,又知所以整齐,又能使其整齐理想实现,故太史公为史界第一创作家也。"①《史记》正是通过整齐史料,融会贯通,使六经异传、百家杂语变成自己的一家之言。

---

① 梁启超:《要籍解题及其读法》,岳麓书社,2010年,第21页。

二、甄别定夺

太史公拥有的原始资料极为宏富,其中真伪杂出,谬误实多。作者意识到了这一问题,并在资料考证方面做了大量的工作。他常用的方法有以下几种。

（一）考信折中

孔子删《诗》《书》,正《礼》《乐》,序《周易》,作《春秋》,投入了大量精力从事古代文化遗产的整理,并且取得了极大的成功。六艺从此被儒家奉为圭臬,汉代统治者对儒学也极为重视。《伯夷列传》:"夫学者载籍极博,犹考信于六艺。"《孔子世家》赞云:"孔子布衣,传十余世,学者宗之。自天子王侯,中国言六艺者折中于夫子,可谓至圣矣。"太史公强调考信于六艺,即是将六艺当作可以征信的史料来对待。《史记》中五帝、夏、殷、周诸本纪及世家、书、表多采六艺之文,就是明证。但是,另一方面,作者尊崇六经而没有迷信。"我们读《史记》关于五帝三王及春秋诸侯的事迹,往往可以发现与经典不同之处。"①司马贞《五帝本纪索隐》云:"太史公博采经记而为此史,广记异闻,不必皆依《尚书》。"太史公尊重经典而不一概盲从,表现出一个历史学家卓越的胆识。这一点,为后世许多学者所不能及。苏辙云:"司马迁作《史记》,记五帝三代,不务推本《诗》《书》《春秋》,而以世俗杂说乱之。"②王若虚云:"迁采经摭传,大抵皆踌驳,而二帝三王纪,齐、

---

① 陈可青:《太史公书凡例考论》,见施丁、陈可青编著:《司马迁研究新论》,河南人民出版社,1982年,第182页。

② [宋]苏辙:《栾城后集》,见《苏辙集》,中华书局,2017年第2版,第3册,第1017页。

鲁、燕、晋、宋、卫、孔子世家,《仲尼弟子传》,尤不足观也。"①他们
以圣人的是非为是非,完全以是否见于经典来批评《史记》,不免
胶柱鼓瑟。六经异传、诸子百家,只要其言雅驯,其事可据,《史
记》兼收并蓄,并不违背考信于六艺、折中于夫子的初衷,即使有
些史料与六艺不合,太史公慎加裁择,载于《史记》,也无可厚非。

(二)排比稽核

《五帝本纪》:"太史公曰:学者多称五帝,尚矣。然《尚书》独
载尧以来;而百家言黄帝,其文不雅驯,荐绅先生难言之。孔子所
传《宰予问五帝德》及《帝系姓》,儒者或不传。余尝西至空桐,北
过涿鹿,东渐于海,南浮江、淮矣,至长老皆各往往称黄帝、尧、舜
之处,风教固殊焉,总之不离古文者近是。予观《春秋》、《国语》,
其发明《五帝德》、《帝系姓》章矣,顾弟弗深考,其所表见皆不虚。
《书》缺有间矣,其轶乃时时见于他说。非好学深思,心知其意,固
难为浅见寡闻道也。余并论次,择其言尤雅者,故著为本纪书
首。"这段文字,内容非常丰富。首先,作者从资料来源上判定《五
帝德》、《帝系姓》是"孔子所传",出于著名学者之手;其次,作者通
过实地考察,发现黄帝、尧、舜之处"风教固殊",证实了古文的可
靠性;再次,《春秋》、《国语》与《五帝德》、《帝系姓》互相发明,足可
凭信。作者对书籍文献和实地考察所得的材料反复揣摩深思,确
认其雅驯可信,于是果断地将这些资料采入书中。作者对待有关
资料的态度极为审慎,考辨异常认真深入。

《周本纪》:"太史公曰:学者皆称周伐纣,居洛邑,综其实不
然。武王营之,成王信召公卜居,居九鼎焉,而周复都丰、镐。至
犬戎败幽王,周乃东徙于洛邑。所谓'周公葬于毕',毕在镐东南

①〔金〕王若虚著,马振君点校:《王若虚集》,上册,第116页。

杜中。"《三代世表》:"余读谍记,黄帝以来皆有年数。稽其历谱谍终始五德之传,古文咸不同,乖异。夫子之弗论次其年月,岂虚哉! 于是以《五帝系谍》、《尚书》集世纪黄帝以来讫共和为《世表》。"《仲尼弟子列传》:"太史公曰:学者多称七十子之徒,誉者或过其实,毁者或损其真,钧之未睹厥容貌,则论言《弟子籍》,出孔氏古文,近是。余以弟子名姓文字悉取《论语》弟子问,并次为篇。"《苏秦列传》赞云:"世言苏秦多异,异时事有类之者皆附之苏秦。夫苏秦起闾阎,连六国从亲,此其智有过人者。吾故列其行事,次其时序,毋令独蒙恶声焉。"《郦生陆贾列传》:"太史公曰:世之传郦生书,多曰汉王已拔三秦,东击项籍而引军于巩洛之间,郦生被儒衣往说汉王。乃非也。自沛公未入关,与项羽别而至高阳,得郦生兄弟。"《大宛列传》:"太史公曰:《禹本纪》言'河出昆仑。昆仑其高二千五百余里,日月所相避隐为光明也,其上有醴泉、瑶池'。今自张骞使大夏之后也,穷河源,恶睹本纪所谓昆仑者乎? 故言九州山川,《尚书》近之矣。"这些资料,都可以说明作者对待史料的严肃态度。

三、阙略传疑

《三代世表》:"太史公曰:五帝、三代之记,尚矣。自殷以前诸侯不可得而谱,周以来乃颇可著。孔子因史文次《春秋》,纪元年,正时日月,盖其详哉。至于序《尚书》,则略无年月;或颇有,然多阙,不可录。故疑则传疑,盖其慎也。""阙疑"、"传疑"之法,创自孔子。这一处理史料的方法,深深启发了太史公。《史记》缺略阙疑、传疑的方法,就是在此基础上概括引申而来。

缺略方法的运用,主要是由于史料湮没,文献不足。在此种情况下,虽然作者想要记录更多的内容,或根据史书体例要求作更广泛的记载,也只能实事求是,服从于史料。如《封禅书》:"每世之隆,则封禅答焉,及衰而息。厥旷远者千有余载,近者数百载,故其仪阙然堙灭,其详不可得而记闻云。"《外戚世家》:"太史公曰:秦以前尚略矣,其详靡得而记焉。"《货殖列传》:"太史公曰:夫神农以前,吾不知已。"《游侠列传》:"古布衣之侠,靡得而闻已。"

有时虽有史料,但作者经过鉴别,认为明显不可据信,也只好断然割舍,这便是阙疑。如《五帝本纪》说"百家言黄帝,其文不雅驯";《三代世表》说各种谍记,"黄帝以来皆有年数",然"稽其历谱谍终始五德之传,古文咸不同,乖异";《高祖功臣侯者年表》云"颇有所不尽本末,著其明,疑者阙之";《仲尼弟子列传》说"余以弟子名姓文字悉取《论语》弟子问,并次为篇,疑者阙焉"。

传疑则又可分为两种情况。一种是史料在疑似之间,事情有无或时间先后作者无法明确判断,故采取传疑之法。作者在运用这类史料时,往往在前面着一"盖"字,以示存疑。如《周本纪》云:"西伯盖即位五十年。其囚羑里,盖益《易》之八卦为六十四卦。诗人道西伯,盖受命之年称王而断虞芮之讼。后十年而崩,谥为文王。改法度,制正朔矣。追尊古公为太王,公季为王季,盖王瑞自太王兴。"文中连用了四个"盖"字。《历书》:"盖黄帝考定星历,建立五行,起消息,正闰余,于是有天地神祇物类之官,是谓五官。"《伯夷列传》:"太史公曰:余登箕山,其上盖有许由冢云。"全书此类例子极多,这里不一一举出。另一种情况是几种说法不完全相同,一时难以折衷,故诸说并存,留待后人进一步研究、判断。《吴太伯世家》云:"初,楚边邑卑梁氏之处女与吴边邑之女争桑,二女家怒相灭,两国边邑长闻之,怒而相攻,灭吴之边邑。"《楚世家》则云:"初,吴之边邑卑梁与楚边邑钟离小童争桑,两家交怒相攻,灭卑梁人。卑梁大夫怒,发邑兵攻钟离。楚王闻之怒,发国兵灭卑梁。"吴晋黄池之会,《吴太伯世家》云:"吴王与晋定公争长。吴王曰:'于周室我为长。'晋定公曰:'于姬姓我为伯。'赵鞅怒,将伐吴,乃长晋定公。"《晋世家》则云:"定公与吴王夫盖会黄池,争长,赵鞅时从,卒长吴。"有时几种说法各不相同,作者虽有取舍意向,但又不能完全肯定,于是将他认为可信的说法先行列出,而将其他说法附载于后,以供参考。附载部分往往以"或曰"领起。如《老子韩非列传》:"老子者,楚苦县厉乡曲仁里人也,姓李氏,名耳,字聃,周守藏室之史也。"又云:"或曰:老莱子亦楚人也,著书十五篇,言道家之用,与孔子同时云。""或曰儋即老子,或曰非也,世莫知其然否。"又如,《齐太公世家》云:"吕尚盖尝穷困,年老矣,以渔钓奸周西伯。西伯将出猎,卜之,曰'所获非龙非彲,非虎非罴,所获霸王之辅'。于是周西伯猎,果遇太公于渭之阳,与语,大说,曰:'自吾先君太公曰"当有圣人适周,周以兴"。子真是邪?吾太公望子久矣。'故号之曰'太公望',载与俱归,立为师。""或曰,太公博闻,尝事纣。纣无道,去之。游说诸侯,无所遇,而卒西归周西伯。""或曰,吕尚处士,隐海滨。周西伯拘羑里,散宜生、闳夭素知而招吕尚,吕尚亦曰'吾闻西伯贤,又善养老,盍往焉'。三人者为西伯求美女奇物,献之于纣,以赎西伯。西伯得以出,反国。""言吕尚所以事周虽异,然要之为文武师。"这些都是罗列众说而不以意取舍的例证。

阙略传疑是太史公处理史料的主要方法,后人不达此意而批评《史记》者甚多。如班固说《史记》"采经摭传,分散数家之事,甚多疏略,或有抵牾",即属此类。其余寻行数墨,指责《史记》自相矛盾,歧异者更是不乏其人。其实,他们所指"抵牾"之处,有不少都是因为作者所见资料互异,疑莫能明,或者虽有主见,而不愿断然取舍,故疑以传疑,各存其旧,留待后人抉择判断。这是对待史料的一种极其慎重的方法。

四、详异略同

《史记》重视网罗遗文轶事,同时又注意避免与他书过多地重复。这两个看似互相悖谬的原则,决定了《史记》详异略同的倾向。详异略同的方法在《史记》中用得相当普遍,这里仅从《晋世家》摘出数事略加说明。

例一:晋献公十九年,假道伐虢灭下阳,《史记》"《年表》及《晋世家》俱用《左传》"。① 《左传》述其事凡 160 字,《晋世家》不足 30 字,《传》载荀息与晋君对话及假道之辞,《史》均不录。《史》详述献公之语,交代伐虢的原因,则为《传》所无。

例二:晋怀公元年,杀狐突,《左传》僖公二十三年载狐突对晋侯之言 70 字,《晋世家》仅 20 字。《世家》云:"子圉之亡,秦怨之,乃求公子重耳,欲内之。子圉之立,畏秦之伐也,乃令国中诸从重耳亡者与期,期尽不到者尽灭其家。"叙述事件背景甚详,可补《传》之不足。

例三:重耳在秦,《左传》僖公二十三年、《国语·晋语四》均详述怀嬴奉匜沃盥事,《晋世家》不载;《传》载秦穆公享重耳,重耳赋《河水》,秦伯赋《六月》,《晋语四》载秦伯赋《采菽》,子余使公子赋《黍苗》,秦伯赋《鸠飞》,公子赋《河水》,秦伯赋《六月》,《世家》惟言赵衰赋《黍苗》诗。《世家》载司空季子之言,为《传》所无,且与《国语》不同。

例四:晋楚城濮之战,《左传》僖公二十七年叙战前情况,二十

---

① 杨伯峻:《春秋左传注》,第 1 册,第 283 页。

八年载魏犨、颠颉故犯军令,子犯述退避三舍的理由,王子虎盟诸
侯之辞,子玉不予河神琼弁、玉缨,晋中军风于泽,舟之侨先归等,
《晋世家》均不载;《传》载战争过程甚详,《晋世家》极略,《楚世家》
不载。《晋世家》载周王策命之辞,与《传》全异;载文公战胜而叹
及与左右对话,为《左传》、《国语》所无;载文公行赏的具体情况,
也不见于两书。

例五:晋文公七年,晋侯、秦伯围郑,《左传》僖公三十年载此
事约 350 字,《晋世家》用《传》文不足 60 字。《晋世家》云:"围郑,
欲得叔瞻。叔瞻闻之,自杀。郑持叔瞻告晋。晋曰:'必得郑君而
甘心焉。'"《郑世家》亦详载叔詹自杀及晋欲见郑君事。此二事《传》
均不载,《晋语四》载叔詹事,而云叔詹往晋师,言于晋人,晋人为之
礼而归之,郑人以叔詹为将军,与晋、郑世家记载全然不同。

唐顺之《荆川先生精选批点史记》卷二"晏平仲"条曰:"太史
公作春秋战国人列传,颇甚阔略,盖本书所自载与载之《左传》、
《国策》中凡盛行于世者皆不论也。"

余有丁曰:"按太史公采《传》多略节,至若《传》所无,杂见他
书及旧所得闻者,独详之,以《传》自成书也。"①

唐顺之、余有丁对《史记》详异略同之法有所体会,实为难得。
惟太史公作史时,《国策》尚未定型,也谈不上盛行,《史记》对有关
资料的处理方法与《左传》不同,唐氏所说,犹未尽善。

李长之先生云:"至于他之运用史料,鉴别史料(如《五帝本
纪》中之以古文为准,《周本纪》中之辨居洛邑为受犬戎之攻而非
为伐纣,《魏世家》中之论魏灭并非由于不用信陵,苏秦、张仪列传
中之推原苏秦蒙恶声之由),都有近于现代人的疑古和考证的方

①[明]凌稚隆:《史记评林》,第 1 册,第 451 页。

法处。再则他的彻底执行阙疑的办法,兼采众说,留传后人判断(如老子问题,如吕尚事周的情形等),这乃是近于美人温逊在他的《历史研究法》中所说历史判断与法官判断之异即在前者可不下判决,以待新证据。这统是可贵的。"①《史记》取材原则和史料处理方法的确定,对于保证其载述的科学性,对于贯彻作者"成一家之言"的作史意图,都具有决定性的意义。

第三节 《史记》的史料价值

《史记》具备五十二万六千五百字的制作规模。作为一部通史,它系统记述了自黄帝讫汉武二千多年的历史;作为一部百科全书,它的内容涉及到社会生活的各个方面。要精确地评定《史记》的史料价值,必须彻底摸清其史源,并对其所有的资料加以稽核考辨,定其正误。尽管前辈学者在这方面付出了大量的劳动,但由于时代悬隔,文献散佚,今天仍不具备这样的条件。这里打算对《史记》的史料价值作一大体的评估,并对前人所提《史记》史料的一些问题略作论析。

一、总体评价

班固《汉书·司马迁传》云:"自刘向、扬雄博极群书,皆称迁有良史之材,服其善序事理,辨而不华,质而不俚,其文直,其事核,不虚美,不隐恶,故谓之实录。"裴骃曰:"骃以为固之所言,世称其当。虽时有纰缪,实勒成一家。总其大较,信命世之宏才

①李长之:《司马迁之人格与风格》,生活·读书·新知三联书店,1984年,第205页。

也。"班固、裴骃的话,从总体上肯定了《史记》的史料价值,具有广泛的代表性。自汉至于今,这类意见还有很多,此不一一举出。随着时间的流逝,《史记》作为一部历史著作的价值,愈来愈受到人们的重视。一些原来有争议的记载也得到了确认。这里参考前人的研究成果,择其要者,略举数例。

　　学术界曾对夏、殷、周的历史产生过怀疑。二十世纪二三十年代,疑古之风盛行,有人认为东周以上的历史都不可信,胡适提出"先把古史缩短二三千年"①。甲骨文、金文的大量出现,证实了《史记》相关记载的可靠性。罗振玉利用甲骨文的资料,于卜辞中发现"王亥"之名,撰《殷墟书契考释》,王国维据《山海经》、《竹书纪年》,将王亥定为殷之先公,并认为王亥与《世本》之"胲"、《帝系》之"核"、《天问》之"该"、《吕氏春秋》之"王冰"、《殷本纪》《三代世表》之"振"、《汉书·古今人表》之"垓"为同一人。此后日本学者内藤湖南作《王亥》、《续王亥》,并据此强调了卜辞

《甲骨文合集》第 32087 号
"高祖亥"文字甲骨

对研究古史的重要性。王国维又先后在卜辞中发现"王恒"等名,撰成《殷卜辞中所见先公先王考》、《殷卜辞中所见先公先王续考》

_____

① 胡适:《自述古史观书》,见《古史辨》第 1 册,上海古籍出版社,1982 年,第 22 页。

二文,以传世文献与甲骨卜辞细加比勘,整理出殷代先公先王的清晰世系,并且对《史记·殷本纪》、《三代世表》及《汉书·古今人表》所载商先王君数、世数细加按核,认为《殷本纪》所载商三十帝(除大丁为三十帝),共十七世,最为接近史实。《殷本纪》载汤为主癸子(《卜辞》同。以下括注省去"卜辞"及书名号),太丁为汤子("大丁"同),太甲为太丁子(大丁子,同),太庚为沃丁弟(大甲子,合),太戊为雍己弟(大戊,大庚子,合),中丁为太戊子(大戊同),祖乙为河亶甲子(中丁子,异),祖辛为祖乙子(同),祖丁为祖辛子(同),阳甲为祖丁子(同),盘庚为阳甲弟(同),小辛为盘庚弟(同),小乙为小辛弟(同),武丁为小乙子(同),祖庚为武丁子(同),祖甲为祖庚弟(同),庚丁为廪辛弟(祖甲子,合),武乙为庚丁子(同)。《殷本纪》以祖乙为河亶甲子,而据《卜辞》,河亶甲当为中丁(河亶甲兄)子,王国维云:"此片中有中丁而无河亶甲,则祖乙自当为中丁子,《史记》盖误也。"(《续考》,载《观堂集林》卷九。)《殷本纪》云"《仲丁》书阙不具",司马贞《索隐》:"盖太史公知旧有《仲丁》书,今已遗阙不具也。"《殷本纪》记载商先王及相关史实,与《卜辞》基本吻合,唯祖乙与河亶甲、中丁之关系有异,或是因"《仲丁》书阙不具"之故。而《殷本纪》载外丙、中壬、沃丁、小甲、雍己、外壬、河亶甲、沃甲、南庚、廪辛、太丁、帝乙、帝辛十余帝,均不见于《卜辞》,则证明《本纪》载殷代世系,当本于较《卜辞》更为系统之资料。

　　李亚农论《殷本纪》的有关记载云:"在殷墟甲骨卜辞出世以前,对于这样简单的传说和世系,我们只好抱着半信半疑的态度;但在甲骨卜辞出世之后,这段文字的真实性就不容怀疑了。其中人名,几乎是全部证实了。"又说:"殷代先公的世系,对于现在的我们来说,固属于遥远的古代的事情,即对于西汉的史家司马迁来说,也是一两千年前渺渺茫茫的历史。加之先秦诸子百家托古改制,大家争先恐后地来伪造和改造历史,把本来已经不大清楚的上古史弄得更加乌烟瘴气,变成漆黑一团了。要从传说纷纭、真伪难分的史料中整理出一段可靠到这样程度的信史,真是不容易!这使我们不得不佩服司马迁之伟大。他的历史的眼光是十分锐利的,他选择历史资料的态度是十分谨严的,我们可以在极大的程度上信任他。"①

无独有偶。2013年1月,陕西省眉县杨家村出土大批文物,其中有逨盘,此盘铭文记载了单氏家族八代辅佐文王、武王、成王、康王、昭王、穆王、恭王、懿王、考(孝)王、夷王、剌(厉)王、宣王十二位周王的相关事实,结合其他出土文献,完全证实了《周本纪》有关年代世系的记载。

甲骨文和逨盘等出土文献(文物),可以确证《史记》关于殷代和西周历史的记载是有可靠依据的。《夏本纪》和各世家的资料,也与此相类似。陈直说"太史公作《殷本纪》,合于殷虚甲骨文者,有百分之七十,推之《夏本纪》,虽无实物可证,亦必然有其正确性。如《楚世家》之楚侯逆、楚王颛,皆与传世铜器铭文相符合,尤见其纪载之正确性。又如寿县蔡侯墓近出铜器群,倘无《蔡世家》,则蔡侯后期世系,即无从参考。"②

吴汝煜先生云:"盛唐学者司马贞发现司马迁尚未见到过《竹书纪年》,就大量运用《竹书纪年》的材料来为《史记》作'索隐'。我曾经把索隐所引《竹书纪年》与《史记》原文一一进行对照,发现

---

①李亚农:《殷代社会生活》,见《欣然斋史论集》,上海人民出版社,1962年,第402页。
②陈直:《史记新证·自序》,第3页。

宝鸡青铜器博物院藏逨盘

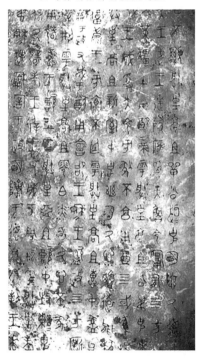

逨盘铭文记载了单氏家族八代人辅佐周文王
至宣王征战、理政、管治林泽的历史

《竹书纪年》在时间、人物、事件等方面对《史记》进行补充的材料较多,而纠正《史记》失误的地方只找到四处。"①

《后汉书·班彪传》曰:"夫百家之书,犹可法也。若《左氏》、《国语》、《世本》、《战国策》、《楚汉春秋》、《太史公书》,今之所以知古,后之所由观前,圣人之耳目也。"据《汉书·艺文志》,班固作《汉书》时,光是秘府藏书就有六略三十八种,近六百家,共一万三千余卷。而《汉书》武帝以前的记载,几乎全据《史记》。我们今天从事汉武时期以前的文物考古工作,也在很大程度上依赖《史记》的记载,都可以证明《史记》居今而知古的巨大价值。

《太史公书》既出,遂令后代史官不能易其法,学者不能舍其书,这一事实本身即是对《史记》史料价值的高度评价与肯定。

二、怎样看待《史记》史料存在的问题

后人对《史记》所载史料,也提出了不少问题,各种考证、刊误、纠谬、辨惑、志疑、探源之作,数量甚夥。对前人所提的这些问题,该如何看呢?

首先应当看到,《史记》史料,确实存在着一些问题,这一点毋庸讳言。而且,随着研究的不断深入,必定还会发现一些新的问题。然而,这都属于正常现象。吴汝煜先生说:"就像'人无完人,金无足赤'一样,在史学史上和传记文学史上还没有出现过一部不可补充和没有失误的巨著。《汉书》的失误之多,只要读一读王鸣盛的《十七史商榷》就不难知道。新、旧《唐书》的错误、矛盾和重出现象也是很多的。吴缜的《新唐书纠缪》虽然指出了

---

① 吴汝煜:《就〈史记〉的若干问题答记者问》,载《古典文学知识》1988 年第
　　5 期。

不少，但还只是很有限的一部分。《汉书》、《唐书》的史料价值谁
能否定呢？"①司马迁从一大堆相当散乱的资料中取材，在一无
依傍的情况下自创体例，叙述古今，自然也不可能十全十美，但
从总体而言，它仍是一部准确性相当高的信史。一些学者片面
夸大《史记》存在的问题，是不恰当的。一九八八年一月一日，上
海《社会科学报》刊登一则题为《外国学者怀疑〈史记〉的史料价
值》的综合消息，对《史记》的史料价值有基本否定的倾向，尤不
足取。

　　另外，还必须指出，后人指责《史记》的失误，并不一定都是
《史记》的毛病，有的甚至还是它的优点。

　　《汉书·司马迁传》曾批评《史记》"甚多疏略，或有抵牾"，后
人也发现《史记》本纪、世家、列传、年表各体之间有许多自相矛盾
的地方。其实，在这部分材料中，大多不是由于作者的失误，而是
作者有意存异。传疑阙疑是《史记》处理史料的一个重要方法。
史料来源不一，而一时又无法判断其正确或是谬误，故两说或多
说并存，这不失为一种好的方法。如果证据不足而强作判断，很
可能造成失误，贻误后学。后人能从《史记》记载中发现这一类的
问题，正受惠于作者此种史料处理方法；后人以出土文物或其他
资料相印证，解决这一类的问题，也有赖于《史记》提供的史料。
这样处理，比随心所欲、以意取舍，要高明得多。

　　顾颉刚先生论《史记》云："今试其所记，自秦以上，时见抵牾，
至于不胜指摘。第我辈指摘之者是一事，而古史真相又为一事。
以甲校乙，固足以明乙之非，然又何足以知甲之必是？故不得谓

---

① 吴汝煜：《就〈史记〉的若干问题答记者问》，载《古典文学知识》1988 年第 5 期。

我辈一加指摘,即可揭发其事实之真相也。"①事实证明,后人对
《史记》指责、怀疑有误的,也不在少数。这里试举数例:

《孙子吴起列传》云:"孙子武者,齐人也。以兵法见于吴王阖
庐,阖庐曰:'子之十三篇,吾尽视之矣。'"又云:"孙武既死,后百
余岁有孙膑。"又载孙膑败庞涓事,云"孙膑以此名显天下,世传其
兵法"。孙武、孙膑同为春秋战国时期著名军事家,都有兵书传
世,《史记》记载甚明,《汉书·艺文志》"兵权谋家"著录《吴孙子兵
法》八十二篇(图九卷),又录《齐孙子》八十九篇(图四卷),事实本
来很清楚。但自《隋书·经籍志》开始,《孙膑兵法》(即《齐孙子》)
已不见著录,中外学者便产生了种种怀疑和推测:有人认为孙子
是一人而非二人,有人认为《孙子兵法》是一书而非两书,更有人
认为《孙子兵法》源出于孙武,而完成于孙膑,实则本是一书。一
九七二年四月,山东临沂银雀山汉墓同时出土《孙子兵法》和《孙
膑兵法》的大批竹简和残简,经整理,《孙膑兵法》共四百四十余
简,字数在一万一千字以上,这一考古成果完全证实了《史记》记
载的可靠性。

再如,《秦本纪》载:"(秦昭王)四十一年夏,攻魏,取邢丘、
怀。"梁玉绳认为文中的"邢丘"为"郱丘"之误,而且旁征博引,以
为找到了"确据"。② 但是,一九七六年湖北云梦睡虎地出土秦简
《大事记》却明明记载着"四十一年,攻邢丘"。说明梁玉绳的结论
未必正确。

下面再举一个似乎是反面的例证。

<hr>

① 顾颉刚:《〈史记〉点校本序文》,转引自杨燕起等编:《历代名家评〈史记〉》,
　北京师范大学出版社,1986 年,第 38 页。
② [清]梁玉绳:《史记志疑》,上册,第 157 页。

　　一九七三年底,长沙马王堆三号汉墓出土了大批帛书,其中的一种,后来被定名为《战国纵横家书》。帛书有几章主名为苏秦,而所记内容与《史记·苏秦列传》、《张仪列传》格格不入。不少学者根据帛书的记载,认为苏秦不是在张仪之前,而是在其后,苏秦合纵本无其事,而《史记》、《战国策》中关于苏秦合纵、张仪连横的说辞,全是后人杜撰,尤其是《苏秦列传》的记载错误百出,多出伪造,可信者十无一、二。① 一时间,似乎《史记》关于苏秦的记载真的被完全推翻了。

长沙马王堆汉墓帛书《战国纵横家书》

　　其实,有误的不是《史记》,而是《战国纵横家书》。

———————————

① 马王堆汉墓帛书整理小组编:《战国纵横家书》,文物出版社,1976 年,第123—201 页。

　　《战国纵横家书》一类的材料（包括《战国策》在内），本无纪年，时间概念相当模糊，加上许多篇章没有主名，或主名不确定（如泛称"苏子"之类），非常容易窜改伪托，仅依据此种材料根本无法编次人物传记。《苏秦列传》赞语说："苏秦起闾阎，连六国从亲，此其智有过人者。吾故列其行事，次其时序，毋令独蒙恶声焉。"《史记》各篇记载苏秦、张仪事迹，多有准确编年，光是《六国年表》就有八条。如燕文公二十八年云"苏秦说燕"，秦惠文王十年云"张仪相"，秦惠文王后元元年云"相张仪将兵取陕"，二年云"相张仪与齐、楚会啮桑"，三年云"张仪免相，相魏"，八年云"张仪复相"，楚怀王十六年云"张仪来相"，秦武王元年云"张仪、魏章皆出之魏"，魏哀王十年云"张仪死"。《苏秦列传》《张仪列传》及其他相关篇目，记载苏、张事迹，也都是时序分明。《史记》作者当时所能见到的文献，有《秦记》《世本》、诸侯史记、战国纵横之说、诸子百家等等。太史公写《苏秦列传》"次其时序"，确认苏秦合纵在前，张仪连横在后，且张仪主要活动是在苏秦死后，当有充分的根据。否则，他只好依《孟子荀卿列传》写墨翟的口气云苏秦"或曰在张仪前，或曰在其后"了。

　　《战国策》的整理者刘向也确认了司马迁的判断。《战国策书录》明确记载了"苏秦为从，张仪为横"的时序："苏秦结之，时六国为一，以傧背秦。……及苏秦死后，张仪连横，诸侯听之，西向事秦。"①《战国策》录七国纵横之事，都是苏秦合纵在前，张仪连横在后，无一例外。刘向校书时，有关纵横家的资料极多，除校定《战国策》的各种底本外，据《汉志》著录，尚有"从横十二家，百七篇"。其中包括《苏子》三十一篇。班固注："名秦，有《列传》。"《张

---

① 张舜徽选编：《文献学论著辑要》，中国人民大学出版社，2011年，第2页。

子》十篇。班固注:"名仪,有《列传》。"其余诸子百家之书,更是不可殚言。根据这些资料,刘向判定苏秦、张仪的活动时间,本是极其简单的事情,所以《书录》对此所下的断语,也与《史记》一样,毫不含糊。很难想象他会数典忘祖,把有关苏秦、张仪最基本的事实搞错。

不少学者认为《战国纵横家书》的一些史料为司马迁、刘向所未见,这种说法也缺乏根据。《苏秦列传》赞语说:"世言苏秦多异,异时事有类之者皆附之苏秦。"说明他见到了不少类似的资料。在今本《战国策》中,有十章记载苏秦的说辞,时代较后,与《战国纵横家书》的时间大致相近。说明刘向也见过此类资料。一些学者提出的,实际上是司马迁、刘向早已发现并明确解决了的问题。正因为苏秦倡导六国合纵,取得了极大的成功,故后人喜托名苏秦。《苏秦列传》赞语指出了世言苏秦多异的现象,且找到了问题症结所在,即此类资料多出于后人附会。《战国纵横家书》中署名苏秦的一些资料,正是司马迁、刘向经过考辨稽核,确定为不可靠的部分。帛书的出土,不仅不足以否定《苏秦列传》、《张仪列传》的史料价值,反而又一次证实了太史公论断的正确性:异时事有类之者皆附之苏秦。

关于《史记》与《战国纵横家书》的史料价值问题,关系重大,本书之末特附《〈史记〉、〈战国纵横家书〉史料价值考论》一文,加以详细分析、论述,可参看。

事实证明,《史记》经得起时间的考验,也经得起学者的挑剔。从总体上说,它不愧是一部文直事核的信史。

第七章 《史记》的述史框架

郑樵《通志·总叙》云:"司马氏世司典籍,工于制作,故能上稽仲尼之意,会《诗》、《书》、《左传》、《国语》、《世本》、《战国策》、《楚汉春秋》之言,通黄帝、尧、舜至于秦、汉之世,勒成一书,分为五体:本纪纪年,世家传代,表以正历,书以类事,传以著人。使百代而下,史官不能易其法,学者不能舍其书。六经之后,惟有此作。"①

赵翼曰:"古者左史记言,右史记事,言为《尚书》,事为《春秋》。其后沿为编年、记事二种。记事者,以一篇记一事,而不能统贯一代之全;编年者,又不能即一人而各见其本末。司马迁参酌古今,发凡起例,创为全史。本纪以序帝王,世家以记侯国,十表以系时事,八书以详制度,列传以志人物。然后一代君臣政事,贤否得失,总汇于一编之中。自此例一定,历代作史者,遂不能出其范围,信史家之极则也。"②

为什么《史记》既出,"百代而下,史官不能易其法"?为什么《史记》能够仪刑后世,成为"史家之极则"?原因就在于:太史公创造的述史框架,与以前的史书相比,具有鲜明的特点和巨大的

---

① [宋]郑樵:《通志》,第1册,第1页。
② [清]赵翼著,王树民校证:《廿二史札记校证》,第3页。

优越性。

第一节　熔铸百家，自成一体

一、《史记》与六家

《史通·六家》云："古往今来，质文通变，诸史之作，不恒厥体。榷而为论，其流有六：一曰《尚书》家，二曰《春秋》家，三曰《左传》家，四曰《国语》家，五曰《史记》家，六曰《汉书》家。"①

刘氏所举六书，分别代表一家。如果撇开六书名称不管，它们所代表的体式分别为：《尚书》，记言体；《春秋》，记事体；《左传》，编年体；《国语》，国别体；《史记》，纪传体通史；《汉书》，纪传体断代史。这种区分大体上是正确的。在此需要特别提出来讨论的一点是：《史记》实际是综合性的体例。首先，《史记》是一部纪传体通史，它具有人物传记的特征，这是人们一致公认的。其次，作为一部通史，它的时间跨度包括了若干个历史时期，可以说是由几部断代史组合而成的。上古史：五帝、夏、殷、周；中古史：春秋、战国；近古史：秦楚之际；现当代史：高祖、吕太后、孝文、孝景、孝武。班固作《汉书》，武帝以前全袭《史记》，即可说明通史对断代史的包容性。再次，《史记》本纪、列国世家，都有编年记事的，《史记》十表，仿《春秋》，为编年的大事记，《十二诸侯年表》、《六国年表》、《秦楚之际月表》、《汉兴以来诸侯王年表》等篇，编年尤为严格。又次，《史记》叙秦以前世家，大多以国别系事，吴、齐、鲁、燕、陈杞、卫、宋、晋、楚、越、郑、赵、魏、韩、田齐诸世家都是如

———————
① ［唐］刘知几著，［清］浦起龙通释，王煦华整理：《史通通释》，第1页。

此。复次，记言、记事本不可分。《史记》十二本纪、三十世家、七十列传、八书，都是记事的作品，但记事离不开写人，而写人又总要记言。《史记》所载人物语言是"言"，有些篇中的谚语、歌谣、有关作品等都是"言"。如上所述，《史记》综合成家，可以囊括各家所能包涵的内容。因而《史记》作为纪传体的代表，不能看得过于拘泥。

二、《史记》与三体

《史通·二体》云："三五之代，书有典坟，悠哉邈矣，不可得而详。自唐、虞以下迄于周，是为《古文尚书》。然世犹淳质，文从简略，求诸备体，固以阙如。既而丘明传《春秋》，子长著《史记》，载笔之体，于斯备矣。"①

《史通》将史书分为六家，主要是从史学流派着眼，二体则是从历史编纂体裁的角度来加以区划。到了清代编《四库全书》，史部最主要的有三类，一是正史类（也即纪传类），二是编年类，三是纪事本末类。纪传体以人为主，编年体以年为主，纪事本末体以事为主。史家叙事之法，莫能出此三途。

《史记》是正史中第一部以纪传为主的史书。称《史记》为纪传体，只是一种大致的说法，并不十分严密、科学。历代正史中《史记》以外的书，有的没有志或表，但都有纪和传，所以统称为纪传体。《史记》不仅有本纪、列传，还有世家、表、书。因此，称《史记》为纪传表志体，无疑更为合适。白寿彝先生说："从历史编纂学的发展来看，《史记》应该说是综合体。它把过去记载历史的各种体裁都综合起来了。虽然其中任何一种历史体裁都不是独创，

---

① ［唐］刘知几著，［清］浦起龙通释，王煦华整理：《史通通释》，第 24 页。

但经过综合提炼,使它们相互配合成为一种完整的形式,却又是新的东西。司马迁搞出这种体裁很不简单,不是单凭他的能力就能办到的,这同长期以来的历史渊源有关。"①

白先生的论断完全正确。在《史记》之前,纪传、编年、纪事本末这三种体裁,有的已经出现,有的已具雏形。例如,《诗经·大雅·生民》叙述周始祖后稷一生的主要事迹,是一篇带有神话色彩的英雄史诗,已具备人物传记的雏形。《尚书·金縢》写武王得病,周公为之祈祷,将祝文藏于金縢之中,成王即位后听信谣言,不信任周公,最后发现祝文而悔悟的全过程。从武王到成王,人更二代,从藏书到发书,事历多年,《金縢》在一篇之中将事情的过程完整地记载下来,可视作较为完备的纪事本末体。《春秋》《左传》作为编年体的代表,则更为成熟。

《史记》以纪传为主,而包含编年述事的形式,上文已经提到。《史记》八书,采用的是纪事本末体。《史记》将这些体裁综合起来,不仅可以合理调遣历史内容,也可根据所需灵活选用叙述形式。这对于史学发展,是一个了不起的贡献。

三、《史记》体例的适应性

内容决定形式。《史记》采用综合各家的叙述体例,与它所要反映的无所不包的历史内容,有着不可分割的联系。《史记》纵贯三千年,此一时期,包含了不同的社会形态:有王权高度集中的一统时代,有天子、诸侯相安无事的封建时代,有五霸迭兴、挟天子以令诸侯的春秋时代,有七雄并峙的战国时代。整个中国封建时代的社会形态,概莫能出此范畴。而《史记》所要反映的内容,涉

---

①白寿彝:《史记新论》,见《白寿彝文集》,第1册,第172页。

及到社会生活的各个层面和每个主要的领域。太史公以其非凡的才力,吸取前人撰史的成功经验,创造出综合性的体例,完全适合于反映不同历史时期社会内容的需要。《史记》就内容而言,是对前代史学的一次大总结;从体例上讲,也是一部集大成的著作。综合性的体例,其包容性和灵活性,远较单一体例为优,故具有很强的适应性和生命力。后代正史,门类或有增减,名目或有异同,具体篇目或有损益,但总体上却总跳不出《史记》牢笼,主要原因即在于此。

第二节 纵横自如,系统详明

翦伯赞先生说:"在汉以前,中国早有纪录历史的文献,如《尚书》、《春秋》、《国语》、《战国策》、《世本》、《楚汉春秋》等,惟此等史籍,无论记言纪事,皆简略散漫,断烂成书,一直到汉初,中国尚没有一部有系统的史书,因而历史学也还没有成为一种独立的学问。"[1]

"简略散漫,断烂成书",确实是《史记》以前史传的普遍缺陷。《史通·疑古》以为《尚书》"上起唐尧,下终秦穆,其《书》所录,唯有百篇。而《书》之所载,以言为主。至于废兴行事,万不记一。语其缺略,可胜道哉! 故令后人有言,唐、虞以下帝王之事,未易明也"。[2] 帝王无纪,公卿缺传,年月失次,爵里难详,各种阙略,不一而足。《春秋》简略,被后人讥为断烂朝报。最明显的如隐、庄、闵、僖四位鲁君即位,隐、闵二公之丧葬,《春秋》都不加著录。

---

[1] 翦伯赞:《中国史纲》第 2 卷,大孚出版公司,1947 年,第 654 页。
[2] [唐]刘知几著,[清]浦起龙通释,王煦华整理:《史通通释》,第 353 页。

至于记载其他国家的事情，更无系统性可言。《左传》的情况也与《春秋》相类似。如文、宣、成、襄、昭、哀六君即位，桓、宣二公之葬，《左传》都未加记载。《国语》以记言为主，载录周及诸侯各国"嘉言善语"，详略亦各有偏重。周自穆王至敬王凡二十一君，《周语》遗其九，《齐语》惟录小白，《郑语》独载桓公，《吴语》、《越语》自夫差、句践而外，更无所记。《战国策》载战国策士之言，除此之外国之大事，君主活动，关涉不多。而载录不以时序，惟以国别。《世本》主要记录帝王公卿大夫之世系、谥号，言无所载，事未详赡。《楚汉春秋》记项氏与高祖初起及惠、文间事，书惟九篇，本无年月，亦不详备。这些书籍，记载一些最基本、最重要的史实，已无法做到系统完整，其余可想而知。

《史记》旨在"究天人之际，通古今之变"。作者对当时所知的人类历史进行了全面的、立体的研究。《史记》五体所载内容，构成了一个纵横交错的立体网络。本纪世家列传与十表，实际上是两个相对独立的纵的系统，各体之间，乃至于各世家、列传、年表、八书之间，又都包含着丰富的横向交叉的内容。如此经梭纬织的结构，周全详悉的内涵，为前此一切史书所望尘莫及。《史记》的系统性，主要表现在以下几个方面。

一、缕述三千年历史

司马迁具有明确的历史演变的观点。他以"通古今之变"的历史眼光，对人类历史作了系统的研究，对中华民族作了追本溯源的考察。《史记》是一部通史，自黄帝讫于汉武，纵贯二千多年。这一时期的史料，非常分散，主要见于《尚书》、《诗经》、《左传》、《国语》、《大戴礼记》、《战国策》、《世本》、《楚汉春秋》等书，而诸子百家及各种文书档案、诸侯史记所保存的资料，为数也相当可观。

太史公不辞辛劳,孜孜以求,"网罗天下放失旧闻"、"厥协六经异传,整齐百家杂语",第一次对散见于不同性质和编纂形式中的史料,进行了一次全面系统的清理总结,爬罗剔抉,去芜存精,将原先零星散乱的资料理出了一个清晰的头绪:黄帝至舜五帝;夏禹至桀十七王;殷始祖契至主癸十三世,成汤至纣三十帝;周祖后稷至姬昌十五世,武王至敬王二十五君;秦祖女修、大业至庄襄王数十世,始皇至子婴三帝;汉高祖刘邦至武帝六世。《史记》网罗旧闻,搜求遗佚,作了尽可能系统详尽的记载。黄帝建立统一国家,尧舜禅让,夏殷周三代治乱兴亡,以至于楚汉得失,分分了了,举目可详。

二、系统叙述各国之事

《史通·烦省》云:"当春秋之时,诸侯力争,各闭境相拒,关梁不通。其有吉凶大事,见知于他国者,或因假道而方闻,或以通盟而始赴。苟异于是,则无得而称。鲁史所书,实用此道。至如秦、燕之据有西北,楚、越之大启东南,地僻界于诸戎,人罕通于上国。故载其行事,多有阙如。"①《春秋》、《左传》以鲁史为主,偏详一国之事,其他国家,实难系统载录。先秦其他史传,情况也与此相类。《尚书》主要记载典谟训诰誓命,《国语》、《国策》以国别记事,而详于记言,各书叙事挂一漏万,不求赅备,已如前述。

吕思勉先生曰:"谈、迁有作,乃举古事之可记者,下逮当世,悉网罗之于一编,诚通史之弘著也。抑通史之义有二:萃古今之事于一编,此通乎时者也。合万邦之事于一简,此通诸地者也。自古所谓世界史者,莫不以其所知之地为限。当谈、迁之时,所知

---

① [唐]刘知几著,[清]浦起龙通释,王煦华整理:《史通通释》,第245页。

之世界,固尽于其书之所著,则谓其书为当时之世界史可也。其创制之功,亦伟矣哉!"①确实,司马迁研究历史的视野,要比他以前的学者开阔得多。他能以一种开放的目光,系统考察中国和其他周边国家、少数民族的历史,研究中国和周边民族的关系史,形成世界史的格局。西周、春秋、战国时的一些重要国家,如吴、齐、鲁、燕、蔡、陈、卫、宋、晋、楚、越、郑、赵、魏、韩、田齐,《史记》按世序先后,编年列事,都有系统载录。汉时一些少数民族国家,如匈奴、南越、东越、朝鲜、西南夷、大宛诸国,《史记》也有详细记载。这一点,也是前人无法望其项背的。

三、全面反映社会生活

汉代以前的史书,由于作者认识和体例的制约,叙事写人,内容局限性较大。所载多为天子、诸侯、公卿大夫等贵族的活动。国家大事,则偏重于战争、祭祀、会盟、行人往来、谟策誓命训诰等,未能广泛记录各阶层的人物,全面反映社会生活的各个方面。《史通·二体》论编年体史书的局限性有云:"至于贤士贞女,高才隽德,事当冲要者,必盱衡而备言;迹在沈冥者,不枉道而详说。如绛县之老,杞梁之妻,或以酬晋卿而获记,或以对齐君而见录。其有贤如柳惠、仁若颜回,终不得彰其名氏,显其言行。"②"事当冲要",有关国政,当然不可不记。但若仅仅局限于此,历史便成了单纯的政治史而不是社会史,就很难反映出一个社会的整体面貌。

《史记》本纪、世家、列传,形成一个完整的人物传记序列。本纪主要记帝王;世家记王侯将相、世家大族及有影响的公卿大夫;

①吕思勉:《秦汉史》,第810页。
②[唐]刘知几著,[清]浦起龙通释,王煦华整理:《史通通释》,第25页。

列传范围广泛,几乎无所不包:论学术则有老庄申韩、孟子荀卿、仲尼弟子、汉代儒林,文学则有屈原、贾生、邹阳、刘安、司马相如,他如循吏、酷吏、刺客、游侠、日者、龟策、滑稽、货殖、方技、佞幸,无不网罗书中。虽然我们不能说以上所举的人物与政治无关,但《史记》所载人物具有更为广泛的代表性,却是无可争辩的事实。

《史记》首创八书,系统记载礼乐、律历、天文、郊祀、河渠水利、粮食货币,大大拓展了记叙范围。故《史通·书志》曰:"且纪传之外,有所不尽,只字片文,于斯备录。语其通博,信作者之渊海也。"①

第三节 扬长避短,精益求精

各种编纂体例,都有其长处,同时也都有其缺点。《史记》的成功之处,在于它能充分吸收前人的成果,发挥自身的优势,而又注意弥补其不足。

一、叙事与写人相统一

先秦史传,都以事件为中心,人物仅是作为事件的附庸而存在。这样做有一个明显的缺陷:人物往往被事件所淹没,使得读者看不清他们的全貌。《史记》开创人物传记,第一次将人推到了历史的中心地位,这是一个划时代的进步。历史是人的活动的总和。人参与历史,创造历史,推动历史前进,人是历史的主体。《史记》一改"藉史以传人"的史书编纂体例,创立"藉人以明史"的

---

① [唐]刘知几著,[清]浦起龙通释,王煦华整理:《史通通释》,第51页。

纪传体，"以无数个人传记之集合体成一史"，①这不仅是简单的体例改变，更标志着作者历史观的进步：以人为中心的编纂方法的确立，是对人作为历史主体的确认，也是对人的历史作用、人的价值的突出强调。从以事为中心到以人为中心这一转变，对于历史家深刻地研究和再现历史，保证历史学的科学性，是极为重要的。纪传体将历史研究与人的研究、表现结合起来，找到了历史与文学的契合点，对于传记文学的产生和发展，也具有决定性的意义。

二、大纲与细目并举

简明和详赡，是史书编纂中的一对矛盾。采取单一的体例，很难做到两全其美。唐皇甫湜云："编年纪事，束于次第，牵于混并，必举其大纲，而简于序事，是以多阙载，多逸文，乃别为著录，以备书之言语而尽事之本末。故《春秋》之作，则有《尚书》、《左传》之外，又为《国语》，可复省左史于右，合外传于内哉！故合之则繁，离之则异，削之则阙。子长病其然也，于是革旧典，开新程，为纪为传为表为志，首尾具叙述，表里相发明，庶为得中，将以垂不朽。"②这段话虽是针对编年体而言，实质上指出了单一体例史书的通病：欲"举其大纲"，必事"多阙载"；欲"尽事之本末"，则又失之繁芜。《史记》以其综合性的体例，较好地解决了这一矛盾。十二本纪，以编年为线索，以帝王为叙述重点，包举大端，为全书之总纲。其余世家、列传、书、表，都是从不同层面和角度，对本纪

---

① 梁启超：《要籍解题及其读法》，第 21 页。
② [唐]皇甫湜：《编年纪传论》，[清]董诰等编：《全唐文》，上海古籍出版社，1990 年，第 3 册，第 3115 页。

所载内容加以补充阐释。这样各体互补，既可做到全面系统，具体详赡，又保证了提纲挈领，条理清晰。这不能不说是编纂方法的巨大进步。

三、取舍详略自由灵便

《史记》一百三十篇，是一个统一的整体，而五体分工各有侧重，各体之间的搭配相当合理、灵活。本纪记帝王和某些实权人物，世家偏重于列国之君及王侯贵族，列传可以载录公卿大夫以至庶民百姓形形色色的人物，这一人物序列，包括了社会上各个不同的阶层。《史通·二体》云："表以谱列年爵，志以总括遗漏，逮于天文、地理、国典、朝章，显隐必该，洪纤靡失。"①五体配合，作者可以随意选择自己想要记载的人物事件。本纪、世家、列传、表、书各体，分工明确，此详彼略，互补互济，轻重详略各有不同。即在七十列传之中，也有专传、合传、类传、附传多种不同的形式，作者可以依据人物事件的重要程度和事迹多寡，分别对待，决定是采取详写还是略写。重要的历史人物，作者详载其一生言行事迹；次一等的，记载生平某个阶段的行事；再次一等的，仅录其一事，取其一节；有的甚至仅记其姓名。总之，《史记》五体，适合于记载各种不同的人物和事件，反映纷繁复杂的社会现实。各体相对独立，自成体系，而五体之间，又相互联系，互为补充，作者可以根据全书体例和总体布局的需要，灵活决定取舍详略，使之恰当合理。

---

① [唐]刘知几著，[清]浦起龙通释，王煦华整理：《史通通释》，第25页。

四、避免割裂重复

《史记》综合性的体例,在总体上明显优于以前的史书,但也有其弊端。

《史通·六家》云:"寻《史记》疆宇辽阔,年月遐长,而分以纪传,散以书表。每论家国一政,而胡、越相悬;叙君臣一时,而参、商是隔。此其为体之失者也。"①而"系日月而为次,列时岁以相续,中国外夷,同年共世,莫不备载其事,形于目前",②正是编年体的长处。刘氏指出的问题,司马迁已经十分清楚地意识到。《自序》明确提出,创作十表,就是为了弥补"并时异世,年差不明"的缺憾。作者的努力,取得了很大的成功,故刘知几又云:"观太史公之创表也,于帝王则叙其子孙,于公侯则纪其年月,列行萦纡以相属,编字戢舂而相排。虽燕、越万里,而于径寸之内犬牙可接;虽昭穆九代,而于方尺之中雁行有叙。使读者阅文便睹,举目可详,此其所以为快也。"③太史公深明编年体和综合体的利弊,仍然决定五体并列,反映了他对体例选择的清醒和自觉;也正因为他能正视综合体的短处,及时采取有效的补救措施,才能使自己创造的体例更加完善周密。

一起重大的历史事件,有时要牵涉到许多历史人物。这对于编年和纪事本末体史书来说,都不难处理。但是,《史记》是综合性的体例,如果处置不当,很可能出现两个方面的问题:或者叠床架屋,前后屡出,造成重复;或者同为一事,分在数篇,断续相离,

---

① [唐]刘知几著,[清]浦起龙通释,王煦华整理:《史通通释》,第 18 页。
② [唐]刘知几著,[清]浦起龙通释,王煦华整理:《史通通释》,第 25 页。
③ [唐]刘知几著,[清]浦起龙通释,王煦华整理:《史通通释》,第 437 页。

造成割裂。对于这些,太史公显然也注意到了,并且创造性地运用了"互见法",较好地解决了这些问题。表现在《史记》全书结构布局方面,作者根据历史事件的重要程度、性质、归属等因素,对有关事件选择归类,分别将它们载入本纪、世家、列传、书、表五种不同的体例,以避免和减少各体之间的交叉重复,这是广义的互见法。狭义的互见法,是指《史记》各篇之间,详此略彼的一种史料处理方法。作者运用这一方法,有时有明确的提示,即《史记》中常见的"某事在某某语中",有时则不作提示。某一事件在某篇作重点记载,而在其他篇目中作互见处理,既可避免重复,又可使事件相对完整,避免分散割断。"互见法"的成功运用,使《史记》体例臻于成熟精善,作者的创造之功,不可低估。

第四节 规模定格,仪刑后世

《史记》创造性地运用纪传志表体来叙述历史,无论是体例构架,还是具体内容、叙述方式,都对后代史书(特别是正史)产生了不可估量的巨大影响。

一、体例

王鸣盛曰:"司马迁创立本纪、表、书、世家、列传体例,后之作史者,递相祖述,莫能出其范围。即班、范称书,陈寿称志,李延寿南、北朝称史,欧阳子五代称史记,小异其目。书之名,各史皆改称志,《五代》又改称考。世家之名,《晋书》改称载记。要皆不过小小立异,大指总在司马氏牢笼中。"[1]

---

① [清]王鸣盛撰,陈文和等校点:《十七史商榷》,第3页。

　　《史记》以本纪、世家、列传、书、表为基本叙事框架,对后代正史起到了典范作用。班固断代为史,根据实际情况不用世家一体,而对纪传书表四体,则全部加以继承(只是改书为志),后来史书,更莫能超出其外。从《史记》到《清史稿》,共有二十六部史书。二十六书都有纪传之名,绝无例外,构成了蔚为壮观的纪传体正史。二十六史中,有志的共有十九部(《新五代史》改志为考),占总数的三分之二以上,无志的只有《三国志》、《梁书》、《陈书》、《北齐书》、《北周书》、《南史》、《北史》。表之体,自《史记》、《汉书》以后久废,至《新唐书》始重新设立,洎《宋史》之后,《辽史》、《金史》、《元史》、《新元史》、《明史》、《清史稿》无不立表。明末清初学者万斯同,又取历代正史之未著表者,一一补之。表的复兴,可见其生命力之强大。《史记》为通史,故设立世家,此体后世不常设,而《晋书》有载记,《新五代史》有世家年谱十一卷,《宋史》世家六卷,附之列传,名目虽殊,其实都是效法世家而作。诸史于世家、书、表三体,虽时有取舍,但总体都在《史记》牢笼之中。

　　卢南乔先生说:"自两晋始分四部,总类群书;荀勖立甲乙丙丁的标目,李充正经史子集的部居,于是史部遂越在子前,仅次经后,至隋,《史记》更一跃而为正史之首。所以《史记》对《春秋》的宣告独立,也好象赋之于诗,是以附庸蔚为大国。从此,以《史记》为母体,便产生了包含它本身在内的共'三千二百四十三卷'的正史。"①如果将《新元史》和《清史稿》计算进去,正史的数量还将增加近八百卷,二十六史总数突破四千卷。

　　《史记》是我国历史上第一部网罗百代、贯穿古今的通史。

①卢南乔:《论司马迁及其历史编纂学》,见《司马迁与〈史记〉论集》,第88页。

《史记》会通古今的著书方法,对后人也有多方面的影响。如南北朝时梁武帝令群臣编纂上起三皇、下至于齐的《通史》六百二十卷,"大抵其体皆如《史记》,其所为异者,唯无表而已"。元魏拓跋晖招集儒生崔鸿等,断自上古,终于晋朝,撰成二百七十卷的《科录》,"其编次多依放《通史》,而取其行事尤相似者,共为一科,故以《科录》为号"。① 二十六史中,《南史》、《北史》、《旧五代史》、《新五代史》虽然都有一定的断限,但都不局限于一朝一姓,按照刘知几划分六家的标准,都应属于通史之流。司马光撰写上自战国、下讫五代的《资治通鉴》,纵贯一千三百余年,更是通史的典范之作。

《史记》八书对后世政书体的形成与发展,也有不可忽视的影响。

《史记》之后,《汉书》改书为志,立律历、礼乐、刑法、食货、郊祀、天文、五行、地理、沟洫、艺文十志。《汉书》各志,有详有略,但都溯及前代,不专载汉事。受其影响,后代正史多有书志。由于书志所载内容多有延续性,于是出现了新的问题:"(各断代史书)苟不追叙前代,则源委不明,追叙太多,则繁复取厌。况各史非皆有志,有志之史,其篇目亦互相出入,遇所阙遗,见斯滞矣,于是乎有统括史志之必要。其卓然成一创作以应此要求者,则唐杜佑之《通典》也。"②杜佑之前,刘知几之子刘秩作《政典》三十五卷,载黄帝至天宝末年典章制度之兴废沿革,但篇幅过小,不够详赡。杜佑在此基础上广事搜采,增扩内容,撰成《通典》二百卷。此书共分食货、选举、职官、礼、乐、兵刑、州郡、边防八大门类,每一大

---

① [唐]刘知几著,[清]浦起龙通释,王煦华整理:《史通通释》,第17页。
② 梁启超:《中国历史研究法》,第30页。

类之下，又立若干子目。《通典》仿正史书志而独立成书，并扩大了记载范围，它作为政书体的杰出代表，对后世的影响不可低估。宋郑樵作《通志》，为纪传体通史，而其"二十略"，亦仿正史书志而作，元马端临撰《文献通考》三百四十八卷，按《通典》成例，共立二十四门，其中十九门名目全同《通典》，又增立经籍、帝系、封建、象纬、物异五门，于是有"三通"之名。清代乾隆时官修《续通典》、《续通志》、《续文献通考》、《清通典》、《清通志》、《清文献通考》，于是有"九通"之名。近人刘锦藻又撰《清朝续文献通考》，增补事迹至宣统末年，于是有"十通"之名。

作为政书体的一支，唐以后"会要体"也如同雨后春笋，不断涌现。唐苏冕记自高祖至德宗九朝制度，撰成《九朝会要》，杨绍复撰《续会要》，宋王溥在两书基础上加以补辑，成《唐会要》。又撰成《五代会要》。徐天麟撰《西汉会要》、《东汉会要》。其后元有官修《元典章》，明有徐溥《元会典》及官修《明会典》，清有官修《清会典》、姚彦渠《春秋会要》、孙楷《秦会要》、杨晨《三国会要》、徐松《宋会要辑稿》、龙文彬《明会要》。"十通"和"会要体"史书载历代或一朝典章制度，其源皆出于正史书志，《史记》八书实开其先河。

《史记》在体例上最主要的贡献是创立纪传体，规定了后来诸史的格局。而《史记》通史的会通形式，也给后代以深刻的启示。

二、内容

体式与内容有着紧密的联系。本纪载帝王君主，世家录王侯世胄，列传记公卿大夫庶民百姓，表叙列国君主贵族，书述典章制度，是太史公立下的成例。诸史采用《史记》体例，同时也接受了它的叙述内容。《史记》各篇所记内容，也多为后人沿袭。如《汉书》诸志，《礼乐志》本于《礼书》、《乐书》，《律历志》本于《律书》、

《历书》,《天文志》本于《天官书》,《郊祀志》本于《封禅书》,《沟洫志》本于《河渠书》,《食货志》本于《平准书》。《汉书》之后,各史所载内容,也多有与八书相同者。更为重要的是,《史记》载录的一些内容,具有发凡起例的作用。仍以八书为例,《汉书》以后诸史各据所宜,增损其目,又有礼仪、祭祀、音乐、天象、司天、地理、地形、郡国、职方、艺文、经籍、刑法、五行、符瑞、祥瑞、灵征、百官、舆服、仪卫、选举、兵、释老诸志,"或名非而物是,或小异而大同",与太史公创立八书,以纪朝章国典,补纪传之所无,在精神上完全一致。再如,《史记》载周边国家及少数民族事迹,立匈奴、南越、东越、朝鲜、西南夷、大宛诸传,以后二十五史,除《陈书》、《北齐书》两部外,全部设有周边民族或外国传,足见《史记》经营筹划,影响至巨。又如,《史记》七十列传中,有刺客、酷吏、循吏、儒林、游侠、佞幸、滑稽、日者、龟策、货殖等传,以类相从,记载社会生活各方面的代表人物,而不限于王侯将相、公卿大臣。这一做法也为后世者所遵循。后来诸史能较为全面地记载社会各层面的人物,而不完全局限于政治一隅,也与《史记》示例有关。

三、纪传格式

《史记》五体,叙事写人都有一定的模式,全书各篇都有题目,作者评论,有序有论有赞,这些对后世都有很大的影响。而纪传体的创造定型,对后人影响尤为显著。

章学诚《文史通义·繁称》谓:"尝读《左氏春秋》,而苦其书人名字,不为成法也。夫幼名,冠字,五十以伯仲,死谥,周道也。此则称于礼文之言,非史文述事之例也。左氏则随意杂举而无义例,且名字谥行以外,更及官爵封邑,一篇之中,错出互见。苟非注释相传,有受授至今,不复识为何如人也。"①先秦史传,以叙事为目的,称举人物,或以姓名,或以字号,或以伯仲,或以封号,或以职官,或取尊称,或记谥号,随时而异,多不齐一。《史记》每叙一人,必先称其姓名,列其字号,职官、封号亦必加以交代,死则举其谥号,且人各为传,不易混淆。

刘勰《文心雕龙·史传》云:"观夫左氏缀事,附经间出,于文为约,而氏族难明。及史迁各传,人始区详而易览,述者宗焉。"②

刘知几《史通·邑里》云:"昔五经、诸子,广书人物,虽氏族可验,而邑里难详。逮太史公始革兹体,凡有列传,先述本居。至于国有弛张,乡有并省,随时而载,用明审实。"③

氏族清晰,邑里详明,也是《史记》区别于先秦史传的一个显著特点。

《史记》七十列传,都是人物传记,大体相同。细分起来,则有专传、合传、附传、类传之别。专记一人事迹,是为专传;若干人行事相关,或者首尾相随,则为合传;"事迹虽寡,名行可崇,寄在他篇,为其标冠"者,④则为附传;以类相从者,则为类传。作者根据每传的不同特点,随物赋形,或以时序,或以类别,或牵连而及,或错综成篇,或穿插附记,或连类对比,创制出不同的叙事模式,为后人提供了成功的经验。

《左传》、《国语》发论,假君子以称之,二传则云公羊子、穀梁子,都是随事而发,偶一为之。《史记》始限于编终,各书一论。后

---

① [清]章学诚著,仓修良编注:《文史通义新编新注》,上册,第161页。
② [南朝梁]刘勰著,范文澜注:《文心雕龙注》,上册,第285页。
③ [唐]刘知几著,[清]浦起龙通释,王煦华整理:《史通通释》,第132页。
④ [唐]刘知几著,[清]浦起龙通释,王煦华整理:《史通通释》,第43页。

来诸史,群起仿效。《汉书》、《晋书》、《新唐书》、《宋史》、《金史》、《明史》曰赞;《后汉书》、《北齐书》有赞有论;《三国志》曰评;《宋书》、《梁书》、《陈书》、《魏书》、《北周书》、《隋书》、《旧五代史》、《新元史》称史臣曰;《南史》、《北史》、《清史稿》曰论;《南齐书》、《旧唐书》称史臣曰,又称赞曰;《新五代史》、《新元史》则以"呜呼"发论赞之端。二十六史,只有明洪武年间所作《元史》无论赞,实际上是皇帝干涉的结果。《修纂元史凡例》云:"历代史书,纪志表传之末,各有论赞之辞。今修元史,不作论赞,但据事直书,具文见意,使其善恶自见,准《春秋》及钦奉圣旨事意。"①

概而言之,《史记》首创纪传体,叙一人始末或人物某一阶段的经历,在人物传记写法的诸多方面进行探索,并且取得了很大的成功,为后代史书提供了极为有益的借鉴,创立凡例,嘉惠后学,功不可没。

①《元史》,中华书局,1976年,第15册,第4676页。

第八章 《史记》的书法

　　所谓书法，就是史家处理史料、评论历史事件、褒贬历史人物的方法。在这些方面，《史记》从理论到实践都努力进行了探索，并且形成了自己鲜明的特色。《史记》的书法，自成体系，内涵丰富。对此，前人已作过不少论述。如靳德峻《史记释例》一书，共列十余目，对《史记》书法进行了较为全面、深入的探讨，陈可青《太史公书凡例考论》(见《司马迁研究新论》)、韩兆琦《史记评议赏析·史记书法释例》、张大可《司马迁一家言·一家言的书法》等文，对《史记》书法作了进一步的阐发。本书有关《史记》取材、史料运用、史学理论的探索等各个章节也多有涉及。这里试图从若干重要方面来说明《史记》的书法。

第一节　述而不作

　　《论语·述而》："子曰：述而不作，信而好古。"朱熹注："述，传旧而已；作，则创始也。……孔子删《诗》、《书》，定《礼》、《乐》，赞《周易》，修《春秋》，皆传先王之旧，而未尝有所作也，故其自言如此。"[1]叙述历史，每写一人，每记一事，都必须有史料依据，不容凭空臆造，这与文献整理有某种相通之处。故司马迁《自序》云：

――――――――――――

① [宋]朱熹：《四书章句集注》，中华书局，1983年，第93页。

"余所谓述故事,整齐其世传,非所谓作也。"太史公接过孔子"述而不作"的信条,重视历史记载的翔实可靠,力求做到言有所据,事有所本,这与古代良史的实录精神异曲而同工。

述而不作,是《史记》处理一切史料的根本原则。太史公绅绎史记石室金匮之书,网罗天下放失旧闻,考察访问,都是为了占有史料。《自序》云:"论考之行事,略推三代,录秦汉,上记轩辕,下至于兹,著十二本纪,既科条之矣。"又云:"厥协六经异传,整齐百家杂语。"称"论考"、"录"、"记"、"科条"、"协"、"整齐",都是指根据史料来写作。《自序》又称"述往事,思来者","于是卒述陶唐以来,至于麟止","余述历黄帝以来至太初而讫"。以上都是针对全书的总的说明。在一些具体的篇章中,作者还经常交代史料来源。如《五帝本纪》采《五帝德》及《帝系姓》,《殷本纪》赞云"余以《颂》次契之事,自成汤以来,采于《诗》、《书》",《三代世表》采《五帝系谍》、《尚书》,而含弃历谱谍终始五德之传,《十二诸侯年表》采《春秋》、《国语》及谱谍,《六国年表》采《秦记》及战国之权变,作者都直接点明。总计见于《史记》称引的文献资料,多达百余种,本书《〈史记〉的取材》作了详细的分析,此不赘述。

《史记》强调"述而不作",在当时具有一定的针对性而非纯粹自谦。林伯桐曰:"古有黄帝,周有太公,后世荒诞不经之说皆争托之,俗语流为丹青久矣。史公于《黄帝纪》,则曰'百家言黄帝,其文不雅驯',又曰'择其言尤雅者'。于《太公世家》,则曰'言吕尚所以事周虽异,然要之为文、武师'。其择言之慎如一也,外此无稽之言可不待辨而明。"①司马迁所面对的史料(特别是上古史

---

① [清]林伯桐:《史记蠡测》,修本堂丛书本,见《史记考证文献汇编》,第6册,第359页。

料),纷然淆乱,真伪杂陈。如各家对黄帝的记载多不可据,黄帝至共和相当长的一段历史,不少资料都载其年数,也不可信,《禹本纪》《山海经》对昆仑的记载,周朝何时定都洛邑,学者对孔门弟子的毁誉,有关苏秦、郦生、太子丹、荆轲的资料等,都有谬误失实之处,这显然与治学者态度不够严谨,采择不精,牵强附会,甚至主观杜撰有关。司马迁强调"述而不作",就是一切从史料出发,与主观浮夸划清界限。为了做到这一点,不仅需要利用现有的资料,而且还要对史料进行分析、鉴别,剔除那些非信史的东西。这样,才真正是叙述历史而不是伪造历史。

梁启超曰:"《自序》云:'余所谓述故事,整齐其世传,非所谓作也。'此迁之自谦云尔。作史安能凭空自造,舍'述'无由。史家唯一职务,即在'整齐其世传','整齐'即史家之创作也。"①

这里需要补充的是,所谓"述而不作",只能严格限制在史料选择利用方面。作者对各种史料有目的地进行取舍,剪裁组织,构成一部有系统的历史,这已是一种创作。作者对历史进行深入研究,提出自己的见解,对历史事件和人物作出评论,表现爱憎褒贬,乃至直接阐明自己的政治主张,更是一种创造。因此,"述而不作"并不等于沦为史料的奴隶,"述而不作"与"成一家之言"并不矛盾。

第二节　以类相从

物以类聚,人以群分。世间万物,各有其类。同类事物之间,存在着更多的内在联系或相同之处。以类相从,对同类人、事进

---

① 梁启超:《要籍解题及其读法》,第21页。

行集中的研究，是司马迁常用的历史研究方法之一。

《史记》八书，分载礼、乐、律、历、天官、封禅、河渠、平准诸事，以时间为线索，贯通古今，反映每一事物与政治的关系，历代的成败得失。八书立目的基础即是"类"的概念。

《史记》中的类传，更集中地体现了司马迁分类组合的方法。《史记》冠以类名的传记共有十篇，即《刺客列传》、《循吏列传》、《儒林列传》、《酷吏列传》、《游侠列传》、《佞幸列传》、《滑稽列传》、《日者列传》、《龟策列传》、《货殖列传》。

有时《史记》不用类传之名，而与类传有相通之处。如扁鹊、仓公同传，类似于后世的《方技传》；卫青、霍去病同传，类似于后世的《外戚传》；他如管仲、晏婴同为齐之名臣；孙子、吴起同为兵家；白起、王翦同为秦将；樗里子、甘茂同为秦相；范雎、蔡泽同以游说入秦、踵取卿相；韩信、卢绾封王同，反叛亦同；樊哙、郦商、夏侯婴、灌婴同有战功；郦食其、陆贾同为辩士；季布、栾布同为任侠；七十七子同为仲尼弟子。《史记》中有不少传记，都可以视为同类合传。《史记》的附传，也多附记同类之人。如《苏秦列传》附苏代、苏厉，《张仪列传》附陈轸、犀首，《孟子荀卿列传》附齐三邹子、淳于髡、慎到、田骈、接子、环渊、公孙龙、李悝、尸子、长卢子、吁子、墨子，《张丞相列传》附周昌、赵尧、任敖、王陵、申屠嘉。

《自序》称"作辞以讽谏，连类以争义，《离骚》有之"，《鲁仲连邹阳列传》说邹阳"比物连类"。"连类"，就是联系相类的事物，"比物"，就是比拟、比较。《史记》中的类传和以类相从的合传，都是人物传记，八书则是以事相类。以类相从、连类而书，不单是一种排比史料的方法，同时也是研究历史的方法。史家研究历史，当他把个体作为研究对象时，他看到的是具体的、个别的人，而当作者把同类的人放到一起加以研究时，他才有可能发现他们的共同本质,对他们的社会作用才能作出更为准确的判断。因此,类传比单个人物的传记更能容纳深广的历史内涵。张大可先生说:"物一归类,就可见乃物的特征,人一分群,就可见人的特点、精神面貌。司马迁以人为中心研究历史,而将人物分群分类,就有利于比较集中地反映人类某一个方面的活动,总结这一个方面的经验教训,容易体现研究的深度。人物的分类,将前后不同时代,或同一时代的一类人合一研究,这就是比较法。比较与分类是相辅相成的,没有比较就无从分类,一经分类,自然成比较。不同时代的人比较是纵向研究,同时代的人比较是横向研究。纵横比较是评价历史人物最基本的方法。"①就客观效果而言,以类相从确实更能揭示事物的发展线索和规律,也更有利于评判人物的高下优劣,是非得失。章学诚说:"记事出于《左氏》,记人原于史迁。然史迁《龟策》、《货殖》等传,亦间有记事,即其记人诸篇,亦多以事例牵连,不可分割首尾,盖《春秋》比事属辞之旧法也。"②章氏举《货殖》、《龟策》以为"不可分割首尾",可以说明以类相从更能反映同类事物内容上的紧密联系。

　　《史记》连类而书,根据内容分类来构成篇章,前人肯定者居多,但也有一些批评意见。这里举出数事,略作分析。

　　司马贞曰:"伯阳清虚为教,韩子峻刻制法,静躁不同,德刑斯舛,今宜柱史共漆园同传,公子与商君并列,可不善欤?"司马贞的批评,似乎没有考虑太史公立此传的宗旨。传中云庄子"其学无所不窥,然其要本归于老子之言","申子之学本于黄老而主刑

---

① 张大可、俞樟华:《司马迁一家言》,陕西人民教育出版社,1995 年,第124—125 页。

② [清]章学诚著,仓修良编注:《文史通义新编新注》,下册,第 1016 页。

名",韩非"喜刑名法术之学,而其归本于黄老"。赞语云:"太史公曰:老子所贵道,虚无,因应变化于无为,故著书辞称微妙难识。庄子散道德,放论,要亦归之自然。申子卑卑,施之于名实。韩子引绳墨,切事情,明是非,其极惨礉少恩。皆原于道德之意,而老子深远矣。"司马迁对申不害之"刑名"、韩非之"刑名法术"及其主要特征,可以说了如指掌,而追本溯源,以为"皆原于道德之意",可谓洞悉学术源流,司马贞徒求形似而遗其神髓,正好相形见绌。

刘知几曰:"(《史记》)编次同类,不求年月,后生而擢居首帙,先辈而抑归末章,遂使汉之贾谊将楚屈原同列,鲁之曹沫与荆轲并编,此其所以为短也。"①刘知几着眼于编年、纪传二体的利弊得失,但并非完全否定《史记》的组合。《史记》既求"编次同类",有时自不免要打乱时序,所谓鱼与熊掌,不可得兼。太史公加以取舍,也无可厚非。

司马贞曰:"鲁连、屈原,当六国之时,贾谊、邹阳,在文景之日,事迹虽复相类,年代甚为乖绝,其邹阳不可上同鲁连,贾生亦不可上同屈平。宜抽鲁连同田单为传,其屈原与宋玉等为一传,其邹阳与枚乘、贾生等同传。"司马贞的批评有一定道理,但按他的设想来调整《史记》编排,并不见得比原来更好。郭嵩焘说:"(《史记》)有随事为类者,如《扁鹊仓公》及《刺客传》是也。鲁仲连、邹阳以书说显,屈原、贾生以词赋显,亦随事为类者也。太史公心目中自具千古,依类比义,摘合而连属之,岂复以时代论耶。"②郭氏论析《史记》"随事为类"的编排体例,颇为中肯。

---

① [唐] 刘知几著,[清] 浦起龙通释,王煦华整理:《史通通释》,第 25 页。
② [清] 郭嵩焘:《史记札记》,第 287 页。

第三节　以事牵连

刘咸炘曰：

> 司马氏因编年之经传，而推广《尚书》分篇之法，分为纪、表、书、传，使大小无所不该，虽以人题篇，不过如《梁惠王》、《公孙丑》之标目，实以事义统人。吾疏《伯夷传》，所谓先将一代事罗于胸中，而分篇说之，一事为一篇，或数事为一篇，旁见侧出，数十篇书如一篇，非拘拘为一人立一传，非拘拘为一人备始末，此其所以上承二经，貌异心同，而有诸子之意，所谓有识乃成其法者也。①

刘氏过分强调事的重要性，似有见事不见人之嫌。但事在《史记》结构中的作用，确实也不容忽视。司马迁写人，往往以事牵连。

例如，《廉颇蔺相如列传》主要写廉颇、蔺相如，而兼及赵奢、赵括、李牧诸人。作者不是将各人事迹打散分别叙述，而是以赵国世次年月为线索，以事件为关纽，将它们合为一体。篇首用合叙之法对廉、蔺二人略作交代，接着写完璧归赵、渑池会、廉蔺交欢。其后写廉颇伐齐攻魏，蔺相如攻齐，紧接着写赵奢破秦军，再倒叙其过程，"赵奢于是与廉颇、蔺相如同位"。继写廉颇将兵而赵括代之，赵军败于长平，燕乘机攻赵，而廉颇大败燕军，封侯为假相，而李牧为将。又写廉颇思用赵人，为楚将无功，而终以李牧之事。这样写法，人事纠结，主客莫辨，数人合传，浑然一体。故卢文弨曰："《史》、《汉》数人合传，自成一篇。文字虽间有可分析者，实不尽然。……即如《史记·廉蔺列传》，首叙廉颇事，无几，

---

① 刘咸炘：《刘咸炘论史学》，第 230 页。

即入蔺相如,事独多,而后及二人之交欢,又间以赵奢,末复以颇之事终之,此必不可分也。"①

又如《魏其武安侯列传》实写窦婴、田蚡、灌夫三人。围绕窦、田的权势之争,互相倾轧,生出无限风波。灌夫介于其间,正好起到推波助澜的作用。文中所载主要事件,如窦婴、灌夫宴请武安侯,武安请城南田,灌夫使酒骂坐,东朝廷辩,窦婴上书得罪,武安之死,无不与三人有关。吴见思《史记论文》曰:"三人传分作三截,各为一章,犹不称好手。他却三人打成一片,水乳交融,绝无痕迹。如入田蚡,紧接魏其,先序魏其,带出灌夫,其神理可见。"②吴氏强调的是太史公行文之妙,其实事件之间本身存在着的联系也是不容忽视的。

其他如《张耳陈余列传》、《淮阴侯列传》、《张丞相列传》、《袁盎晁错列传》、《平津侯主父列传》、《淮南衡山列传》等,也多以事件相联属。

以事牵连是《史记》立传和叙事的基本方法之一。它的作用主要有三:

一是更好地表达内容。社会生活本身是丰富复杂的,各种人事之间有着千丝万缕的联系。如果拘泥于一人一传的传记形式,往往割断这种联系。以事牵连则更有利于叙事的完整清晰,揭示事物的本来面目。数人合传,以事牵连,因其容量较大,也更有利于思想内容的表达。如,钟惺评《廉颇蔺相如列传》云:"以廉颇、蔺相如主名,中间赵奢、李牧周旋穿插,断续无痕,而赵之兴亡,节目全在于此。数人共一传,只如一人。贤才关系国家,从文字章

---

① [清]卢文弨:《钟山札记》,见《卢文弨全集》,第7册,第274页。
② [清]吴见思:《史记论文》,上海古籍出版社,2008年,第64页。

法中错综写出,此史之识也。"(录自葛氏《史记》卷八一)茅坤云:
"两人为一传,中复附赵奢,已而复缀以李牧为四人传,须详太史
公以四人线索,才知赵之兴亡矣。"①又如《魏其武安侯列传》写窦
婴、灌夫与田蚡的斗争,实际上涉及到皇帝与太后、皇帝与外戚之
间错综复杂的矛盾,意在揭露外戚专权的祸患。窦、田的权势盛
衰,生死荣枯,正折射出宫廷内部尖锐激烈的争斗,反映出外戚对
政治的严重干扰。这一类的合传,如将各人行事分开独立成篇,
就会大大影响思想内容的表达。

　　二是增强文章的内在联系。史书合传,如处理不善,往往有
名无实,凑合成篇。《史记》合传,注意多方联络绾结,具有较强的
整体性,以事牵连即是作者常用的一种方法。全祖望曰:"窦、田
薰莸相去远甚,窦本不以外戚得封,自以七国时功,而争梁王,争
栗太子,其大节甚著在景帝时,当与条侯作合传。……田蚡特竖
子,无一可称,晚有交通淮南之大逆,只合黜之在《外戚传》。史公
生平习气,喜道人盛衰荣枯之际,以自写其不平,而不论史法。故
以灌夫之故,强合窦、田为一传。"②姑且不论全氏的主张正确与
否,若真将窦婴与条侯合传,至少内容上的联系不如《史记》原文,
这是可以断言的。金毓黻先生云:"《田窦传》为《史记》中最生色
文字。其所以生色者,即在善写其盛衰荣枯之际。设去此一节,
便觉索然寡味矣。大抵撰合传者,不必其人人铢两悉称,但能以
事联缀之,彼此相关,能合而不能分,即为极合传之能事。《史记》
中诸合传,每能贯彻此旨。"③《史记》合传多不可拆散,与作者"以

---

①[明]茅坤编纂,王晓红整理:《史记抄》,商务印书馆,2013年,第323页。
②[清]全祖望:《经史问答》,江苏广陵古籍刻印社,1990年,第348—349页。
③金毓黻:《中国史学史》,商务印书馆,1957年,第256页。

事联缀"大有关系。

三是减少立传数量。《史记》列传（特别是附传）中涉及到的一些人物，有时仅录其一事，取其一节。以事相连，把他们载入相关传记，可以不必单独作传。如《史记》对蒯通、伍被诸人事迹的处理就是如此，顾炎武曰："班孟坚为书，束于成格而不得变化。且如《史记·淮阴侯传》末载蒯通事，令人读之感慨有余味。《淮南王传》中伍被与王答问语，情态横出，文亦工妙。今悉删之，而以蒯、伍合江充、息夫躬为一传，蒯最冤，伍次之。二淮传寥落不堪读矣。"①赵翼认为《淮阴侯列传》载蒯通语，可以明韩信心迹，而蒯通作为辩士也得到了表现，这样处理，可以"兼省却无限笔墨"，班固取蒯通语另为作传，为"舍所重而重所轻，且开后世史家一事一传之例"，是"后世之史日益繁"的一个原因。②

第四节　互见

互见法在《史记》中运用得非常普遍。互见是司马迁变革史书述史方式的必然结果，也是《史记》体例成熟完善的一个重要标志。

一、互见法的定义

最早论及《史记》互见法的，是宋代苏洵。他说：

> 迁之传廉颇也，议救阏与之失不载焉，见之赵奢传；传郦食其也，谋挠楚权之缪不载焉，见之留侯传；固之传周勃也，

①［清］顾炎武撰，黄汝成集释，栾保群、吕宗力校点：《日知录集释》，下册，第566页。

②［清］赵翼撰，栾保群校点：《陔余丛考》（新校本），第115页。

汗出洽背之耻不载焉,见之王陵传;传董仲舒也,议和亲之疏
不载焉,见之匈奴传。夫颇、食其、勃、仲舒皆功十而过一者
也,苟列一以疵十,后之庸人必曰:"智如廉颇,辩如郦食其,
忠如周勃,贤如董仲舒,而十功不能赎一过。"则将苦其难而
怠矣。是故本传晦之,而他传发之,则其与善也,不亦隐而
章乎!①

本传晦之,他传发之,是互见法最基本的特征。近人李笠《史记订
补·叙例》云:"史臣叙事,有阙于本传而详于他传者,是曰互
见。"②李氏的定义,不再局限于功过互见,显然又比苏洵进了一
步。刘松来则认为:"互见法"应包括狭义和广义两层含义。从狭
义来说,是反映《史记》中所谓"语在某某事中",这是为了避免史
料重复所运用的一种手段。从广义来说,则是《史记》全书在结构
布局,在处理事实与相关人物关系,在艺术的典型化方面所采取
的"此详彼略,互为补充,连类对比,两相照应"的一种运用十分广
泛的表现手法。③ 他认为"互见法"与《史记》全书结构布局有关。
这个意见很值得重视。

二、互见法的形式及功用

《史记》采用互见法,主要有两种形式,功用也不尽相同。

（一）五体互见

互见法的产生,是《史记》采取纪传志表综合性述史体例的必

---

① [宋]苏洵:《史论中》,见韩杰鹏等主编,张玉霞点校:《苏洵全集》,时代文
　艺出版社,2001年,第1册,第91—92页。
② 李笠著,李继芬整理:《广史记订补》,复旦大学出版社,2001年,第4页。
③ 刘松来:《〈史记〉"互见法"初探》,《江西师范大学学报》1984年第4期,第
　93页。

然结果。《史记》以前的史书,采取的都是相对单一的体例,而且都是以事件为单元来展开叙述,作者用不着担心事件会重复出现,也不会因体例问题而造成同一事件的割裂。《史记》分为本纪、表、书、世家、列传五种体例,五体分工不同,各有侧重,同时又存在大量的人事交叉和重叠。如本纪所载,与其他诸体内容多有联系,表、书、世家、列传,情况也是如此。而《史记》全书是一个整体,各体之间分工而不分家。为了避免重复,使叙事条例清晰,作者必须对史料进行分析归类,决定其体例归属。因此,《史记》全书的布局和五体结构安排,本身就体现了互见法的运用。

(二)篇与篇互见

这一类型又可分为两种不同的情况。一种是作者加以注明的。如,张舜徽先生说:"司马迁已将某段材料摆在甲篇,遇着乙篇有关联时,便清楚地作出交代说'事见某篇'、'语在某篇'。例如《周本纪》说'其事在周公之篇';《秦本纪》说'其事在商君语中',又说'其语在《始皇本纪》中';《秦始皇本纪》说'其赐死语,具在《李斯传》中';《吕后本纪》说'语在齐王语中';《孝文本纪》说'事在吕后语中';《礼书》说'事在袁盎语中';《赵世家》说'语在晋事中';《萧相国世家》说'语在淮阴事中';《留侯世家》说'语在项羽事中'、'语在淮阴事中';《绛侯周勃世家》说'其语在吕后、孝文事中'。这一类的交代,在全书中不能尽举。"①还有一种情况,作者并不直接注明,实际上也是互见。这种例子更为普遍,这里不再列举。

①张舜徽:《中国古代史籍校读法》,华中师范大学出版社,2004年,第389—390页。

（三）互见法的功用

五体间的互见，主要是为了避免重复。篇与篇之间此详彼略的互见，可使事件集中完整，首尾俱备。如《项羽本纪》叙述鸿门宴，《吕太后本纪》记载诸吕兴衰，《吴王濞列传》载录吴楚七国之乱，都能一气连贯，而无割裂之弊。同时，一篇详写而他篇略写，既可以避免前后屡出，也可以提示篇与篇之间的联系。这是互见法最主要的作用。

互见法的运用，对于贯彻作者命意与文章主题，也具有重要意义。例如，《自序》说："能以富贵下贫贱，贤能屈于不肖，唯信陵君为能行之。作《魏公子列传》。"传中为了突出信陵君的礼贤下士，不厌其烦地写了他与侯嬴、朱亥、毛公、薛公等人的交往，以表现这位贵公子谦恭下士的可贵品格。但信陵君也不是一个完人。魏齐是秦相范雎的仇人，他受到秦国追逼从赵国逃向魏国避难，信陵君害怕得罪秦国，犹豫不敢接受，后经侯嬴劝说，深感惭愧而驾车郊迎。不想魏齐听说信陵君最初不想见他，一怒之下自刎而死。这件事对信陵君来说很不光彩，与《魏公子列传》所要表现的主题也不协调。因此，作者没有把这件事写进本传而把它安排到了《范雎蔡泽列传》。信陵君是一个很有政治远见的人，他劝魏王不要亲秦伐韩的一段议论，反映出他的远见卓识和对天下大局的深刻洞察力。这篇宏论，与魏国的命运大有关系，却与《魏公子列传》的主题联系不紧，所以作者把它写进了《魏世家》而本传不再载录。

《史记》互见法的成功运用，极大地完善了自身的作史体例。运用互见之法，作者可以利用纪传书表各体，全方位、多层面地反映社会生活，而又不至于叠床架屋；作者不仅可以突出人的活动轨迹，也能适当照顾到事件的相对完整，避免割裂；而且，互见法还有利于作者思想和文章主题的表达。这一切，既能充分发扬综合体史书的长处，又能在很大程度上弥补其不足，从而使作史体例更加完备精善。《史记》被历代作史者奉为圭臬，与此有很大关系。

第五节 据事实录

《汉书·司马迁传》云：

> 自刘向、扬雄博极群书，皆称迁有良史之材，服其善序事理，辨而不华，质而不俚，其文直，其事核，不虚美，不隐恶，故谓之实录。[1]

文直事核，美恶以实，构成了《史记》实录的主要内容。

书法不隐，秉笔直书，是我国古代史官的优良传统。晋太史董狐书"赵盾弑其君"，受到孔子的赞扬；齐太史为了如实记录崔杼弑君的事实，兄弟三人以身殉职，而其少弟终书其事。《晋世家》、《齐太公世家》分别记载此二事，表达了作者对古代良史的肯定。《太史公自序》称孔子作《春秋》"善善恶恶"，"贤贤贱不肖"，也与实录精神相一致。

《史记》的实录精神，有两点特别值得称道。

一、突破《春秋》笔法的局限

《春秋》"明王道"，体现了孔子的政治思想。《春秋》的美刺褒贬，与实录精神有相通之处。但孔子十分注意等级名分，有时很难彻底贯彻实录精神。如《孔子世家》说："吴、楚之君自称王，而《春秋》贬之曰'子'。践土之会实召周天子，而《春秋》讳之曰'天

---

[1]《汉书》，第9册，第2738页。

王狩于河阳'。推此类以绳当世。"孔子又主张为尊者讳,为亲者讳,为贤者讳。他在《论语·子路》篇中甚至说:"父为子隐,子为父隐,直在其中矣。"这就带来了很大的局限性。刘知几曾经指出:"鲁史之有《春秋》也,外为贤者,内为本国,事靡洪纤,动皆隐讳。斯乃周公之格言。然何必《春秋》,在于六经,亦皆如此。故观夫子之刊《书》也,夏桀让汤,武王斩纣,其事甚著,而芟夷不存。观夫子之定礼也,隐、闵非命,恶、视不终,而奋笔昌言,云'鲁无篡弑'。观夫子之删《诗》也,凡诸国风,皆有怨刺,在于鲁国,独无其章。观夫子之《论语》也,君娶于吴,是谓同姓,而司败发问,对以'知礼'。斯验世人之饰智矜愚,爱憎由己者多矣。"①刘氏还发十疑,指出《尚书》、《论语》等书隐讳失实之处,颇为发人深思。

司马迁对孔子极为敬仰,对《春秋》更是推崇备至,但在实录这一点上,却没有苟循《春秋》之例。《史记》的实录精神,表现在对许多人物和事件的叙述与评价。这里仅以西汉皇帝、太后为例,略作说明。对于西汉王朝的建立和前期政治情况,司马迁基本上是肯定的。刘邦的豁达仁爱、知人善任、虚心纳谏、从善如流、知错即改等优点,作者都作了如实的记载。孝惠、高后时与民休息、发展社会生产,文、景之治的成功,武帝的雄才大略,作者也都持肯定的态度。这种实录,相对来说还比较容易。更为可贵的是作者并没有放弃对统治者阴暗面的揭露。如刘邦的好酒及色、权变狡诈、猜忌多疑、睚眦必报以至于无赖行为等,《史记》中也多有揭示。其余如吕太后的凶狠毒辣,窦太后的专横,景帝的刻薄寡恩,王太后的工于心计,武帝的迷信多欲等,作者也没有回避。如实记载这一切,可能被认为是对统治者的不恭,因而需要有一

---

① [唐]刘知几著,[清]浦起龙通释,王煦华整理:《史通通释》,第354页。

定的勇气。有时，作者为了避免这类记载过于集中，过于刺眼，往往变换手法，错出而互见。《项羽本纪》载："汉王道逢得孝惠、鲁元，乃载行。楚骑追汉王，汉王急，推堕孝惠、鲁元车下，滕公常下收载之。如是者三。曰：'虽急不可以驱，奈何弃之？'于是遂得脱。"为了自己逃命而推子女下车，以至于再三，足见其自私狠心（《汉书》删"如是者三"数字，分量便大打折扣）。《项羽本纪》又载："（项王）为高俎，置太公其上，告汉王曰：'今不急下，吾烹太公。'汉王曰：'吾与项羽俱北面受命怀王，曰"约为兄弟"，吾翁即若翁，必欲烹而翁，则幸分我一杯羹。'"尚镕论此，以为"汉王分羹之答，亦当隐恶"。① 却不知这正是作者书法不隐，秉笔直书的具体表现。李笠曰："《封禅书》盛推鬼神之异，而《大宛传》云：张骞通大夏，'恶睹本纪所谓昆仑者乎？'又云：'所有怪物，余不敢言之也。'《高祖纪》谓高祖豁达大度，而《佞幸传》云：'汉兴，高祖至暴抗也。'此皆恐犯忌讳，以杂见错出而明正论也。"②这些地方，可见《史记》实录精神的顽强。

二、不以好恶任意褒贬

司马迁是一个感情强烈、爱憎分明的诗人，同时又是一个头脑冷静、明辨是非的历史家。司马迁的过人之处，在于他善于把这两者较好地统一起来。一方面，他敢爱敢恨，美刺褒贬，毫不含糊；另一方面，他又不滥用感情，上下其手，任意褒贬。这方面最典型的例子，当推《酷吏列传》和《李将军列传》。

司马迁对酷吏的本质有极其深刻的认识，在《酷吏列传》中，

①［清］尚镕：《史记辨证》，见《史记考证文献汇编》，第5册，第222页。
②李笠著，李继芬整理：《广史记订补》，第4页。

作者对他们的种种暴行和劣迹作了穷形尽相的描写,他在感情上对酷吏深恶痛绝。但是,作者并没有走向极端,不加分辨地把他们说得一无是处。《酷吏列传》赞语说:"太史公曰:自郅都、杜周十人者,此皆以酷烈为声。然郅都伉直,引是非,争天下大体。张汤以知阴阳,人主与俱上下,时数辩当否,国家赖其便。赵禹时据法守正。杜周从谀,以少言为重。自张汤死后,网密,多诋严,官事浸以耗废。九卿碌碌奉其官,救过不赡,何暇论绳墨之外乎!然此十人中,其廉者足以为仪表,其污者足以为戒,方略教导,禁奸止邪,一切亦皆彬彬质有其文武焉。虽惨酷,斯称其位矣。"这种不隐恶、不没善的做法,得到了许多学者的赞扬,牛运震云:"赞语与列传意义各别,列传多深疾酷吏之词,满腹痛愤。赞语却摘酷吏之长以为节取,此褒贬之互见而抑扬之并出者也。可见太史公笔法意思,真不可测。"①李景星亦云:"赞语与传,意义各别,传言酷吏之短,赞取酷吏之长,褒贬互见,最为公允。"②

茅坤云:"李将军乃最名将,而最无功,故太史公极力摹写,淋漓悲咽可涕。"③尽管如此,司马迁并没有因为自己对李广的敬爱和同情而为他隐瞒短处。《李将军列传》载:"(广)尝夜从一骑出,从人田间饮。还至霸陵亭,霸陵尉醉,呵止广。广骑曰:'故李将军。'尉曰:'今将军尚不得夜行,何乃故也!'止广宿亭下。居无何,匈奴入杀辽西太守,败韩将军,……于是天子乃召拜广为右北平太守。广即请霸陵尉与俱,至军而斩之。"因小忿而挟私报复,官报私仇,实为器量狭小,有失风度。古今学者多据此而批评李

---

① [清]牛运震撰,崔凡芝校释:《空山堂史记评注校释》,下册,第760页。
② 李景星著,韩兆琦、俞樟华校点:《四史评议》,第114页。
③ [明]茅坤编,王晓红整理:《史记抄》,第453页。

广，可见《史记》美恶不隐的书法。

《史通·惑经》云："苟爱而知其丑，憎而知其善，善恶必书，斯为实录。"①从《酷吏列传》和《李将军列传》可以看出，司马迁作史忠实于实录精神，一切从史料出发，力避随意抑扬，爱憎由己，使《史记》上升到了更高层次的直笔境界。

三、实录与谤书

《后汉书·蔡邕传》：

（王）允曰："昔武帝不杀司马迁，使作谤书，流于后世。"②王允称《史记》为"谤书"，代表了统治阶级的偏见。李贤注《蔡邕传》云："凡史官记事，善恶必书。谓迁所著《史记》，但是汉家不善之事，皆为谤也。非独指武帝之身，即高祖善家令之言，武帝算缗、榷酤之类是也。"③如李贤所说，善恶必书，不隐讳"汉家不善之事"，完全属于实录的范围，并非捕风捉影，无中生有。司马迁对汉代诸帝，都有所肯定，前面已经提及，对文帝之仁，更是不遗余力地加以颂扬。既扬善，也不隐恶，是历史家应取的客观公正的态度，也是史德高尚的表现，与别有用心的毁谤是风马牛不相及的。《三国志·魏书·王郎传附王肃传》："（明）帝又问：'司马迁以受刑之故，内怀隐切，著《史记》非贬孝武，令人切齿。'（王肃）对曰：'司马迁记事，不虚美，不隐恶。刘向、扬雄服其善叙事，有良史之才，谓之实录。汉武帝闻其述《史记》，取孝景及己本纪览之，于是大怒，削而投之。于今此两纪有录无书。后遭李陵事，遂

---

① [唐]刘知几著，[清]浦起龙通释，王煦华整理：《史通通释》，第374页。
②《后汉书》，第7册，第2006页。
③《后汉书》，第7册，第2007页。

下迁蚕室。此为隐切在孝武,而不在于史迁也。"①古来学者一致
肯定司马迁"不虚美,不隐恶"的实录精神,也即是对"谤书"说的
否定。

第六节　详变略渐

　　《史记》"通古今之变",重视历史的变革,政治的盛衰变化,决
定了它详变略渐的书法原则。

　　黄淳耀《史记论略·齐太公世家》曰:

　　　　太史公诸世家叙诸侯事,而王室始乱,伯主代兴,皆谨书
　　之。如厉王之奔,宣王之立,幽王之弑,周东徙洛,秦始列为
　　诸侯,小白、重耳、宋襄、楚庄之立、卒,与申生之杀及敌国相
　　灭,各国臣子之弑其君,皆三致意焉。

黄氏所举《史记》"谨书"之例,都是一些重要的人和事,他们对国
家治乱、天下兴亡有重大影响,故为作者所重视。不只世家如此,
《史记》全书各体也都是如此。对重要事件反复致意,说明作者注
重反映历史的发展变化。太史公还比较明确地提出了详变略渐
的治史原则。《自序》说:"秦既暴虐,楚人发难,项氏遂乱,汉乃扶
义征伐。八年之间,天下三嬗,事繁变众,故详著《秦楚之际月
表》。"《留侯世家》说:"(留侯)所与上从容言天下事甚众,非天下
所以存亡,故不著。""嬗"即变化,天下存亡,乃变之大者。秦楚之
际,事繁变众,故作者特创月表详著其事;无关天下存亡,故《留侯
世家》不载。这正体现了详变略渐之法。

　　《史记》全书,突出了天下成败兴衰的历史线索,用司马迁自

---

①《三国志》,第 2 册,第 418 页。

己的话来说叫做"稽其成败兴坏之纪"。于是夏、殷、周三代的兴亡,秦之盛衰,楚汉得失等,自然就成了《史记》的核心内容。与此相关的一些人和事,如公卿大臣、王侯将相、国家政治、军事、经济情况等,也都成了记载的重点。以汉代历史为例,《史记》的叙述重点有二:高祖与武帝。汉高祖夷秦、项,拨乱反正,由布衣登上皇帝宝座;他建立国家,草创制度;铲除异己,平定叛乱;分封同姓,巩固政权。汉武帝内兴制度,外征四夷。这两个时期,都是社会发生剧烈变化的时期。关于《史记》记载的情况,张大可先生作过这样的分析:"高帝时期十二年,二十五篇,九万余言;惠景时期六十年,十三篇,约五万余言;武帝三十四年,二十篇,另有四篇重点载武帝时史事,共约十万字。也就是说,高帝时期,每年记事约万字,惠景时期十年才万字,武帝时期三年万字。"①虽然有的篇目很难作绝对的划分,但这一统计仍很清楚地显示出司马迁详变略渐的原则。

这里所谓"详变略渐"的"变",应该包括事物变化的过程。"通古今之变"也好,"稽其成败兴坏之纪"也罢,都离不开对历史发展过程的考察,所以司马迁非常强调"原始察终,见盛观衰"的历史研究方法。在叙述历史时,则注意揭示成败的过程和转变的关键。如吴汝纶论《周本纪》云:"周事兴于仁义,亡于积弱,自成康以前叙其盛,由积善累仁。自幽厉以后叙其衰,即以政由方伯,摄起强侯行政,以为卒亡于秦作势。"②汤谐论《秦始皇本纪》曰:"其叙事虽极综核而作意森然,于兴作征戍两端,最为详悉,盖尤

---

① 张大可、俞樟华等:《司马迁一家言》,第 129 页。
② 吴汝纶评:《桐城吴先生点勘史记读本》,见《史记研究文献辑刊》,国家图书馆出版社,2014 年,第 7 册,第 533 页。

恶其残民以逞自取灭亡也。……民为邦本,而残民尤速亡之道,此太史公所以特加详写而深切著明此理,为千秋炯戒也。"①

第七节　详近略远

朱希祖曰:

> 史学要义,以最近者宜最详,良以当代各事,皆由最近历史递嬗而来,其关系尤为密切。吾国史家,颇明斯义。司马迁《史记》百三十篇,自上古至秦汉之际,年代绵邈,仅占其半。记载汉事,亦占其半(《史记》一书,本纪十二篇,汉占其五;表十篇,汉占其六;书八篇,汉约占其四;世家三十篇,汉占其十二;列传七十篇,汉占其三十八。故自黄帝至秦汉之际,约六十五篇,汉亦有六十五篇)。而汉五世(高、惠、文、景、武),武帝时事,载之尤详,约占五分之二(汉六十五篇,而武帝时事约二十六篇),可谓最近而最详者矣。②

这段话分析《史记》详近略远的大趋势,基本上是正确的。《六国年表序》云:"战国之权变亦有可颇采者,何必上古。秦取天下多暴,然世异变,成功大。传曰'法后王',何也?以其近己而俗变相类,议卑而易行也。"《高祖功臣侯者年表》云:"居今之世,志古之道,所以自镜也,未必尽同。帝王者各殊礼而异务,要以成功为统纪,岂可绳乎?观所以得尊宠及所以废辱,亦当世得失之林也,何必旧闻?"司马迁作史的目的,是以史为鉴,考成败,知得失,远近

---

① [汉]司马迁著,[清]汤谐编纂,韦爱萍整理:《史记半解》,商务印书馆,2013年,第24页。
② 朱希祖:《中国史学通论》,商务印书馆,2017年,第56页。

古今本无区别。但时代在变化，离当今之世越近，社会情况也就更为接近。而且，历代帝王根据社会实际，殊礼而异务，采取不同的统治方法，时代相近，可供借鉴之处也就更多些。从这个角度出发，详近略远也是顺理成章的。孙德谦曰："人之恒情，莫不贵远而贱近。若夫著书则有异乎是，此其故何也？荀卿之言曰：五帝之外无传人，非无贤人也，久故也；五帝之中无传政，非无传政也，久故也；禹、汤有传政而不若周之察也，非无善政也，久故也。传者久则论略，近则论详。然则详近而略远，此亦史传之达例乎！《太史公书》始自黄帝，可谓远矣，然五帝合为一纪，夏、殷、周三代亦只各成一纪，及秦则既有《秦本纪》，又有《始皇本纪》，汉则高帝以下迄于武帝每帝皆为之纪，若是者何哉？盖即略远而详近耳。"①孙氏的话，从另一个侧面揭示了《史记》详近略远的原因。

这里应该特别指出的是：详近略远只是一个总的趋势，对此不能作机械的、绝对化的理解，它必须服从于总结历史经验教训这一治史的目标。《夏本纪》特详夏禹之事，占到全部篇幅的五分之四以上。《周本纪》载西周二百多年历史，用了整个篇幅的大约三分之二，而东周五百多年的历史，却只占三分之一。载西周之事，重点又集中在文、武兴邦建国及周公辅成王这一阶段。前面"详变略渐"一节已经提到，《史记》载汉代历史，以高祖时为最详，这一时期人事的记载，不仅超过惠、景间诸帝，而且也超过武帝时期。

刘知几曰："《太史公书》上起黄帝，下尽宗周，年代虽存，事迹殊略。至于战国已下，始有可观。然迁虽叙三千年事，其间详备

---

①〔清〕孙德谦：《太史公书义法》，见《史记研究文献辑刊》，第 12 册，第 18 页。

者,唯以汉兴七十余载而已。其省也则如彼,其烦也则如此,求诸折中,未见其宜。"①刘知几批评《史记》载战国以前事过于简略,不无道理。造成《史记》详略过于悬殊,有多方面的原因。如作者有意避免与他书过多重复、详近略远、战国以前史料缺乏、变化相对缓慢等因素的综合作用,造成了这一时期《史记》记载过于简单这一结果。

第八节　对比

对比,即将事物相对比较。比较的方法,是历史研究最基本的方法。史家通过纵横比较,可以加深对历史的认识和理解;借助于对比的方法,可使历史内容表现得更加深切著明。司马迁就非常擅长用对比的手法来写历史。

一、运用对比的形式

《史记》运用对比,有许多方法。有时,作者把相关人事写进同一篇传记,进行比较。这类对比最为明显,这里不再举例。有时,作者把有关传记蝉联而下,而作者进行对比的意图也很明确。如项羽之于汉高祖,苏秦与张仪,孟尝、平原、信陵、春申四公子。有时对比篇目并不首尾相接,而是遥相对应。如《李将军列传》与《卫将军骠骑列传》、《酷吏列传》与《循吏列传》。不同篇章中的人事对比,作者往往加以联络提示,以显对比之意。例如,《张仪列传》:"夫张仪之行事甚于苏秦,然世恶苏秦者,以其先死,而仪振暴其短以扶其说,成其衡道。要之,此两人真倾危之士哉!"刘、项

---

① [唐]刘知几著,[清]浦起龙通释,王煦华整理:《史通通释》,第443页。

二纪,循吏、酷吏二传,亦是其例。还有一点需要补充的是:在不少情况下,作者运用对比手法带有综合性:既有篇内对比,又有不同篇章之间的比较。《高祖本纪》、《魏公子列传》等篇,都是如此。

二、对比的功用

（一）总结世事成败得失

《自序》云:"子羽暴虐,汉行功德。"项羽以残暴失人望,刘邦以恩惠结人心。人心向背,对于楚汉战争的结局起着决定性的作用,这是司马迁总结楚汉得失历史经验最根本的一条。《史记》通过对比,突出地反映了这一思想。《高祖本纪》载,当秦兵强大之际,诸侯都不想入关,只有项羽愿与沛公西入关,怀王及诸老将都认为项羽"诸所过无不残灭","不可遣",而"沛公素宽大长者,可遣"。因此"卒不许项羽,而遣沛公西略地,收陈王、项梁散卒"。入关以前,刘邦告诫部下"诸所过毋得掠卤",于是"秦人熹"。入关以后,刘邦与秦民约法三章,除秦苛法,声称来此是"为父老除害,非有所侵暴",并派人行县乡邑,明喻其意。于是"秦人大喜,争持牛羊酒食献飨军士"。"沛公又让不受,曰:'仓粟多。非乏,不欲费人。'人又益喜,唯恐沛公不为秦王"。项羽入关后,"屠烧咸阳秦宫室,所过无不残破",结果是"秦人大失望"。作者时而将刘、项相提并论,时而将他们的所作所为遥相映照,得失一目了然。在《项羽本纪》和《高祖本纪》中,刘邦的工于心计、任用贤才、不吝封赏、虚心纳谏,项羽的豪爽粗疏、任人唯亲、玩印不予、刚愎自用,乃至于他们观秦始皇出游、还乡等,都映照生姿。通过多方对比,作者较为全面而深刻地总结了楚汉相争的历史经验。《史记》写殷周盛衰、秦汉兴亡,也多用此法。

《楚元王世家》:"太史公曰:国之将兴,必有祯祥,君子用而小人退。国之将亡,贤人隐,乱臣贵。"贤人关系国家兴衰,是司马迁的一贯思想。《魏公子列传》、《廉颇蔺相如列传》等传以一系列的正反对比,突出强调了这一观点。《魏公子列传》写信陵君在魏时,"诸侯以公子贤,多客,不敢加兵谋魏十余年";信陵君留赵后,"秦闻公子在赵,日夜出兵东伐魏";信陵君回国为将后大破秦军,追亡逐北,并乘势"抑秦兵,秦兵不敢出";信陵君再度被魏王疏远,忧郁而死,"秦闻公子死,使蒙骜攻魏,拔十二城",十八年后终于"虏魏王,屠大梁"。信陵君身系魏国安危,由一连串的正反对比得到了充分的表现。《廉颇蔺相如列传》将廉颇、蔺相如、赵奢、李牧等人的用舍去留生死,与赵国的存亡安危联系起来,形成强烈的对照,也给人以深刻的启发。

《循吏列传》写了孙叔敖等五位循吏,都在春秋时期,《酷吏列传》所写十人,都在汉代,时代不相关涉,且中隔《汲郑》、《儒林》两传。但作者对两种吏治方式的比较是十分明显的。《循吏列传》序云:"太史公曰:法令所以导民也,刑罚所以禁奸也。文武不备,良民惧然身修者,官未曾乱也。奉职循理,亦可以为治,何必威严哉?"《酷吏列传》序云:"孔子曰:'导之以政,齐之以刑,民免而无耻。导之以德,齐之以礼,有耻且格。'老氏称:'上德不德,是以有德;下德不失德,是以无德。法令滋章,盗贼多有。'太史公曰:信哉是言也!法令者治之具,而非制治清浊之源也。昔天下之网尝密矣,然奸伪萌起,其极也,上下相遁,至于不振。当是之时,吏治若救火扬沸,非武健严酷,恶能胜其任而愉快乎!言道德者,溺其职矣。故曰'听讼,吾犹人也,必也使无讼乎'。'下士闻道大笑之'。非虚言也。汉兴,破觚而为圜,斫雕而为朴,网漏于吞舟之鱼,而吏治烝烝,不至于奸,黎民艾安。由是观之,在彼不在此。"两传概括循吏、酷吏的特征分别为"奉职循理"与"以酷烈为声"。

《循吏列传》云孙叔敖为相时楚国"世俗盛美","盗贼不起";子产为相时郑国"道不拾遗";公仪休为相时鲁国"百官自正"。《酷吏列传》写酷吏之治的结果是"吏民益轻犯法,盗贼滋起"。通过理论与实践两个方面的比较,作者对这两种不同的吏治作出了断然取舍,肯定了循吏而否定了酷吏之治。

(二)刻画人物形象

对比手法的运用,对于《史记》人物纪传刻画人物形象,也具有重要意义。如《史记》写李广,就多用对比之法。被用来与李广相对照的,首先是卫青、霍去病二人。李广以良家子从军,因军功而得以迁升,卫、霍则都是以外戚任用;卫、霍因得到武帝的特殊照顾而青云直上,分别担任大将军和骠骑将军之职,裂地封侯,李广却屡遭困顿,又一再受到武帝、卫青的排挤,最后因失期自刎而死。其次是李蔡。李蔡是李广的从弟,二人孝文帝时同仕为郎,"(李)蔡为人在下中,名声出广下甚远,然广不得爵邑,官不过九卿,而蔡为列侯,位至三公"。再次是程不识。程不识与李广同时为东、西宫卫尉,又都以边郡太守率军屯驻,"及出击胡,而广行无部伍行陈,就善水草屯,舍止,人人自便,不击刀斗以自卫,莫府省约文书籍事,然亦远斥候,未尝遇害。程不识正部曲行伍营陈,击刀斗,士吏治军簿至明,军不得休息,然亦未尝遇害"。士卒则"多乐从李广而苦程不识"。除此之外,《李将军列传》往往随文而成对比,如,三名匈奴射雕手箭法高强,一气射杀汉军数十骑,但李广一出马,立即射死其中两名,活捉一名。李广率四千骑与匈奴左贤王四万骑相遇,"吏士皆无人色,而广意气自如,益治军"。通过这些对比,作者突出了李广的悲剧命运,李广的善射和过人的才气。他的治军风范,也得到了充分的展现。

既成对比,就有被比较的双方。因此,巧妙地运用对比可以收一箭双雕之效。《李将军列传》云:"广之将兵,乏绝之处,见水,士卒不尽饮,广不近水;士卒不尽食,广不尝食。"韩兆琦先生云:"此处应与《卫青霍去病列传》之'(去病)少而侍中,贵,不省士。其从军,天子为遣太官赍数十乘,既还,重车余弃粱肉,而士有饥者。其在塞外,卒乏粮,或不能自振,而骠骑尚穿域蹋鞠'相对照,以见司马迁之歌颂与批判。"①黄震《黄氏日抄》卷四七曰:"看《卫霍传》,须合《李广传》。卫、霍深入二千里,声震夷夏,今看其传,不直一钱。李广每战辄北,困踬终身,今看其传,英风如在。史氏抑扬予夺之妙,岂常手可望哉?"他们对《史记》对比的妙用体会颇深,值得肯定。虽然黄氏对人物的评论存在着较大的偏颇。

《史记》写人叙事,对比随处可见。如果只是一篇一篇孤立地读,或就人论人,就事论事,都会影响对其内容的了解;只有将有关内容前后联系,各篇之间互相参见,才能较好地把握作者的真实含意。

第九节　以小见大

《史记》作者很懂得以小见大的道理。《屈原贾生列传》说《离骚》"其称文小而其指极大,举类迩而见义远"。《李将军列传》赞语说:"谚曰'桃李不言,下自成蹊'。此言虽小,可以喻大也。"他写《史记》,经常运用以小见大之法。

《陈丞相世家》:"里中社,平为宰,分肉食甚均。父老曰:'善,陈孺子之为宰!'平曰:'嗟乎,使平得宰天下,亦如是肉矣!'"赞语云:"太史公曰:陈丞相平少时,本好黄帝、老子之术。方其割肉俎

---

① 韩兆琦:《史记选注集说》,江西人民出版社,1982年,第395页。

上之时,其意固已远矣。"

《淮阴侯列传》赞云:"太史公曰:吾如淮阴,淮阴人为余言,韩信虽为布衣时,其志与众异。其母死,贫无以葬,然乃行营高敞地,令其旁可置万家。余视其母冢,良然。"

陈平割肉,韩信葬母,都是日常琐事,司马迁却能以非凡的洞察力,看出其中不同寻常的内涵:由割肉而推知陈平之"意",从葬母而窥见韩信之"志"。当作者以这样的眼光来表现这些小事的时候,读者对这些小事当然也就不能就事论事,等闲视之了。

《史记》许多人物传记,都有小故事穿插其间,有时是一个,有时是好几个。这些小故事看似漫不经心,信手拈来,实际上却是作者精心选择、提炼而得。包世臣《安吴四种》卷八曰:"《史记》载祠石坠履,而西楚遂以迁鼎;述厕鼠惊人,而上蔡无所税驾。曲逆意远,见于俎上;淮阴志异,得之城下。临邛窃赀,好畤分陕,炫晦既殊,心迹斯别。"章学诚曰:"陈平佐汉,志见社肉;李斯亡秦,兆端厕鼠。推微知著,固相士之玄机;搜间传神,亦文家之妙用也。"①他们把《史记》所写的小事与传主的"意"、"志"、"心迹"以至"佐汉"、"亡秦"等重大事件联系起来,深得太史公之旨。

创作人物传记,要求加强对人的研究,从总体上把握传主的一生;写作史书,要求作者站在历史的高度,将史料放到历史的长河中来审视。《史记》选择史料时,善于将这两者结合起来,故能居高临下,总揽全局,选取最有代表性和典型性的事例入史。为了更好地说明问题,这里不妨举一例略作分析。《酷吏列传》载:

> 张汤者,杜人也。其父为长安丞,出,汤为儿守舍。还而鼠盗肉,其父怒,笞汤。汤掘窟得盗鼠及余肉,劾鼠掠治,传

---

① [清] 章学诚著,仓修良编注《文史通义新编新注》,上册,第152页。

爱书,讯鞫论报,并取鼠与肉,具狱,磔堂下。其父见之,视其
文辞如老狱吏,大惊,遂使书狱。

姚祖恩评此云:"爱书即狱词,其中备具士师讯鞫之由及论罪
如律,而朝廷报可诸款式。然后并取盗鼠赃证,具狱而后磔。写
得丝毫不漏,故为天生酷吏才也。"又曰:"引一小事起,见汤乃天
生酷吏之才。"①张汤一生,从狱吏到廷尉,都在与刑法案狱打交道,
司马迁把他与酷吏为伍,是对他的盖棺之论。传中所写这一切似乎
又都是审鼠故事的引申和演绎。这则小故事,就述史而言,它反映
了历史人物的本质特征;就写人而论,它如同名家绘画,得颊上添毫
之妙。抓住一件小事,略加点染,即能赋予它如此大的概括力和表
现力,需要作者具有敏锐的洞察力和高超的史料驾驭能力。

第十节　寓论断于叙事

顾炎武《日知录》卷二十六云:

古人作史,有不待论断而于序事之中即见其指者,惟太
史公能之。《平准书》末载卜式语,《王翦传》末载客语,《荆轲
传》末载鲁句践语,《晁错传》末载邓公与景帝语,《武安侯田
蚡传》末载武帝语,皆史家于序事中寓论断之法也。后人知
此法者鲜矣,惟班孟坚间一有之。如《霍光传》载任宣与霍禹
语,见光多作威福。《黄霸传》载张敞奏,见祥瑞多不以实。
通传皆褒,独此寓贬,可谓得太史公之法者矣。②

---

①[汉]司马迁著,王有宗注释,高军强、凌朝栋整理:《分段详注评点史记菁
　华录》,商务印书馆,2014年,第396页。
②[清]顾炎武著,黄汝成集释,栾保群、吕宗力校点:《日知录集释》,第562页。

顾炎武在这里实际上提出了两个观点:一是《史记》常寓论断于叙事,二是后世史家知此法者甚少。这两个问题,对于我们了解司马迁的史学,都大有帮助,因而很有必要作进一步的阐述。

一、寓论断于叙事的形式

顾炎武所举《史记》寓论断于叙事之例,都在篇末,且都是借他人之口对人物作出评论。这可能是这些论断特别明显的缘故。实际上,《史记》寓论断于叙事的形式,并不局限于此。白寿彝先生说:"司马迁'于序事中寓论断'的最好例子,不一定是放在篇末,而往往是在篇中,不只是借着一个人的话来评论,而有时是借着好几个人来评论,不一定用正面的话,也用侧面的或反面的话,不是光用别人的话,更重要的是联系典型的事例。"[1]白寿彝先生的概括相当全面。借他人之口对人物作出评论,与顾炎武所举有相通之处,此不赘举。而"联系典型的事例",也就是在叙述历史的过程中不露声色地表明自己的旨意和评论。如《酷吏列传》载:

> 武帝即位,吏治尚循谨甚,然(周阳)由居二千石中,最为暴酷骄恣。所爱者,挠法活之;所憎者,曲法诛灭之。

> (义)纵至,掩定襄狱中重罪轻系二百余人,及宾客昆弟私入相视亦二百余人。纵一捕鞠,曰"为死罪解脱"。是日皆报杀四百余人。

> (杜)周为廷尉,其治大放张汤而善候伺。上所欲挤者,因而陷之;上所欲释者,久系待问而微见其冤状。客有让周曰:"君为天子决平,不循三尺法,专以人主意指为狱。狱者

---

[1] 白寿彝:《司马迁寓论断于叙事》,见《中国史学史论》,河南大学出版社,2008年,第363页。

固如是乎?"周曰:"三尺安出哉? 前主所是著为律,后主所是
疏为令,当时为是,何古之法乎!"
这些酷吏的面目,不用作者加任何评论,就已经十分清楚。

二、《史记》为什么多寓论断于叙事

司马迁多用寓论断于叙事的方法,与《史记》表达理想、辨别
是非、褒贬人事的主观意向有关。《自序》说:"夫《春秋》,上明三
王之道,下辨人事之纪,别嫌疑,明是非,定犹豫,善善恶恶,贤贤
贱不肖。"又说《春秋》"是非二百四十二年之中,以为天下仪表,贬
天子,退诸侯,讨大夫,以达王事而已矣"。司马迁继《春秋》而作
史,也继承了《春秋》的这些精神。而《史记》作为一部史书,它的
主要功能是叙述历史而不是评论人事。这样,主观与客观之间就
产生了矛盾。司马迁创造出寓论断于叙事的方法,正是为了解决
这一矛盾。

所谓寓论断于叙事,它的实质就在于:作者选取能代表自己
思想、观点、感情的资料,作相应的剪辑、安排,使叙述历史的过程
中自然融入作者的论断而不着痕迹。这种做法,不需作者另作议
论,自然巧妙,笔墨经济,表达效果深沉有力,更容易感染和打动
读者。如,《郑世家》:"声公五年,郑相子产卒,郑人皆哭泣,悲之
如亡亲戚。"又云:"孔子尝过郑,与子产如兄弟云。及闻子产死,
孔子为泣曰:'古之遗爱也。'"《循吏列传》云:"(子产)治郑二十六
年而死,丁壮号哭,老人儿啼,曰:'子产去我死乎! 民将安归?'"
《李将军列传》载李广死后,"广军士大夫一军皆哭。百姓闻之,知
与不知,无老壮皆为垂涕"。赞语云:"及(广)死之日,天下知与不
知,皆为尽哀。"叙事之中,作者惋惜、同情、赞扬之意得到了充分
的表达。又如,《酷吏列传》载:"(尹齐)所诛灭淮阳甚多,及死,仇

家欲烧其尸,尸亡去归葬。"又载:"岁余,会宛军发,诏征豪吏,温
舒匿其吏华成,及人有变告温舒受员骑钱,他奸利事,罪至族,自
杀。其时两弟及两婚家亦各自坐他罪而族。光禄徐自为曰:'悲
夫,夫古有三族,而王温舒罪至同时而五族乎!'"对酷吏的深恶痛
绝,在叙事之中表现得淋漓尽致。

梁启超曾批评"旧史官纪事实而无目的",而《史记》则"怀抱
深远之目的"。①《史记》为了表现理想、是非、褒贬,对史料选择、
编排颇费苦心,故能于叙事之中体现作者旨意。后世史家仅重
"事实",在这方面也就自然显得逊色了。

第十一节　矛盾中显真实

《孝文本纪》载诸大臣劝文帝即位时说:"子弘等皆非孝惠帝
子,不当奉宗庙。"《汉兴以来诸侯王年表》于淮阳王强、武,常山王
义、朝,吕王太称"孝惠子"或"惠帝子"、"孝惠帝子",而高后八年
云常山王朝"非子,诛,国除为郡"。《吕太后本纪》诛诸吕之后,这
样写道:"诸大臣相与阴谋曰:'少帝及梁、淮阳、常山王,皆非真孝
惠子也。……今皆已夷灭诸吕,而置所立,即长用事,吾属无类
矣。不如视诸王最贤者立之。'"又载:"夜,有司分部诛灭梁、淮
阳、常山王及少帝于邸。"大臣废诛少帝,罪名是"足下非刘氏,不
当立"。如此重大的历史事件,《史记》当然不能不载,但这样并不
能反映历史的真实面貌,所以司马迁又特别交代了与此有关的一
些情况。《吕太后本纪》先是说孝惠帝"毋壮子',又说"宣平侯女
为孝惠皇后时,无子,详为有身,取美人子名之,杀其母,立所名子

---

① 梁启超:《中国历史研究法》,第 24 页。

为太子。孝惠崩，太子立为帝。帝壮，或闻其母死，非真皇后子，乃出言曰：'后安能杀吾母而名我，我未壮，壮即为变。'"文中还较详细地记载了惠帝诸子封立情况："吕后欲王吕氏，先立孝惠后宫子强为淮阳王，子不疑为常山王，子山为襄城侯（后改封常山王），子朝为轵侯（后亦改封常山王），子武为壶关侯（后改封淮阳王）。"这样一来，只要仔细分析，就不难从《史记》中看到事实真相。韩兆琦先生说："这几个权臣的话在当时是官方宣传，而且已载入典册，司马迁不得不照样录入。但是他不甘心让历史这样地欺骗后人，故而在《史记》的几篇之间，甚至在同一篇里有意地参错其词，留着一些明显的疑窦，让后代细心的读者自己明白其底蕴。"①这一分析是很有道理的。柯维骐《史记考要》云："史谓大臣阴谋，意亦可见少帝毕竟吕氏党，不容不诛耳。"②梁玉绳《史记志疑》卷七论惠帝有无子嗣云："史公于《纪》两书之，而《年表》亦云'以孝惠子封'，又云'以非子诛'，皆有微意存焉，非歧说也。"③何焯、俞正燮等也都认为少帝实为孝惠帝之子，都看出了作者的真意所在。

　　《高祖本纪》云："（六年）十二月，人有上变事告楚王信谋反，上问左右，左右争欲击之。用陈平计，乃伪游云梦，会诸侯于陈，楚王信迎，即因执之。"《陈丞相世家》、《淮阴侯列传》记载与此类似而更为详尽。对于韩信是否谋反这个问题，作者没有直接表明自己的看法，只是详载灭楚前武涉、蒯通二人三次劝韩信反汉与楚或三分天下的说辞，以表明韩信心迹，让读者自己去体会。历代许多人据此为韩信辩白洗雪，也正是从《史记》故显矛盾错互杂

①韩兆琦：《史记评议赏析》，内蒙古人民出版社，1985年，第152—153页。
②〔明〕柯维骐：《史记考要》，见《史记文献选辑》，第13册，第65页。
③〔清〕梁玉绳：《史记志疑》，上册，第250—251页。

出的书法中发现了问题。

第十二节　隐微而彰显

《高祖本纪》写了有关刘邦的种种神异,如刘媪梦与神遇而产高祖,刘邦醉卧时身上有龙,剑斩白帝子,所居上有云气等。这些传说的出现,情况较为复杂,但总的说来都是为了神化刘邦这位西汉王朝的开国之君,是统治者神道设教的产物。对于这些传说,司马迁采取了不同的态度,有时据闻载录而不加渲染,而对那些被吹得活灵活现的传闻,则以冷峻的笔触,略加点拨,揭示出事实的真相。

《高祖本纪》载:"秦始皇帝常曰:'东南有天子气。'于是因东游以厌之。高祖即自疑,亡匿,隐于芒、砀山泽岩石之间。吕后与人俱求,常得之。高祖怪问之。吕后曰:'季所居上常有云气,故从往常得季。'高祖心喜。沛中子弟或闻之,多欲附者矣。"这事简直是神乎其神,秦始皇肯定"东南有天子气",刘邦就"自疑"在自己头上,还真的躲进山中,而吕后因见到云气而常能找到刘邦。故事有头有尾,彼此呼应,滴水不漏,真是煞有介事。然而,作者同时又巧妙地点出了这件事的效果,从而揭示了刘邦引人入彀之目的。徐孚远《史记测义·高祖本纪》曰:"高祖隐处,岂不阴语吕后耶!隐而求,求而怪,皆所以动众也。"这话说得非常正确。《项羽本纪》还记载了这样的事:汉军在彭城大败之后,吕后等与刘邦失散,"审食其从太公、吕后间行,求汉王,反遇楚军。楚军遂与归,报项王,项王常置军中"。读了这段文字,谁还会相信"天子气"、"云气"之类的说法呢?

《高祖本纪》又载:"高祖以亭长为县送徒郦山,徒多道亡。自度比至皆亡之,到丰西泽中,止饮,夜乃解纵所送徒。曰:'公等皆去,吾亦从此逝矣!'徒中壮士愿从者十余人。高祖被酒,夜径泽中,令一人行前。行前者还报曰:'前有大蛇当径,愿还。'高祖醉,曰:'壮士行,何畏!'乃前,拔剑击斩蛇。蛇遂分为两,径开。行数里,醉,因卧。后人来至蛇所,有一老妪夜哭。人问何哭,妪曰:'人杀吾子,故哭之。'人曰:'妪子何为见杀?'妪曰:'吾子,白帝子也,化为蛇,当道,今为赤帝子斩之,故哭。'人乃以妪为不诚,欲告(《汉书》作苦)之,妪因忽不见。后人至,高祖觉。后人告高祖,高祖乃心独喜,自负。诸从者日益畏之。"这段记载与前面吕后找到刘邦的情形颇有相似之处:前者是刘邦与吕后一唱一和演出的一台双簧,这里则是让从人与老妪对话,本意都是为了神化刘邦,为起事制造舆论。作者在文中特别点明跟随刘邦的是"徒中壮士愿从者"。惟其如此,他们才能串通一气,造出这些耸人听闻的事件来吹捧自己的领袖,从而散布影响,扩大声势。试将陈涉起兵前的一些描写与此作一对比,就更加清楚了。《陈涉世家》载:"二世元年七月,发闾左适戍渔阳九百人,屯大泽乡。陈胜、吴广皆次当行,为屯长。会天大雨,道不通,度已失期。失期,法皆斩。……(陈胜、吴广)乃丹书帛曰:'陈胜王。'置人所罾鱼腹中。卒买鱼烹食,得鱼腹中书,固以怪之矣。又间令吴广之次所旁丛祠中,夜篝火,狐鸣呼曰:'大楚兴,陈胜王。'卒皆夜惊恐,旦日,卒中往往语,皆指目陈胜。"司马迁对陈涉等人借助鬼神、狐怪来发动戍卒的秘密揭示得十分清楚。在刘邦斩蛇的描写中,作者没有像写陈涉起义那样直接点破,但如果稍作分析,两者的情况却有惊人的相似之处。陈涉首事,因"会天大雨,道不通,度已失期",而按照法律要被杀头;刘邦则是"为县送徒郦山,徒多道亡,自度比至皆亡之",同样是性命难保。在几乎相同的处境下,他们都图谋起事,

这是一。他们所用的方法又都是借助鬼神迷信以张大声势,这是
二。他们的种种活动所取得的效果也大致相同:陈涉置书鱼腹、
吴广篝火狐鸣后,"卒皆夜惊恐","旦日,卒中往往语,皆指目陈
胜"。士卒对他产生了敬畏心理。刘邦自疑亡匿,从者虚拟与老
姬的对话后,"诸从者日益畏之",与前者如出一辙。可知作者早
就窥破了刘邦及其追随者制造斩蛇神话的用意。

刘邦起兵前即敢于制造"赤帝子"、"天子气"之类的神话,他
登极后势必对此大加渲染(前者是为了名正言顺地夺取天下,后
者则是为了巩固其统治),这类传说广为流传即可说明问题。司
马迁不便直接与统治者唱反调,而又不愿说违心的话,故用隐而
章、微而显的笔法,于叙事之中巧加点化,披露出事实真相,还历
史以本来面目。

第十三节　微文讥刺

微文讥刺是司马迁对《春秋》笔法的继承和发扬。《十二诸侯
年表》说孔子作《春秋》后,"七十子之徒口授其传指,为有所刺讥
褒讳挹损之文辞不可以书见也"。《匈奴列传》赞语云:"太史公
曰:孔氏著《春秋》,隐桓之间则章,至定哀之际则微,为其切当世
之文而罔褒,忌讳之辞也。世俗之言匈奴者,患其徼一时之权,而
务谄纳其说,以便偏指,不参彼己;将率席中国广大,气奋,人主因
以决策,是以建功不深。尧虽贤,兴事业不成,得禹而九州宁。且
欲兴圣统,唯在择任将相哉!唯在择任将相哉!"司马迁不仅指出
了《春秋》有所"刺讥"、"忌讳"的事实,而且把这一书法与当代的
社会现实直接挂上了钩。这分明是在提醒人们:《史记》除了有明
显的抨击贬斥外,凡"切当世之文"者,也有类似的忌讳之辞,有着

更为隐蔽的讥刺。

一、择任将相

张守节《正义》论《匈奴列传》赞语云："言尧虽贤圣，不能独理，得禹而九州安宁。以刺武帝不能择贤将相，而务谄纳小人浮说，多伐匈奴，故坏齐民。故太史公引禹圣成其太平，以攻当代之罪。"

武帝即位后，利用汉兴数十年间积累起来的巨大财富，动用了大量的人力物力，对匈奴发动了一场旷日持久的战争。这场战争几乎耗尽了国家和百姓的财力，结果却只能落得个两败俱伤：匈奴遁走漠北，而汉朝也无法彻底征服匈奴。司马迁对武帝穷兵黩武、残民以逞的做法深为不满，故文中寓有讥刺而特地在赞语中揭出此意。余有丁曰："传内每言击胡，胡辄入边杀掠，及留胡使，胡亦留汉使相当。至匈奴远遁，破耗矣，然犹不能臣服之，且不免浞野、李陵、贰师之败没。见武帝虽事穷黩，而未得十分逞志也。篇中大意如此，其微旨实寓讥云。"①余氏所论，可以视作赞语所云讨伐匈奴"建功不深"的具体说明。

何焯《义门读书记·史记》云："(《匈奴列传》)下即继以卫霍、公孙宏，而全录主父偃谏伐匈奴书，太史之意深矣。"②吴汝纶《点勘史记》亦云："此篇后，继以卫霍、公孙宏二篇，著汉所择任之将相也。"③卫青、霍去病都以外戚显贵，在对匈奴的战争中，他们是

---

① [明]凌稚隆：《史记评林》引，第 7 册，第 4482 页。
② [清]何焯著，崔高维点校：《义门读书记》，上册，第 227 页。
③ 吴汝纶：《桐城吴先生点勘史记读本》，见《史记研究文献辑刊》，第 10 册，第 548 页。

汉军的主要统帅。在司马迁看来,卫青官至大将军,霍去病为骠骑将军,并不是因为他们有什么过人的将略,而是因为汉武帝的私心。传中对卫、霍二人受封,武帝对兵力的配备和调遣过程中表现出来的偏袒不公等,都颇有微词。《佞幸列传》云:"卫青、霍去病亦以外戚贵幸,然颇用材能自进。"王鸣盛云:"一若以此二人本可入《佞幸》者,子长措词如此。"①而武帝重用的另一个外戚李广利,则更是庸才。《张丞相列传》云:"自申屠嘉死之后,景帝时开封侯陶青、桃侯刘舍为丞相。及今上时,柏至侯许昌、平棘侯薛泽、武强侯庄青翟、高陵侯赵周等为丞相,皆以列侯继嗣,娖娖廉谨,为丞相备员而已,无所能发明功名有著于当世者。"《平津侯主父列传》写公孙弘曲学阿世,但在相位的作用比其他人还要大一些。

细析景武之间任用将相的情况,联系《匈奴列传》赞语,可以真切地感受到《史记》"定哀之际"的微词。

二、酷吏之治及其他

酷吏之治是武帝对内采取高压政策的表现。《酷吏列传》所载十人,都在景帝之后,其中九人在武帝之时。酷吏之所以能在武帝时肆行无忌,其根源在于武帝的纵容与重用。故传中特别指出:"武帝即位,吏治尚循谨甚,然(周阳)由居二千石中最为暴酷骄恣。"而"自宁成、周阳由之后,事益多,民巧法,大抵吏之治类多成、由等矣"。《酷吏列传》中宁成等人,绝大多数都因用法深刻而得到武帝重用,并得以升迁。赵禹、张汤、义纵、尹齐诸人传记,都有"上以为能"一句;杨仆传云:"天子以为能";王温舒传载其杀人"至流血十余里","天子闻之,以为能";减宣为武帝治主父偃及淮

---

①[清]王鸣盛撰,陈文和等校点:《十七史商榷》,第29页。

南王反狱,微文深诋,杀人甚众,"称为敢决疑";杜周治狱刻深,"天子以为尽力无私"。张云璈曰:"酷吏之所以为酷者,仍恃朝廷之法。使天子持其平,或知其酷而不任用,虽郅都百辈,又乌从逞其志而肆其毒哉!故行其酷者酷吏也,而成其酷者天子也。太史公深慨焉,故于诸人之传,一则曰'上以为能',再则曰'上以为能'。上既能之,则深文曲法何所不至!虽明知张汤怀诈而欺,仍为案诛三长史以谢之,盖喜其酷而惜其死,总以为能之一念横于胸也。太史公大书特书,屡书不一,书其垂诫,岂在郅都诸臣哉!此作传之本意也。"①《酷吏列传》虽未斥言,但机锋所向,直逼武帝,讥刺之意,见于言外。

《封禅书》记汉武时事,开头便说"今天子初即位,尤敬鬼神之祀"。文中历载李少君、少翁、栾大、公孙卿、勇等,或言化丹沙为黄金,或言黄金可成。其中李少君病死,少翁、栾大诈谋败露而被诛,其他方士所言,其方无验者,而神仙终无所见。但武帝却始终执迷不悟。文中云:"方士更言蓬莱诸神若将可得,于是上欣然庶几遇之,乃复东至海上望,冀遇蓬莱焉。"武帝"考入海及方士求神者,莫验,然益遣,冀遇之"。又云:"方士之候祠神人,入海求蓬莱,终无有验。而公孙卿之候神者,犹以大人之迹为解,无有效。天子益怠厌方士之怪迂语矣,然羁縻不绝,冀遇其真。"钟惺云:"所谓'欣然'、'庶几遇之'、'羁縻不绝'、'冀遇其真'数语,是其胎骨中贪痴种子,疑城柔海,累劫难断,怪迂阿谀之徒,接踵而中之,往无不获,其原在此。"(《钟伯敬评史记》)所论极是。

《平准书》于武帝即位之初极言公私积蓄之富,继写更造钱币、盐铁之禁、算缗、告缗等种种兴利之举,兼及伴随经济剥夺政

---

①〔清〕张云璈:《简松草堂文集》,见《清代诗文集汇编》,第421册,第615页。

策的严刑酷诛,文中对这种种弊政也多有讥刺。

三、微文讥刺的范围和性质

《史记》确实存在微文讥刺,这是毋庸讳言的。但后人对微文讥刺的范围及其性质的理解,多有偏失。如曾国藩、吴汝纶等人推求《史记》各篇之意,对《史记》微文讥刺的解说往往失之于滥,这里有必要加以辨正。刘咸炘曰:"自王允以是书为谤书,而后世沿之,说多泛滥,几无一篇非刺讥。不思此乃黄帝至汉武之通史,非专为武帝而作之谏书也,述往思来,非陈古刺今也。是故全书有刺讥之篇,而非篇篇皆刺讥,《平准书》、《匈奴传》以下则诚刺讥也,余则非也。何乃谓《黄帝本纪》、《老子列传》为讥求仙耶? 一篇有刺讥之节,而非节节皆刺讥。《封禅书》、《货殖传》中载武帝事者则诚刺讥也,余则非也。何乃谓述古封禅、郊祀、灾祥、货殖之事皆反映武帝耶?"①刘氏的理解是正确的。《史记》载数千年之事,历朝历代,事有相类,理有相通,不能见到相类的事就与武帝之时联系起来。微文讥刺的范围,《史记》讲得很明确,只限于"当世",而不及其他各朝。

微文讥刺的性质在这里也有必要作些辨析。《后汉书·蔡邕传》李贤注引《班固集》云:"司马迁著书,成一家之言。至以身陷刑,故微文刺讥,贬损当世,非谊士也。"②这里几乎将"微文刺讥"理解为泄私愤的同义语,殊不足取。《史记》的讥刺,是对《春秋》书法的继承。它所讥刺的内容,如武帝用人、穷兵黩武、迷信、酷吏之治、与民争利等,都是武帝时明显的弊政。对这些事进行讥

---

① 刘咸炘著,徐兴海校注:《太史公书知意》,第 21 页。
② 《后汉书》,第 7 册,第 2007 页。

讽以示憎恶,并不违背实录的精神。而且,《史记》的讥刺也并非不讲分寸。牛运震曰:"《封禅书》讥讽嘲笑,可谓尽情极致矣。然皆以冷语出之,终有厚气装裹,不失之尖酸浅露。"①李晚芳评《平准书》云:"此谤书也。当时弊政甚多,将尽没之,则不足为信史,若直书之,又无以为君相地。太史于是以敏妙之笔,敷绚烂之辞,若吞若吐,运含讥冷,刺于有意无意之间,使人赏其绚烂,而不觉其含讥,赞其敏妙,而不觉其冷刺。"②李氏所谓"谤",指《史记》批评时政而言,她与牛氏的评论,都说明《史记》的讥刺适度而不过分。

第十四节　感慨寄托

《史记》一些篇目含有作者的感慨寄托。这里择其显者,略举数例。

第一,发愤著书。《自序》云:"太史公遭李陵之祸,幽于缧绁。乃喟然而叹曰:'是余之罪也夫! 是余之罪也夫! 身毁不用矣。'退而深惟曰:'夫《诗》、《书》隐约者,欲遂其志之思也。昔西伯拘羑里,演《周易》;孔子厄陈蔡,作《春秋》;屈原放逐,著《离骚》;左丘失明,厥有《国语》;孙子膑脚,而论兵法;不韦迁蜀,世传《吕览》;韩非囚秦,《说难》、《孤愤》;《诗》三百篇,大抵贤圣发愤之所为作也。此人皆意有所郁结,不得通其道也,故述往事,思来者。'"《报任安书》中也有一段类似的话。《史记》各篇,对于孔子、

①[清]牛运震撰,崔凡芝校释:《空山堂史评评注校释》,上册,第202页。
②[汉]司马迁著,[清]李晚芳编纂,赵前明、凌朝栋整理:《读史管见》,商务印书馆,2016年,第87页。

屈原之著述,乃至虞卿之穷愁著书,都津津乐道。吕不韦、韩非之书,并非发愤而作,司马迁也搬用过来,无非是想借以表达自己发愤著书的愿望而已。

第二,忍辱负重,建功立业。《自序》云:"扬名于后世,以显父母,此孝之大者。"《报任安书》云:"古者富贵而名摩灭,不可胜记,唯倜傥非常之人称焉。"建功立业,扬名后世,是司马迁的人生理想。身受宫刑的特殊经历,加深了他对忍辱含羞、终成功名的历史人物的理解。越王句践困于会稽,最后灭吴雪耻;伍子胥忍辱负重,而报父兄之仇;孙膑受刑,终能擒杀庞涓;韩信忍胯下之辱,而终于成名;季布沉沦人奴,而卒为名将。《报任安书》云:"仆诚以著此书,藏之名山,传之其人,通邑大都,则仆偿前辱之责,虽万被戮,岂有悔哉!"身处逆境,而能振作起来,有所作为,最终实现自己的人生价值,使司马迁与这些历史人物产生了更多的共鸣。因此这些人物身上,一定程度上寄托着司马迁的人生理想。

第三,世态炎凉。司马迁对现实生活中人情世态的感受很深。汉廷公卿对李陵败降前后的不同态度,自己遭李陵之祸时"交游莫救,左右亲近,不为一言"。对于这些,作者亲身经历,感慨异常。而历史上的事也多有与之相类者:廉颇、汲、郑、翟公之宾客,魏其、武安之事,张耳、陈余由刎颈之交而反目成仇。作者对这种以"市道相交"的行径极为憎恶,行文也多感慨喟叹。

历史家生活在现实社会之中,又以研究历史为己任,对人事不可能麻木不仁,毫无感触。作者在叙述历史时有所感慨,也是情理之常。司马迁提出了发愤著书的理论,《史记》一些篇目也多有感慨寄托,因此可以说《史记》融进了作者对历史、对人生的体验和感悟。但是,后人常常将这些成分加以扩展和夸张,以至于将整部《史记》都看成是司马迁的"自序",就不妥当了。袁文典曰:"余读《太史公自序》而知《史记》一书,实发愤之所为作。其传李广而缀以李蔡之得封,则悲其数奇不遇,即太史公之自序也。匪惟其传伍子胥、郦生、陆贾亦其自序,即进而屈原、贾生信而见疑,忠而被谤,痛哭流涕而长太息,亦其自序也。更进而伯夷积仁洁行而饿死,进而颜子好学而早夭,皆其自序也。更推之而传乐毅、田单、廉颇、李牧,而淮阴、彭越,而季布、栾布、黥布,而樊、灌诸人,再推之而如项王之力拔山兮气盖世,乃时不利而骓不逝,与夫豫让、荆轲诸刺客之切肤齿心为知己者死,皆太史公之自序也。所谓借他人之酒杯,浇胸中之魂礌,诚不禁其击碎唾壶、拔剑斫地、慷慨而悲歌也。于是乎传信陵、孟尝、平原、春申四公子之好客急人之义,而于是乎传朱家、剧孟、郭解诸游侠之不爱其躯、赴士之厄,与鲁仲连之排难而解纷,而于是乎传管仲之受利于鲍子,晏子之解骖以就越石父而愿为之执鞭。嗟乎,读史至《史记》,读《史记》至此,有不为之拍案叫绝、废书而三叹也哉!"①这一段话,很有代表性。章学诚《文史通义·史德》指出:"后人泥于发愤之说,遂谓百三十篇,皆为怨诽所激发。"②于是在一些人眼中,《史记》成了作者表现个人情绪、发泄个人怨愤的作品,《史记》的史学也随之而成了影射史学。这样理解《史记》,显然并不妥当。司马迁创作《史记》的目的,是要"究天人之际,通古今之变,成一家之言"。而所谓发愤著书,正如《史德》篇所说,"不过叙述穷愁,而假以为辞耳"。《史记》的根本内容是叙述历史,作者的感慨寄托是缘历史事实而发,而不是离开史实空发感慨。作者选取的人物、

---

① 李根源:《永昌府文征校注》之《文录》卷一二《读史记》,云南美术出版社,
　　2001年,第2434页。
② [清]章学诚著,仓修良编:《文史通义新编新注》,上册,第267页。

事件,不能偏离自己的作史宗旨,抒发感情也不能喧宾夺主,更不能违背理性精神歪曲历史。以"自序"、"怨诽"等观点来看整部《史记》,不仅有悖于客观事实,也是对《史记》自身价值的贬低和否定。

第九章 史学理论的探索

太史公在创作《史记》的同时，也给后人留下了关于史学理论的系统思考和探索。本书论史料运用与史料价值等章节多有涉及，可参看。这里主要谈三个问题。

第一节 作史目的与史学功能

先秦史学，具有非常明确的功利目的。《汉书·艺文志》云："古之王者，世有史官。君举必书，所以慎言行，昭法式也。"由针对君主的"慎言行，昭法式"引申扩大，便有了"劝善惩恶"的观念。《国语·楚语上》载申叔时之言曰："教之春秋，而为之耸善而抑恶焉，以戒劝其心。"①《晋语七》司马侯向晋君推荐羊舌肸"习于春秋"，可以劝导君主"以其善行，以其恶戒"。孔子作《春秋》，主要目的有二。一是出于政治的考虑，为了"上明三王之道，下辨人事之纪"。劝善惩恶，示人趋避，在这里已不是作者追求的终极目标。孔子作《春秋》之另一目的，是要托文辞而垂名后世。《孔子世家》说："子曰：'弗乎弗乎？君子病没世而名不称焉。吾道不行

---

① ［三国吴］韦昭注，徐元诰集解，王树民、沈长云点校：《国语集解》，中华书局，2019年，第513页。

矣,吾何以自见于后世哉?'乃因史记作《春秋》,上至隐公,下讫哀公十四年,十二公。"

太史公在《史记》和《报任安书》中,对创作目的均有阐述。主要可归纳为以下几点。

一、究天人之际,通古今之变

《史记》重视考察政治的成败得失,国家的盛衰治乱,这与《春秋》在精神上有相通之处。不过,司马迁并没有就此止步,他在《报任安书》中提出了更为重要的命题:"究天人之际,通古今之变。"

人类历史的进程,是出于"神"、"天意"的安排,还是人类社会自身的发展过程? 这是古代历史学所要面对的一个基本问题。正如赖长扬先生所指出的:"在作者所处的武帝时代,人类历史不可避免地被掩埋在官方哲学制造的鬼神气氛中。这主要表现在三个方面:第一,是对上占史的神化;第二,神人交通的思想在更大范围内渗透到社会生活的各方面;第三,在'五德终始说'的基础上,制造了神意安排人类史演进程序的三统说。"①在这样的氛围中,司马迁公然以"究天人之际"为己任,需要有过人的胆识与勇气。认真研究天人关系的结果,使他在很大程度上摆脱了天命观的束缚。在《伯夷列传》中,他对天命表示了怀疑,《项羽本纪》更严肃批判了项羽"天之亡我,非战之罪"的谬说。这一思想成果,使得他能从过去历史研究的迷雾中走出来,全力研究人事,并能以批判的眼光对待以往的史料,剔除一些非信史的东西。这对

---

① 赖长扬:《论司马迁的历史哲学》,见施丁、陈可青编著:《司马迁研究新论》,第 59—60 页。

于保证历史著作的科学性,具有非常重要的意义。

"通古今之变"旨在探索历史发展、国家治乱盛衰的变化及其规律性。承认古今不同,历史有发展变化,是史学研究中实事求是的态度,它比董仲舒"天不变,道亦不变","古之天下亦今之天下"的不变论要进步许多。① 司马迁研究历朝盛衰转换、各国强弱兴亡的原因,比较客观地总结出一些历史的经验教训;他首先提出"通古今之变",也给后世留下了一个很有研究价值的命题。

二、发挥历史的借鉴作用

《史记》作《汉兴以来将相名臣年表》,意在"贤者记其治,不贤者彰其事",《高祖功臣侯者年表》考察了汉初诸侯骄奢淫逸、忘本失国的历史,指出:"居今之世,志古之道,所以自镜也,未必尽同。帝王者各殊礼而异务,要以成功为统纪,岂可绲乎? 观所以得尊宠及所以废辱,亦当世得失之林也,何必旧闻? 于是谨其终始,表见其文,颇有所不尽本末;著其明,疑者阙之。后有君子,欲推而列之,得以览焉。"作者提出"自镜"说,说明《史记》总结历史经验,有意提供前车之鉴,以戒当世。作者认为史书的时效并不限于当代,故《自序》又称"述往事,思来者",书成要"藏之名山,副在京师,俟后世圣人君子"。不仅希望有益当世,更期待启迪来者,发挥更大的作用。

三、表达思想感情,借史学扬名后世

《自序》说:"夫《诗》、《书》隐约者,欲遂其志之思也。"又说古人有所著述,多因"意有所郁结,不得通其道"。以此为理论依据,

---

① 《汉书》,第 8 册,第 2519—2520 页。

作者"退而论书策,以书其愤",把自己对人事的评判、自己的爱憎褒贬,在《史记》中作了淋漓尽致的宣泄,这使他的文章激情充沛,富有感染力。司马迁认为文章可以表现作者的思想感情,也可使作者名垂后世。《报任安书》说:"古者富贵而名摩灭,不可胜记,唯倜傥非常之人称焉。盖文王拘而演《周易》;仲尼厄而作《春秋》;屈原放逐,乃赋《离骚》;左丘失明,厥有《国语》;孙子膑脚,《兵法》修列;不韦迁蜀,世传《吕览》;韩非囚秦,《说难》《孤愤》;《诗》三百篇,大底圣贤发愤之所为作也。此人皆意有所郁结,不得通其道,故述往事,思来者。及如左丘明无目,孙子断足,终不可用,退而论书策,以舒其愤,思垂空文以自见。"①司马迁藉史扬名的愿望非常强烈。遭受李陵之祸,作史成了他惟一的寄托和生命的全部内容。每当他陷入绝望时,他总是以古代圣贤发愤著书的史实来勉励自己。他在解释惨遭宫刑仍然忍辱活下来的原因时说:"所以隐忍苟活,幽于粪土之中而不辞者,恨私心有所不尽,鄙没世而文彩不表于后也。"②又说:"仆诚以著此书,藏诸名山,传之其人,通邑大都,则仆偿前辱之责,虽万被戮,岂有悔哉?"③这就是说,写成《史记》,即可名垂后世,虽万死而无憾了。

四、方便后来学者

司马迁对史书的学术价值,有了明确的认识。《十二诸侯年

---

① [汉]司马迁:《报任安书》,见[梁]萧统编,[唐]李善注:《文选》卷四一,第581页。
② [汉]司马迁:《报任安书》,见[梁]萧统编,[唐]李善注:《文选》卷四一,第580页。
③ [汉]司马迁:《报任安书》,见[梁]萧统编,[唐]李善注:《文选》卷四一,第581页。

表》序言说,孔子作《春秋》,对后世影响很大,其后左丘明作《左氏春秋》,铎椒为《铎氏微》,虞卿著《虞氏春秋》,吕不韦成《吕氏春秋》,荀卿、孟轲、韩非、公孙固之徒"各往往捃摭《春秋》之文以著书,不可胜纪"。他还宣称著《十二诸侯年表》,目的在于"表见《春秋》、《国语》学者所讥盛衰大指著于篇,为成学治古文者要删焉"。

以上司马迁对治史目的之阐述,也表达了他对史学功能的理解。将有关论述加以归纳可以看出,他对史学功能的理解,内容相当丰富,且有一定的理论价值,代表了当时的最高水准。这些论述,对于提高史学的科学性、独立性,揭示史学自身所具有的价值,从而提高史学的地位,有着重大意义。

第二节　历史研究方法

先秦史书,基本上以单一的历史事件作为研究对象。与此相对应,它们多以孤立的事件作为叙述单元。《尚书》、《春秋》、《国语》、《战国策》等都是如此。《左传》"或先经以始事,或后经以终义",①已经注意到相关事件之间的联系,但仍然是以一中心事件为主轴,研究历史的方法与其他史书并没有根本的不同。到了《史记》,治史方法才有了新的突破。《史记》历记前代,作者以"通古今之变"为宗旨。"通古今之变"反映了作者对历史的认识:他认为历史是一个发展演变的过程,历史发展的阶段,历史上的一些重大事件,都是构成历史的环节,前后古今,纷纭繁杂的人事更迭,并不是彼此孤立、各不相关的,它们之间存在着某种内在的联系,历史家的任务,就是要探求历史发展、盛衰治乱的规律性。

---

① [清]阮元校刻:《春秋左传正义》,第 4 册,第 3700 页。

"通古今之变"这一宗旨,也决定了作者研究历史的方法。《自序》说《史记》着意于"王迹所兴,原始察终,论考之行事",《报任安书》云"略考其行事,综其终始,稽其成败兴坏之纪",《高祖功臣侯者年表》称该表所载侯国"谨其终始",《惠景间侯者年表》称"咸表始终",《六国年表》则批评有些学者"不察其终始"。这些都说明,考察终始本末,综观盛衰变化,是太史公研究历史的主要方法。评论历史人物和事件,由于立场、角度不同,结论往往有异。综其终始,观其会通,为司马迁提供了较为科学的批判武器。《儒林列传》说:"陈涉起匹夫,驱瓦合適戍,旬日以王楚,不满半岁竟灭亡,其事至微浅。"在《秦始皇本纪》和《陈涉世家》中,作者一再引用贾谊《过秦论》中的话,认为:"陈涉瓮牖绳枢之子,氓隶之人,而迁徙之徒也。材能不及中人,非有仲尼、墨翟之贤,陶朱、猗顿之富也。蹑足行伍之间,俯仰仟佰之中,率罢散之卒,将数百之众,转而攻秦。"陈涉个人,微不足道,作者甚至觉得不值一提。这是作者就事论事、就人论人作出的评价。《自序》云:"桀、纣失其道而汤、武作,周失其道而《春秋》作。秦失其政,而陈涉发迹,诸侯作难,风起云蒸,卒亡秦族。天下之端,自涉发难。"从历史发展的全局看,陈涉发难,影响深远,非同小可。

　　这是作者登高望远的历史目光。《六国年表》序言说:"秦取天下多暴,然世异变,成功大。传曰'法后王',何也?以其近己而俗变相类,议卑而易行也。学者牵于所闻,见秦在帝位日浅,不察其终始,因举而笑之,不敢道,此与以耳食无异。悲夫!"作者之所以敢于得出惊世骇俗的论断,嘲笑那些牵于所闻的耳食者,原因就在于他坚信"察其终始"的方法是科学的,由此得出的结论经得起历史的检验。太史公评论孔子、商鞅、项羽、吕后、晁错等历史人物,也多能从大处着眼,评价他们对历史发展的贡献和影响。太史公卓越的史识,与他研究历史的方法较为科学有很大关系。

第三节 真实性原则

在历史编纂方面,《史记》最重要的贡献,是提出了史书的真实性原则。《仲尼弟子列传》:"太史公曰:学者多称七十子之徒,誉者或过其实,毁者或损其真,钧之未睹厥容貌。"《周本纪》:"太史公曰:学者皆称周伐纣,居洛邑,综其实不然。"作者反复强调"真"、"实",因为他视真实为历史的生命。为了保证史书的真实性,他还总结出一整套行之有效的方法。本书说明《史记》史料运用的一些内容,与此有相关之处。为了尽量避免重复,这里对这部分内容只是简单列举,不作详细论述。

一、考信于六艺

孔子删《诗》、《书》,定《礼》、《乐》,序《周易》,作《春秋》,六艺从此俱备,汉代自天子王侯,中国言六艺者折中于夫子。《伯夷列传》说:"夫学者载籍极博,犹考信于六艺。"司马迁提出以六艺为考信准则,主要是因为孔子以严谨的态度,对六艺进行过认真的整理,所删定的资料基本上是可信的。"考信于六艺",实质上就是吸收和运用孔子文献整理的成果,而不是对孔子无条件地盲从。曾巩批评司马迁"蔽害天下之圣法,是非颠倒而采摭谬乱者,亦岂少哉"?[1] 对于司马迁尊重六经而不拘泥于六经的态度,显

———————

[1]〔宋〕曾巩著,陈杏珍、晁继周点校:《曾巩集》卷一一,中华书局,1984年,第188页。

然未能正确理解。

二、择其言尤雅者

《五帝本纪》:"太史公曰:学者多称五帝,尚矣。然《尚书》独载尧以来;而百家言黄帝,其文不雅驯,荐绅先生难言之。孔子所传《宰予问五帝德》及《帝系姓》,儒者或不传。"作者通过考察风教,验证文献,得出了"总之不离古文者近是"的结论,决定"择其言尤雅者","著为本纪书首"。《苏秦列传》说:"世言苏秦多异,异时事有类之者皆附之苏秦。夫苏秦起间阎,连六国从亲,此其智有过人者。吾故列其行事,次其时序,毋令独蒙恶声焉。"

这一类的例子不胜枚举。取舍之间,可见作者考信、甄别史料时的识见,也可以看出作者所付出的艰巨劳动。

三、阙疑传疑

太史公运用阙疑传疑之法,受孔子的启发颇深。孔子为人为学都非常严谨。据《论语·为政》,孔子提出过"多闻阙疑"的主张。《子路》则云"君子于其所不知,盖阙如也",《卫灵公》记载孔子肯定史书阙文存疑的态度,并指出后人缺乏这种精神。孔子作《春秋》,纪元年,正时日月,颇为详赡;序《尚书》则多所阙略,无年月。阙疑传疑,态度极为慎重。太史公对这种做法非常赞赏,并将这一方法引进了自己的作史实践之中。综观《史记》,全书贯彻着严格的考信精神,做到了无征不信,疑以传疑,宁缺毋滥。如,《三代世表》说:"余读谍记,黄帝以来皆有年数。稽其历谱谍终始五德之传,古文咸不同,乖异。夫子之弗论次其年月,岂虚哉!"三代年纪不可考,故作者"以《五帝系谍》、《尚书》集世纪黄帝以来讫共和为世表"。《高祖功臣侯者年表》云"著其明,疑者阙之",《仲尼弟子列传》云编次孔门弟子名姓文字取材于《论语》，"疑者阙焉"。太史公运用传疑之法更为普遍。如，《周本纪》载西伯在位年数，演《易》八卦为六十四卦的时间及听虞芮之讼，《齐太公世家》载太公之事周，《老子韩非列传》载老子其人与其年寿，《孟子荀卿列传》载墨翟之时代等，都以传疑之笔出之。孙德谦说："夫读书而不善疑，则义理必不能推求。但有疑而不知姑从其阙，将自信过深，必有妄言之弊，亦非持慎之道也。……夫人生古人后，传闻异辞，安能由我而决之？所以传疑者，留待后贤之研讨耳。使是非任臆，遽行去取于其间，如我之所删存者未必得当，岂不使后人转滋疑误乎！故疑以传疑，斯慎之至也。"①阙疑传疑是保证《史记》载述准确性的极其重要的方法之一。

四、摈弃怪诞内容

《大宛列传》赞云："太史公曰：《禹本纪》言'河出昆仑。昆仑其高二千五百余里，日月所相避隐为光明也。其上有醴泉、瑶池'。今自张骞使大夏之后也，穷河源，恶睹本纪所谓昆仑者乎？故言九州山川，《尚书》近之矣。至《禹本纪》、《山海经》所有怪物，余不敢言之也。"《刺客列传》批评了"天雨粟，马生角"之类的说法，认为"太过"，荒诞不合实际。当然，《史记》也记载了一些神异现象，如《殷本纪》载简狄吞玄鸟卵而生契，《周本纪》录姜原践巨人迹而生弃，《秦本纪》叙女修吞玄鸟卵而生大业。这些故事，作者本人也未必相信，因见于经典，脍炙人口，故取而用之。从总体上说，《史记》很少采取神话、传说及各种怪诞之事，这正是作者自觉选择的结果。

---

① ［清］孙德谦：《太史公书义法》，见《史记研究文献辑刊》，第 12 册，第 19 页。

五、纪异而说不书

《天官书》云：“幽、厉以往，尚矣。所见天变，皆国殊窟穴，家占物怪，以合时应，其文图籍机祥不法。是以孔子论六经，纪异而说不书。”在当时，提出“纪异而说不书”，很不容易。古人由于认识水平的限制或出于某种目的，常把自然现象（特别是一些异常现象）与人事联系起来，牵强附会地予以解释。如天文学与占星术，就常常纠结在一起。据《天官书》，战国时著名的占星家，齐有甘公，楚有唐眜，赵有尹皋，魏有石申，汉代“（望）气则王朔，占岁则魏鲜”。在其他方面，武帝时董仲舒推阴阳，著灾异，夏侯始昌善推五行传。其后刘向、刘歆父子，眭孟、夏侯胜、京房、谷永、李寻之徒，无不以五行推言阴阳灾异。对于自然界罕见现象和灾异，《史记》记载远没有《汉书》多。这一点，只要将《史记》与《汉书·五行志》对照一番，就会非常清楚。而对于这些现象的解说，《史记》更是大力予以摈弃。试举例说明之。春秋时三十六次日蚀，《汉书》都有记载解说。如《汉书·五行志下之下》：“定公五年‘三月辛亥朔，日有食之’。董仲舒、刘向以为后郑灭许，鲁阳虎作乱，窃宝弓大玉，季桓子退仲尼，宋三臣以邑叛。刘歆以为正月二日燕、赵分。”“（定公）十二年‘十一月丙寅朔，日有食之’。董仲舒、刘向以为后晋三大夫以邑叛，薛弑其君，楚灭顿、胡，越败吴，卫逐世子。刘歆以为十二月二日楚、郑分。”①《史记·天官书》云：“春秋二百四十二年之间，日蚀三十六，彗星三见。”而甘公、石公历五星法，“日月薄蚀，皆以为占”。甘公作《天文星占》八卷，石公作《天文》八卷，汉时尚存，太史公认为“其占验凌杂米盐”，故

---

① 《汉书》，第 5 册，第 1498—1499 页。

《天官书》不予记载。其他方面的例子如《五行志中之上》："史记
周威烈王二十三年,九鼎震。金震,木动之也。是时周室衰微,刑
重而虐,号令不从,以乱金气。鼎者,宗庙之宝器也。宗庙将废,
宝鼎将迁,故震动也。是岁晋三卿韩、魏、赵篡晋君而分其地,威
烈王命以为诸侯。天子不恤同姓,而爵其贼臣,天下不附矣。后
三世,周致德祚于秦。其后秦遂灭周,而取九鼎。九鼎之震,木沴
金,失众甚。"①《史记·周本纪》仅云:"威烈王二十三年,九鼎
震。"虽然《史记》与天人感应之类的思想,还没有彻底划清界限
(如《天官书》的一些记载),但作者达到的认识水平,在当时历史
条件下,已是难能可贵的了。特别是太史公已经明确提出"纪异
而说不书",《汉书》作者却大谈灾异之说,识见之高下,不辨自明。

太史公极端重视史书编纂的真实性,其裁择之精,史识之高,
令人称赏。《史记》文直事核,被誉为实录,绝非偶然。

如前所述,《史记》对治史目的、方法、取材凡例、编纂原则等
一系列重要问题,作了系统深入的思考探索,提出了许多重要观
点。这些观点,在作者治史过程中产生并且不断得以深化,作者
的理性认识,反过来又被用以指导作史实践。这些思想成果,对
于提高《史记》编纂质量,具有重要意义,也给后世治史者提供了
极为有益的借鉴。

①《汉书》,第 5 册,第 1401 页。

第十章　《史记》编纂的几个问题

《史记》内容博大,体例独特,形式生动活泼,在历史编纂方面有许多值得研究的课题。这里主要谈四个问题:一、五体篇数,二、列传编次,三、《史记》论赞,四、《史记》标题。

第一节　五体篇数

《史记》一百三十篇次序为:本纪十二、表十、书八、世家三十、列传七十。对五体的数字,前人颇为重视。三家注中,司马贞、张守节二人都曾作过解释。

司马贞《补史记序》云:"本纪十二象岁星之一周,八书有八篇法天时之八节,十表放刚柔十日,三十系家比月有三旬,七十列传取悬车之暮齿。百三十篇象闰余而成岁。"

张守节的解释更为详细:"(太史公)作本纪十二,象岁十二月也。作表十,象天之刚柔十日,以记封建世代终始也。作书八,象一岁八节,以记天地日月山川礼乐也。作世家三十,象一月三十日,三十辐共一毂,以记世禄之家、辅弼股肱之臣忠孝得失也。作列传七十,象一行七十二日,言七十者举全数也,余二日象闰余也,以记王侯将相英贤,略立功名于天下,可序列也。合百三十篇,象一岁十二月及闰余也。而太史公作此五品,废一不可,以统理天地,劝奖箴诫,为后之楷模也。"

司马贞、张守节二人的说法,小异而大同。研究者或信或疑,各有取舍。细考两家之说,可疑之处实多。司马贞、张守节都认为《史记》各体篇数和全书总数,与年、月、日、时节及岁之闰余有关,其说颇为牵强,无从印证。张守节的解说比司马贞略好些。他指出世家三十与"三十辐共一毂"有关,孤立地看有道理。但又说世家三十"象一月三十日",不免自相矛盾。而三十辐共一毂的解释放到整个年、月、日、时节的数字体系中,也显得不伦不类。

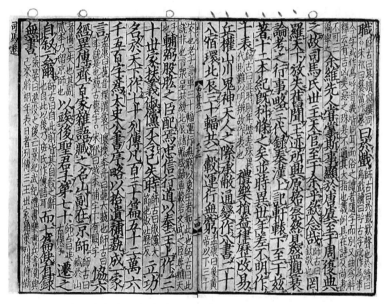

日本国立历史民俗博物馆藏宋庆元刊《汉书·司马迁传》

《报任安书》说:

> 仆窃不逊,近自托于无能之辞,网罗天下放失旧闻,略考其行事,综其终始,稽其成败兴坏之纪,上计轩辕,下至于兹,

为十表,本纪十二,书八章,世家三十,列传七十,凡百三十篇。①

这段话概括《史记》五体及全书篇数,没有用任何含有比喻象征意义的语言。

《自序》说:

> 略推三代,录秦汉,上记轩辕,下至于兹,著十二本纪,既科条之矣。并时异世,年差不明,作十表。礼乐损益,律历改易,兵权山川鬼神,天人之际,承敝通变,作八书。二十八宿环北辰,三十辐共一毂,运行无穷,辅拂股肱之臣配焉,忠信行道,以奉主上,作三十世家。扶义俶傥,不令己失时,立功名于天下,作七十列传。凡百三十篇,五十二万六千五百字,为《太史公书》。

《自序》用两个比喻形象地说明主上和臣子的关系。这里的比喻是两个事物之间关系的比拟,而与数字无关。主上和臣子之间,王朝和诸侯之间,可以说二十八宿环北辰,也可以说三十辐共一毂,数字并非实指,也不是不可改变。三十辐和三十世家数字相同,只是偶然巧合而已。从《自序》关于本纪、表、书、列传和全书内容的说明,也可以看出《史记》全书及五体篇数,并没有什么特别的含义。求之过深,未必符合作者原意。

第二节 列传编次

七十列传有专传、合传、附传、类传、序传五种不同形式。专

---

① [汉]司马迁:《报任安书》,见[梁]萧统编,[唐]李善注《文选》卷四一,第581页。

传比较单纯,时间也容易确定;合传之中有同时之人,也有不同时代的;附传有与传主并世之人,更多的是上溯下及;类传所记人物众多,时间跨度更大。七十列传内容既杂,门类亦多,时间又参差不齐,对列传编次,后人多有困惑。如王若虚云:

> 《史记索隐》谓《司马相如传》不宜在《西南夷》下,《大宛传》不宜在《酷吏》、《游侠》之间,此论固当。然凡诸夷狄,当以类相附,则《匈奴》亦岂得在《李广》、《卫青》之间乎?《循吏》、《儒林》而下,一节之人皆居列传之末,盖得体矣。及至《刺客》乃独第之《李斯》之上,《循吏》则第之《汲郑》之上,复何意哉?①

又如赵翼云:

> 《史记》列传次序,盖成一篇即编入一篇,不待撰成全书后重为排比。故《李广传》后忽列《匈奴传》,下又列《卫青霍去病传》。朝臣与外夷相次,已属不伦,然此犹曰诸臣事皆与匈奴相涉也。《公孙弘传》后忽列《南越》、《东越》、《朝鲜》、《西南夷》等传,下又到《司马相如传》,《相如》之下又列《淮南衡山传》。《循吏》后忽列《汲黯郑当时传》,《儒林》、《酷吏》后又忽入《大宛传》,其次第皆无意义,可知其随得随编也。②

王若虚对《史记》篇第的指责,赵翼"随得随编"之说,都值得商榷。理解列传编次之旨,要点有三。

一曰次以时序。《史记》全书,都以时间为主要线索。十二本纪、三十世家,彰明较著,可资佐证。七十列传,最主要的编排依据也是时间顺序,不过具体情况并非千篇一律。列传以三代、春

---

① [金]王若虚著,马振君点校:《王若虚集》,上册,第142页。
② [清]赵翼著,王树民校证:《廿二史札记校证》,第7页。

秋、战国、秦、汉顺序编次,这是总的规律。同时之人,同时之事,则略以先后编次。《鲁仲连邹阳列传》、《屈原贾生列传》记邹阳、贾生为下及,《扁鹊仓公列传》、《淮南衡山列传》记扁鹊、刘长为上溯,附传人物不影响排列先后,类传人物则以最后之记载为编排标准。

二曰连类对比。如《刺客列传》置于吕不韦、李斯、蒙恬诸传之间,因荆轲之事与秦有关。李广、卫青、霍去病事与匈奴相涉,故分置《匈奴列传》前后,主父偃以谏伐匈奴出仕,又建言立朔方郡以为灭胡之计,故复次于卫、霍之后。出使西南夷为司马相如一生大事,《平准书》云:"唐蒙、司马相如开路西南夷,凿山通道千余里,以广巴蜀,巴蜀之民罢焉。"故《司马相如列传》置《西南夷列传》之后。一般来说,《史记》采取连类而及的编次方法,与以时间为序并不矛盾,但也有个别例外。《循吏列传》写孙叔敖、子产、公仪休、石奢、李离五人,事在春秋之时,按理应列在所有类传之前。叶梦得曰:"《循吏传》后即次以黯,其以黯列于循吏乎! 而以郑当时附之。"①泷川资言曰:"本纪、世家各有次序,列传亦岂随得随编者乎哉? 必当有次序。李广、卫青、霍去病皆事涉匈奴,赵氏既已知之矣。《西南夷传》前有公孙弘,后有司马相如,一欲罢之,一欲开之,事亦相涉。《循吏传》后叙汲黯、郑当时者,以二人亦循吏也。"②据此则《循吏列传》置于《汲郑列传》之前,是以类相次而打乱时序之例。

---

① [汉]司马迁著,(日)泷川资言考证,杨海峥整理:《史记会注考证》引,第8册,第4047页。
② [汉]司马迁著,(日)泷川资言考证,杨海峥整理:《史记会注考证》,第5册,第2722页。

　　三曰重内容不重形式。七十列传中的类传和部分合传,时间跨度较大,容易给人以前后错杂的感觉,对时代世次前后不一的合传,作者不将其打散各自立传,主要是考虑内容方面的内在联系。类传特点鲜明,《史记》排列相对集中,但并非一成不变。各类传之间所穿插的传记,也是出于内容方面的考虑。《卫将军骠骑列传》、《平津侯主父列传》、《司马相如列传》诸传,都是如此。

　　齐树楷曰:

　　　　吾言《史记》全部为一篇。考其系统,最为分明。各类各篇亦多挈冒串插之法。如《五帝本纪》黄帝,提挈全部者也,世家吴太伯,列传伯夷,则提挈本类者也。萧何、曹参世家,互为首尾,吕后、韩、彭纪传,互相激射,仲尼弟子殿春秋之末,刺客结战国之终。其他前后关联,彼此映带者,更不一而足。但能详细寻绎,皆可得其线索。且各类中,时代先后排列不紊。故《史记》为极有系统之书。(《史记意·史记读法五》)

齐氏的意见,基本上是正确的。当然,《史记》编次也并非尽善尽美。如《淮南衡山列传》、《大宛列传》两篇,时序没有问题,但与前后之文内容上既缺少联系,也有损于形式整齐。如果将《淮南衡山列传》移至《韩长孺列传》之后,《大宛列传》置于《西南夷列传》之前,可能更为妥帖。

第三节　《史记》论赞

　　《史记》一百三十篇,每篇都有“太史公曰”,有的冠于篇首,有的殿于文末,有的次于篇中,统称论赞,它是司马迁创造的史论形式。《史记》论赞作为司马迁“一家之言”的重要组成部分,是太史

公精心之作,不可等闲视之。赖襄曰:

> 史中论赞,自是一体,不可与后人史论同视也。史氏本主叙事,不须议论。特疏已立传之意,又补传所未及,而有停笔踌躇俯仰今古处,足以感发读者心,是论赞所以有用。子长以后,少得此意者。(《山阳先生书后》)

司马迁作史之目的,在于"成一家之言"。这"一家之言",不同于一般的史书,而是一部有思想、有主张、有灵魂的史书。为了达此目的,作者通过某种固定的形式来发表议论,系统阐明自己的观点和见解,就显得十分必要。《史记》论赞内容广泛,思想深刻,古今学者对此有许多精辟的论述。今人张大可、俞樟华等更对此进行了专题研究。① 这里参照前人的研究成果,结合自己的一些思考,分别列举《史记》论赞的主要内容。

一、总结成败得失

《史记》作者"通古今之变","稽其成败兴坏之纪"的成果,在论赞中得到了较为集中直接的反映。《秦楚之际月表》云:"昔虞、夏之兴,积善累功数十年,德洽百姓,摄行政事,考之于天,然后在位。汤、武之王,乃由契、后稷修仁行义十余世,不期而会孟津八百诸侯,犹以为未可,其后乃放弑。秦起襄公,章于文、缪、献、孝之后,稍以蚕食六国,百有余载,至始皇乃能并冠带之伦。以德若彼,用力若此,盖一统若斯之难也。"《秦始皇本纪》和《陈涉世家》赞语,引用贾谊《过秦论》对秦朝兴亡的历史经验作出了总结。《吕太后本纪》、《萧相国世家》、《曹相国世家》等篇赞语肯定了汉

---

① 张大可、俞樟华等:《司马迁一家言》,陕西人民教育出版社,1995年。俞樟华:《史记新探》,民族出版社,1994年。

初黄老之治取得的成功,《孝文本纪》赞语称颂了文帝的仁政和德治等等。这些都涉及到三代、秦汉政治得失的根本原因。至于一些具体的方面,论赞反映得更多。如《外戚世家》从性爱的角度,论证了外戚对三代兴亡的重要作用,各年表分析了天子诸侯的势力消长与国家治乱的关系,《楚元王世家》、《匈奴列传》论用人对政治的影响等,内容极为丰富。这些归纳和总结,不是亦步亦趋地致力于描绘历史,也不是简单地褒贬人事,而是将叙述历史与理论研究结合起来,大大深化了《史记》的思想内容,是《史记》全书的精髓。

二、评议人物事件

《自序》称《春秋》"上明三王之道,下辨人事之纪,别嫌疑,明是非,定犹豫,善善恶恶,贤贤贱不肖,存亡国,继绝世,补敝起废",是"王道之大者"。人事直接关系政治得失、国家兴衰。孔子《春秋》"是非二百四十二年之中,以为天下仪表",通过褒贬人事,来劝善惩恶,示人以趋避,以期"拨乱世反之正",达到天下大治。《史记》对人物事件的评议,与《春秋》这一宗旨一脉相承。这类评论在《史记》论赞中非常普遍。如《项羽本纪》肯定了项羽灭秦的历史功绩,也批评了他自矜功伐的毛病,《吴太伯世家》赞颂太伯"三以天下让"的高尚行为,《燕召公世家》称召公奭之仁,《越王句践世家》论句践忍辱雪耻,《陈丞相世家》评陈平之智谋,《绛侯周勃世家》推周勃之功勋、亚夫之持重,《商君列传》称商鞅为天资刻薄之人,《白起王翦列传》、《李斯列传》、《蒙恬列传》批评王翦、李斯、蒙恬苟合取容,不能谏争,《平原君列传》讥平原君"未睹大体",《廉颇蔺相如列传》赞扬蔺相如叱秦王、让廉颇名重泰山,智勇兼备,《张耳陈余列传》谓张、陈为势利之交,《张释之冯唐列传》

称颂张释之、冯唐不偏不党,守法不阿意,《李将军列传》称赞李广身正令行等,都涉及到对历史人物、历史事件的褒贬。这些内容,比较直接地表露了作者的思想感情和道德观念,合起来也较为全面地反映了作者的人格理想。有时,作者臧否人事,更多地与他对历史、人生的感喟联系在一起。如《楚世家》:"太史公曰:楚灵王方会诸侯于申,诛齐庆封,作章华台,求周九鼎之时,志小天下;及饿死于申亥之家,为天下笑。操行之不得,悲夫! 势之于人也,可不慎与?"《伍子胥列传》:"太史公曰:怨毒之于人甚矣哉! 王者尚不能行之于臣下,况同列乎! 向令伍子胥从奢俱死,何异蝼蚁。弃小义,雪大耻,名垂于后世,悲夫! 方子胥窘于江上,道乞食,志岂尝须臾忘郢邪? 故隐忍就功名,非烈丈夫孰能致此哉?"《孟子荀卿列传》:"太史公曰:余读《孟子》书,至梁惠王问'何以利吾国',未尝不废书而叹也。曰:嗟乎,利诚乱之始也! 夫子罕言利者,常防其原也。故曰'放于利而行,多怨'。自天子至于庶人,好利之弊何以异哉!"《汲郑列传》:"太史公曰:夫以汲、郑之贤,有势则宾客十倍,无势则否,况众人乎! 下邽翟公有言,始翟公为廷尉,宾客阗门;及废,门外可设雀罗。翟公复为廷尉,宾客欲往,翟公乃大署其门曰:'一死一生,乃知交情。一贫一富,乃知交态。一贵一贱,交情乃见。'汲、郑亦云,悲夫!"《鲁周公世家》、《卫康叔世家》、《晋世家》、《范睢蔡泽列传》、《魏豹彭越列传》、《季布栾布列传》、《刘敬叔孙通列传》、《平津侯主父列传》等,也多属此类。这些论赞揣摩世象,洞察人情,语多警策,意味深长,读来很有感染力。

三、概括篇旨内容

《史记》一些篇目,作者往往通过论赞来说明作某本纪、某表、某世家、某列传的旨意。《十二诸侯年表》有感于儒者、历人、数家、谱谍各取一端，"不务综其终始"，文辞简略，后人"欲一观诸要难"，"于是谱十二诸侯，自共和讫孔子，表见《春秋》、《国语》学者所讥盛衰大指著于篇，为成学治古文者要删焉"。《管蔡世家》："太史公曰：管蔡作乱，无足载者。然周武王崩，成王少，天下既疑，赖同母之弟成叔、冉季之属十人为辅拂，是以诸侯卒宗周，故附之世家言。"《河渠书》赞语载作者考察了各地水利情况，感到水之为利为害非同小可，又因"从负薪塞宣房，悲《瓠子》之诗而作《河渠书》"。《司马相如列传》说相如所著，本传多不采，至于为什么要收录《子虚》、《上林》等作品，赞语特别作了交代："太史公曰：《春秋》推见至隐，《易》本隐之以显，《大雅》言王公大人而德逮黎庶，《小雅》讥小己之得失，其流及上。所以言虽外殊，其合德一也。相如虽多虚辞滥说，然其要归引之节俭，此与《诗》之风谏何异！……余采其语可论者著于篇。"其他如《高祖功臣侯者年表》著当世之得失，意在供人们览观借鉴，《陈杞世家》言杞小而列于世家之意，《苏秦列传》称不欲令苏秦"独蒙恶声"等等，都属此类。一经论赞揭示，作者立篇之意十分醒目。

概括篇中内容，也是论赞的一项重要功能。年表部分内容丰富，头绪繁杂，序言多用总括之法。如《六国年表》云："余于是因《秦记》，踵《春秋》之后，起周元王，表六国时事，讫二世，凡二百七十年，著诸所闻兴坏之端。"《汉兴以来诸侯王年表》综述朝廷与诸王势力之消长，《惠景间侯者年表》叙惠景间诸侯之概况，也是如此。《史记》类传，人多事众，论赞也多用此法。《南越列传》云："太史公曰：尉佗之王，本由任嚣。遭汉初定，列为诸侯。隆虑离湿疫，佗得以益骄。瓯骆相攻，南越动摇。汉兵临境，婴齐入朝。其后亡国，征自樛女；吕嘉小忠，令佗无后。楼船从欲，怠傲失惑；伏波困穷，智虑愈殖，因祸为福。成败之转，譬若纠墨。"《滑稽列

传》:"淳于髡仰天大笑,齐威王横行。优孟摇头而歌,负薪者以
封。优旃临槛疾呼,陛楯得以半更。岂不亦伟哉!"《东越列传》、
《西南夷列传》《循吏列传》等,也与此相类。世家和列传其他篇
目,也偶有用此法者。这类论赞,不应看作是传文内容的简单重
复。第一,它有提纲挈领、突出重点的作用,有利于读者透过纷繁
的表象抓住主要线索。第二,此类论赞,大多既概括内容,又加以
评论。如《滑稽列传》作者点出淳于髡等人或歌或笑或呼的效果,
本身就包含着对人物的评论,突出了他们"以谈笑讽谏"的特点。
末尾以一"伟"字作结,与篇首"谈言微中,亦可以解纷"相呼应,是
对滑稽人物的高度赞扬,讽谏是这篇文章的主题,善讽是滑稽人
物得以列传的根本原因。赞语虽然简单,内容却十分深刻。《循
吏列传》云:"太史公曰:孙叔敖出一言,郢市复。子产病死,郑民
号哭。公仪子见好布而家妇逐。石奢纵父而死,楚昭名立。李离
过杀而伏剑,晋文以正国法。"通过概括传文,突出了"奉职循理,
亦可以为治"的思想内容。这类论赞,作者还往往顺带总结历史
经验。如《朝鲜列传》总结了朝鲜王右渠"负固"而亡,楼船将军、
左将军争功被诛的经验教训。

四、阐明作史之法

《史记》一书,构建了比较系统的史学理论体系,本书将在有
关章节详加论述。这里就事论事,仅就论赞阐明的作史方法作一
简单的说明。

《五帝本纪》云百家言黄帝,其文不雅驯,作者考之文献资料
和风俗民情,确认孔子所传《五帝德》、《帝系姓》"所表见皆不虚",
故"择其言尤雅者","著为本纪书首"。《殷本纪》称"以《颂》次契
之事",成汤以来,则"采于《诗》、《书》"。都交代了作史的资料来

源。《六国年表》《封禅书》等篇,也都是如此。作者说明史料取舍的方法,并注明史源,有利于读者按核判断。

《三代世表》说,根据谍记,黄帝以来皆有年数,但考之有关资料,明显不可据信,故参照孔子序《尚书》多所缺略,"疑则传疑"的做法,舍弃了那些不可信的纪年资料,"集世纪黄帝以来讫共和为世表"。《高祖功臣侯者年表》《仲尼弟子列传》赞语也都申明了阙疑之法。《高祖功臣侯者年表》称"谨其终始",《惠景间侯者年表》云"咸表始终",则表明作者"原始察终"的治史方法。《孙子吴起列传》赞云孙吴兵法"世多有,故弗论,论其行事所施设者"。《管晏列传》云不论其书而"论其轶事",《司马穰苴列传》也有类似的说明。这些论赞阐发了成书流传者不论的取材方法。

五、补纪传之未及

刘知几曰:"史之有论也,盖欲事无重出,文省可知。如太史公曰:观张良貌如美妇人,项羽重瞳,岂舜苗裔。此则别加他语,以补书中,所谓事无重出者也。"[1]《史记》论赞多有录正文未载之事者。如《夏本纪》《殷本纪》《秦本纪》分别记载夏、殷、秦三朝世系,势难旁枝逸出,系统记载君王之外的其他支派,所以三纪赞语分别载禹、契、嬴姓之后分封的情况。《秦本纪》:"太史公曰:秦之先为嬴姓。其后分封,以国为姓,有徐氏、郯氏、莒氏、终黎氏、运奄氏、菟裘氏、将梁氏、黄氏、江氏、修鱼氏、白冥氏、蜚廉氏、秦氏。然秦以其先造父封赵城,为赵氏。"《吕不韦列传》也对传文作了补充。论赞的补叙,有时意在言外,耐人寻味。《五宗世家》:"太史公曰:高祖时诸侯皆赋,得自除内史以下,汉独为置丞相,黄

---

① [唐]刘知几著,[清]浦起龙通释,王煦华整理:《史通通释》,第 76 页。

金印。诸侯自除御史、廷尉正、博士,拟于天子。自吴、楚反后,五宗王世,汉为置二千石,去'丞相'曰'相',银印。诸侯独得食租税,夺之权。其后诸侯贫者或乘牛车也。"李桢读此赞指出,汉初立诸侯过制,尊宠过度,导致了叛乱。平乱后,对诸侯削夺过甚,致使诸侯贫穷,无以自奉。"二者交失"。而"迁灼见本朝封建之弊,未宜斥言,故推本高祖时,下洎五宗王世以后,著其大要,其为失得,使人领于意言之外,其所慨者远也"。① 这是有道理的。刘知几曰:"《史记·卫青传》后,太史公曰:苏建尝责大将军不荐贤待士。《汉书·孝文纪》末,其赞曰:'吴王诈病不朝,赐以几杖。'此则传之与纪并所不书,而史臣发言,别出其事,所谓假赞论而自见者。"②实际上《史记》此篇赞语也兼有论断评议之意。

六、纠正前人谬说

由于种种复杂的原因,史料在流传过程中产生谬误是不可避免的。在这种情况下,史家必须对史料加以细心的考辨鉴定,以免以讹传讹,贻误后人,太史公在这方面也做了大量的工作。

《周本纪》说:"学者皆称周伐纣,居洛邑。"一个"皆"字,说明这种说法影响之大。司马迁经过认真考辨,终于弄清了事实真相。真实的情况是:武王营建了洛邑,成王使召公卜居,将九鼎安置于此,而西周仍以丰、镐为都城。直至犬戎攻杀周幽王,周室才东迁洛邑。史料记载"周公葬于毕",毕地就在镐京东南的杜中。在这里,作者以文献与实地考察互相参证,理清了洛邑从营建到正式定为都城的历史过程,否定了前人错误的说法,结论确凿可

---

① [清]李桢:《畹兰斋文集》,见《清代诗文集汇编》,第748册,第301页。
② [唐]刘知几著,[清]浦起龙通释,王煦华整理:《史通通释》,第157页。

信。《刺客列传》作者以亲自听到的可贵史料,否定了"天雨粟,马生角","荆轲伤秦王"之类的谬说。《大宛列传》以当代地理考察的成果,指出以前文献所载"昆仑其高二千五百余里","其上有醴泉、瑶池"为不可信。其他如《魏世家》、《苏秦列传》、《郦生陆贾列传》诸传赞,也都融进了作者的考辨。

七、《史记》论赞之必要性

《史通·论赞》云:"夫论者所以辩疑惑,释凝滞,若愚智共了,固无俟商榷。丘明'君子曰'者,其义实在于斯。司马迁始限以篇终,各书一论。必理有非要,则强生其文,史论之烦,实萌于此。"①

刘知几的批评,有两点明显的失误。首先,刘氏忽视了作者"成一家之言"的创作目的,对《史记》论赞的特殊性和重要性认识不足。与此点相关,刘氏将"太史公曰"局限于"辩疑惑,释凝滞"的范围,与左丘明"君子曰"等量齐观,低估了《史记》论赞的丰富性。张大可先生说:

"太史公曰"内容丰博,涉及政治、经济、军事、思想、文化、天文、地理、历史、伦理、世俗、形势、人事等等,往往补篇中所未备。"太史公曰"议论宏阔,笔势纵横,言辞精练,旨义深微,或考证古史,或叙游历所得,或揭示取材义例,或明述作之旨,或褒贬人物,或纵论史事,或隐微讥刺,皆直抒胸臆,观点鲜明,构成了系统的历史学理论,使历史编纂成为真正的历史学。《史记》全书"太史公曰"序赞共137条,约三万余字,仅占全书五十二万字的6%,而功用却十分巨大。……《史记》所以能在学术上、思想上、理论上都取得很大成功,显

①[唐]刘知几著,[清]浦起龙通释,王煦华整理:《史通通释》,第75页。

然与"太史公曰"的序赞方法、体裁分不开,司马迁的史学研
究意图、方法、理论,他对前人史学研究方法、理论的看法、批
评,大都通过"太史公曰"反映出来。①

张大可先生分析"太史公曰"的内容和作用,都很有道理。《史记》
论赞,纵论古今成败得失,探讨天人关系,辨别人事之纪,全面反
映了作者的思想、主张、道德情操、价值观念,寄托了作者的爱憎
感情,系统表述了自己的史学理论,完善了作史方法,内容深广,
立意高远,对《史记》"一家之言"的形成,有不可或缺的作用。

《史记》论赞不仅内容丰富,形式也灵活而不拘泥。牛运震
曰:"太史公论赞,或隐括全篇,或偏举一事,或考诸涉历所亲见,
或证诸典记所参合,于类传之中摘一人以例其余,或于正传之
外摭轶事以补其漏,皆有深义远神,诚为千古绝笔。司马贞《索
隐》讥其颇取偏引,以为首末不具,褒贬未称,别作一百三十篇《述
赞》缀于简末,其不知史法与文体殊甚,真所谓爝火于日月,浸灌
于时雨者也。"②邱逢年曰:"按凡作史论,篇中即含论意,论即全
篇总断,此常例也。独《史记》诸论,则千歧百变,而不可以一格
拘。自常例外,有举大该小者,有举半见全者,有别出一义者,有
因事生感者,有借闲情寄意者,有通叙世家、诸人合传而止论其一
者,有既序复论或序论全无者,甚有一例而兼数例者,皆有深
义。"③《史记》论赞根据内容需要,因事生文,不拘一格,不取该
备,不作无谓重复,不为无病之呻,正是作者的高明之处,司马贞
不满太史公论赞之"颇取偏引"而别作述赞,结果徒成累赘,就是

①张大可、俞樟华:《司马迁一家言》,第101—102页。
②[清]牛运震撰,崔凡芝校释:《空山堂史记评注校释》,上册,第11页。
③《史记阐要·体例正变》。

最好的说明。

第四节　《史记》标题

　　《史记》各篇标题,情况非常复杂。人物纪传,据以标目者即有姓、名、字、号、官位、封爵、谥号等等,有时用"子"、"生"指代人物,有时名字并用,有时国名而兼人名,有时一篇之中命名方式也并不统一。这一现象,前人已加注意,现略作分析如下。

一、《史记》标题之不同

　　今本《史记》,书前附有目录(各篇正文前题目与此同),《太史公自序》也载有一百三十篇总目,而两者不尽相同。评论《史记》题目,首先要对这两个不同的标题系统作适当的甄别。

　　卢文弨曰:

　　　　《史记》、《汉书》书前之有目录,自有版本以来即有之,为便于检阅耳。然于二史之本旨,所失多矣!夫《太史公自序》即《史记》之目录也。班固之《叙传》即《汉书》之目录也。乃后人以其艰于寻求而复为之条例,以系于首。后人又误认书前之目录即以为作者所自定,致有据之妄訾謷本书者。……明毛氏梓《史记集解》,葛氏梓《汉书》正文,其前即据《自序》、《叙传》为目录,亦为便于观者,而尚不失其旧,在诸本中为最善矣!①

卢氏的话,剖析《史记》、《汉书》目录的源流,自能言之成理,最明显的例子,如《自序》、《汉书·司马迁传》太史公都自称作"今上本

①[清]卢文弨:《钟山札记》,见《卢文弨全集》,第7册,第273页。

纪"，而今本书前目录标"孝武本纪"，就明显不合《史记》本旨。但
书前目录，也并非一无可取。《汉书·司马迁传》载《史记》各篇目
录，明言根据"迁之自叙"，却也有不同于今之《自序》而同于书前
目录者，甄别《史记》目录，应该把这三者结合起来。严格地说，
《史记》题目的原始面貌，现在已很难完全恢复。好在篇名不同的
只是少数，有的也并不影响对《史记》命篇的理解。

二、示褒贬与随意标题

由于《史记》题目指称方法不同（篇中行文也多有与之相类
者），后人对此产生了种种不同的说法。

日本石山寺藏六朝写本《史记·张丞相列传》《郦生陆贾列传》

何乔新曰：

陈平而曰陈丞相，卫青而曰卫将军，岂非有得于纪官之
意乎？周勃而曰绛侯，韩信而曰淮阴侯，岂非有得于纪爵之
意乎？大梁王而曰彭越，九江王而曰黥布，岂非有得于称名
之意乎？张叔、田叔之称叔，其与书字也同一辙，贾生、郦生

之称生，其与书子也均一义。吁！继《春秋》之后而存《春秋》
之例，舍迁史吾谁与归！①

任国铨著《史记世家列传或名或字或官爵例说》一文，认为
"《史记》一书，创立体例，观其《自序》，隐然比之《春秋》。《春秋》
闻见异辞，笔削寄意，迁意宗之，故世家列传，名字官爵，例不一
也。"(《尊经书院初集》卷十)他列举了许多例子，论证《史记》称
谓，寓有褒贬之意，此不俱录。

应该说，《史记》自比《春秋》，用意至为明显，他们对《史记》标
题作此联想，也很自然。他们所举例子，按他们的结论来理解，也
大多可以说得通。但将《史记》作为一个整体来看，却很难解释圆
满，而且各篇之间也很难平衡。如李将军与卫将军、骠骑并称官，
李斯、刘敬、张释之等同称名，穰侯、留侯、平津侯、魏其、武安侯俱
称爵，作者是不是将他们彼此等同？樊哙、郦商、夏侯婴、灌婴，为
什么独夏侯婴称滕公，其他人都标以姓，周勃既纪其爵，又列其
名，其义何在？扁鹊、商君、黥布、万石等名称，又如何解释其中含
义？这些问题，用褒贬说来解释，恐怕比较困难。正因为这个原
因，便产生了其他不同的说法。

章学诚曰：

> 史迁创列传之体，列之为言，排列诸人为首尾，所以标异
> 编年之传也。然而列人名目亦有不齐者，或爵，或官，或直书
> 名，虽非《左氏》之错出，究为义例不纯也。或曰：迁有微意
> 焉。夫据事直书，善恶自见，《春秋》之意也。必标目以示褒
> 贬，何怪沈约、魏收诸书，直以标题为戏哉！况七十列传，称

---

① [明]何乔新：《何文肃公文集》，第 1 册，伟文图书出版社，1976 年，第 85—
86 页。

官爵者,偶一见之,余并直书姓名,而又非例之所当贬。则史
迁创始之初,不能无失云尔。必从而为之辞,则害于道矣。①

袁枚亦云:

> (《史记》)有随意标题而心无成见者,如萧、曹称相国,而
> 留侯、绛侯称封爵,郦食其称生,而石奋称万石君,魏公子称
> 信陵君,而平原君称赵公子胜是也。盖作史之初,体例未备。
> 《北齐书》仿之,或称高敖曹,或称高昂,或称邢邵,或称邢子
> 才,或称杨愔,或称杨遵彦,亦随便书之。②

章氏认为《史记》体例有失,袁枚认为随意标题,仍然没有说清《史
记》题目不取一律的真正原因。

三、《史记》标题的奥秘

《史记》作者为各篇所取的题目,说穿了并不复杂:他是根据
当时各人较为通行的名号来名篇的。这一点,只要参照武帝以前
人所著文章就不难得出结论。如汉初陆贾所著《新语》、《楚汉春
秋》,提到不少人的称号,其中有五帝、秦始皇、项羽、吕太后、太
公、周公、孔子、越王句践、仲尼、陈涉、留侯、绛侯周勃、郦生、滕
公、淮阴侯等,对于理解《史记》篇名,很有帮助。下面再举几个具
体的例子。

如淮阴侯韩信谋反被杀,《史记》以"淮阴侯"标名,后人多据此
推阐《史记》的"微言大义"。李景星云:"不曰韩信,而曰淮阴侯,不

---

① [清]章学诚著,仓修良编注:《文史通义新编新注》,上册,第161页。
② [清]袁枚著,王英志编纂校点:《随园随笔》,见《袁枚全集新编》,第13册,
　　第29页。

曰李广,而曰李将军,只一标题,已见出无限的爱慕景仰。"①任国铨《史记世家列传或名或字或官爵例说》也说:"夫淮阴侯诛而具爵,著高、吕之寡恩也。"这些议论,实在似是而非。贾谊《治安策》(《陈政事疏》)云:"假设天下如曩时,淮阴侯尚王楚,黥布王淮南,彭越王梁,韩信王韩,张敖王赵,贯高为相,陈豨在代,令此六七公者皆亡恙,当是时而陛下即天子位,能自安乎?"又云:"臣窃迹前事,大抵强者先反。淮阴王楚最强,则最先反;韩信倚胡,则又反;贯高因赵资,则又反;陈豨兵精,则又反;彭越用梁,则又反;黥布用淮南,则又反;卢绾最弱,最后反。"②陆贾《楚汉春秋》,也屡称淮阴侯。③ 观贾谊、陆贾之文,则不仅韩信称淮阴侯可以无疑,且《史记》称韩信(指韩王信)、黥布(本名英布)诸人名号,也各得其解。

又如,《史记》樊哙、郦商、夏侯婴、灌婴四人合传,樊、郦、灌三人皆称姓氏,独夏侯婴则否,初读似乎觉得不伦不类,其实古人经常如此称呼。《楚汉春秋》云:"死活不衰,绛、灌、樊哙是也。功成名立,臣为爪牙,世世相属,百世无邪,绛侯周勃是也。"(或以为绛灌别是一人,实误。汉初无功勋卓著堪与樊哙、周勃相提并论而名绛灌者。若有,《史》、《汉》当为立传。)贾谊《陈政事疏》云:"曩令樊、郦、绛、灌据数十城而王,今虽以残亡可也。"周勃称侯名而其余三人列姓氏,与《史记》标题相类。《楚汉春秋》又云:"滕公者,御也。"可知汉初习惯以滕公称夏侯婴。《傅靳蒯成列传》标题,傅、靳二人称姓,而"蒯成"则为侯名,与《樊郦滕灌列传》命名

---

① 李景星著,韩兆琦、俞樟华校点:《四史评议》,第 100 页。

② [汉]贾谊撰,彭昊、赵勖校点《贾谊集》,岳麓书社,2010 年,第 126、127 页。

③ 王利器:《新语校注》附录二,中华书局,1986 年,第 182—189 页。

同出一例。

　　再如战国时孟尝君、平原君、信陵君、春申君四公子齐名,《史记》于孟尝等三人都以封号标目,而信陵君传标为"魏公子列传",前人也多有论述。李景星云:"四君之中,以魏公子为最贤。太史公作四君传,亦以魏公子传为最出色。标题曰'魏公子列传',与《自序》合,正所以殊于其余三君也。他本或称'信陵君列传',未免不达史公之旨。"①何焯论《魏公子列传》云:"于四君之中,独书之曰'魏公子'者,以为国之存亡所系也。"②他们分析《魏公子列传》的内容,不能说没有道理,但未必与标题有什么联系。《高祖本纪》载高祖诏令曰:"秦始皇帝、楚隐王陈涉、魏安釐王、齐缗王、赵悼襄王皆绝无后,予守冢各十家,秦皇帝二十家,魏公子无忌五家。"《魏公子列传》云:"诸侯之客进兵法,公子皆名之,故世俗称《魏公子兵法》。"据此知"魏公子"亦为信陵君汉初流行之称谓。

　　古人对人物的称谓,情况比较复杂,有的可能含有某种尊崇褒奖或贬抑,有的则可能纯粹是一种习惯,一种代号。如孔子、老子、孙子、孟子称子,当与他们在后世受到尊敬有关,贾生、郦生称生,情况也相类似。但是,流行称谓中一些约定俗成的东西并不能完全代表作者自己的观点。况且,有些称谓很可能仅仅是因为习惯如此,没有任何意义可言。如果说留侯、绛侯、淮阴侯称爵,是表现作者的褒扬或肯定,那么,管蔡、淮南、衡山王也称爵,又当如何理解? 魏其、武安侯二人合传,如果说窦婴称爵表现了作者对他的同情,那么作者称田蚡封爵又是何意? 其他人物称名或称字,称官与否,也大致如此。盖《史记》上记轩辕,下包太初,驰骋

---

①李景星著,韩兆琦、俞樟华校点:《四史评议》,第72页。
②[清]何焯:《义门读书记》,上册,第218页。

数千年，历代人物通行之称谓不一，且由来已久，若强为统一，反显别扭，故顺其自然，从众随俗，采取通行之名号。这样做的缺点是不够统一，但要统一又谈何容易！观班固《古今人表》记历代人物，姓名、字、谥、官爵、封号等无所不有，实因习惯相沿，彼此认同，如贸然改称，反生歧义。《史记》以通行称号命名，还有一个意外的好处，就是标题本身也成了史料的一部分，后人从《史记》篇名可以考见汉初这些历史人物的称谓。《史记》各篇行文，这种情况也很普遍，对此也可作同样的理解。

　　《史记》为纪传之祖，太史公创作《史记》之时，并无成例可循。司马迁以当时流行的名号作为纪传标题确实比较特别，然而并非从心所欲、漫无章法地随手标目，也不是"为例不纯"。从后来的史学实践看，班固《汉书》统一标举姓名，形式更为整齐划一，后世遂成定例。但若用后代史书来规范《史记》，则未见恰当。

第十一章 《史记》纪传与传记文学

　　我国的史传散文源远流长,先秦时代就出现了《尚书》、《左传》、《国语》、《战国策》等著作。就内容而言,它们有的专注于记言,有的偏重于叙事;以形式而论,则有编年、国别等不同。它们都以真人真事为描述对象,同时,在其叙事过程中常常可以见到描写人物的精彩片断。但这些著作有一个共同的特点,即以记事为中心。这一特点,决定了他们离严格意义上的传记文学还存在着很大的距离。《史记》一百三十篇,共分本纪、世家、列传、书、表五体,其中书载典章制度,表述各个时期大事,并非人物纪传,若干本纪、世家以及极少数列传也不是人物纪传。但本纪、世家、列传中的人物传记,在全书篇目中占多数,仍然是《史记》的主体部分。《史记》以人物纪传为主体,创立了不同于前人的编纂形式,也为后世传记文学的发展奠定了坚实的基础。本文立足于对《史记》纪传体特点的分析,以先秦史传散文(特别是成就较高的《左传》、《国策》)为参照,来论证《史记》创立传记文学的历史性贡献。

第一节　历史与文学的契合

　　《尚书》、《左传》、《国语》、《国策》等书,与《史记》同为历史散文,都是以已经发生的历史现象为叙述对象,是所谓"以文运事"。

这一特点,与"因文生事"的虚构作品不同,不能"顺着笔性去,削高补低都由我"(金圣叹语)。这与传记文学有某些相通之处。但是,历史现象本身是宏大辽阔、浩瀚无垠的,任何史书都无法再现无限纷繁复杂的历史现象本身。任何历史都只能是人心中的历史。历史学家在运用语言叙述历史现象的时候,都首先必须对繁杂混沌的历史现象加以解剖、分析、选择,按照他们对历史的认识对历史现象进行重新整理。这种整理工作,主要就表现在对历史现象的选择上。先秦史传散文与《史记》虽然都是以真人真事为叙述对象,但它们选择的侧重点却大不相同:前者重在叙事,而后者则重在写人。

人们常说:文学是人学。其实,历史又何尝不是人学!只不过在《史记》之前,人在历史中的决定性作用还没有受到充分的重视,没有被完全确认罢了。

先秦史传重在记事,人物几乎沦为事件的附庸,某个人物在书中是否出现,何时出现,他在历史舞台上扮演什么样的角色,完全取决于作者所要记载的事件,"以事取人"的倾向十分明显。

与此相反,《史记》人物纪传恰恰是"以人取事"。在这里,事件必须服从于作者写人的需要。《史记》采用以人物为中心的纪传形式,不单单是一个史料选择角度改变、叙述重心转移的问题,更为重要的是,从这里可以看出一个伟大的思想家深邃的目光。《尚书》、《左传》、《国语》、《国策》或偏重叙事,或偏重记言,从一定程度来说,它们所注重的仍然是对客观现象、外在情况的实录,而司马迁则透过历史的表象,看到了人在历史活动中的中心地位和主导作用。他所采用的纪传体,"以无数个人传记之集合体成一史"。①

①梁启超:《要籍解题及其读法》,第21页。

以人录事,通过记述历史人物的活动来反映历史的变化,来说明和判断历史,这无疑表现出历史观的巨大进步。因为所谓历史,其实就是人的活动的总和。浮在历史表面的,也许是一些具体的事件,但真正推动历史的却是人。《史记》以人物为中心,将有关的历史事件进行分解、组合,归入某一人物的传记之中,从而由许多人物传记构成一代全史,正是有意识地突出了人的活动和人在历史进程中的作用。整部《史记》,太史公反复强调人对于国家兴亡、社会发展的决定性影响。《楚元王世家》:"太史公曰:国之将兴,必有祯祥,君子用而小人退。国之将亡,贤人隐,乱臣贵。"天子王侯,将相大臣,乃至庶民百姓,都对国家治乱存亡有着不可忽视的作用,《史记》各篇和《自序》对此曾反复致意。尧、舜、禹、汤、文、武、桀、纣、幽、厉,或兴国,或亡身,太史公也反复告诫人们要牢牢记取历史的经验教训。作者对人的主体作用的确认,是纪传体得以产生的深层原因。

纪传体的创造,使人物第一次占据了作品的中心地位,反映出作者"写人"的自觉意识,而以写人为目的的叙述模式一经形成,又反过来要求作者以人物为中心来选取、提炼和组织材料,表现人物。纪传体形式的确立,第一次找到了文学和史学的契合点,使史学更加贴近作为"人学"的文学。这一点,是《史记》传记文学取得历史性突破的先决条件:因为只有当人物成为被研究和表现的主要对象时,作家才有可能系统地研究人的全部生活经历和历史活动,深入了解人的思想情感、气质修养乃至音容笑貌等特征,才能加深对人物活动的认识和理解,从而把握各种历史人物无限纷繁复杂的性格特征,并把它们准确地揭示出来。

第二节　人物事迹蝉联而下

　　《尚书》、《左传》、《国语》、《国策》注重叙事记言,在主观上并未顾及所写人物经历是否完整,某一事件牵涉到某人,他就出来表演一番,表演完毕,便匆匆隐去,很多人物如同白驹过隙,一闪而过,只能给人留下片断的、零星的印象。因此,它们还不能算作严格意义上的传记文学。纪传体史书作为传记文学的一种特殊形式,不仅要使读者从人物经历中看到历史的演进,还要让读者在历史演进中看到人物相对完整的经历。所谓人生,即是人的历史性展开的过程,是人的动态发展流程;所谓历史,就是各色各样的人的活动的总称,是多种人生样态的集合。二者互相包孕,互相渗透,历史人生化,人生历史化,是《史记》纪传特有的艺术魅力。它不像《尚书》、《左传》那样只记述人物一鳞半爪的活动,也不像《国语》、《国策》那样只记述人物的言语辞辩,而是人物事迹蝉联而下,因人系事,因事见人,刻画了各色各样血肉丰满的人物形象,展示了各色各样独具神采的人生样态。

一、人物活动的连贯性

　　《左传》为编年体,它记事以年为单位,将一年之中国内外发生的若干事件编排在一起。一些活跃人物在历史舞台上的活动时间往往是十几年甚至是几十年,因此,以编年的形式叙事,势必割裂历史人物的生活经历。在不少情况下,重大历史事件的发生、发展往往有一个较长的过程。如晋国骊姬设计废太子申生首尾经历了十一年时间:《左传》庄公十八年载骊姬派人说晋献公使太子申生居曲沃,已露出废立的端倪;闵公元年献公命申生将下军并为之城曲沃,闵公二年使申生伐东山皋落氏,用意愈益明显;僖公四年,申生自杀,骊姬的阴谋终于得逞。这一系列的历史事件,有着明显的因果关系,它们分属太子废立这一重大事件的不同阶段,我们把它们看成是一件事也未尝不可。但由于《左传》采取编年的形式,在时间上受到限制,无法将这些事放在一起叙述,而在这中间插入了近六十条与此无关的传文,使得本来互为因果、首尾完整的事件被分割得四分五裂。这样做的结果,不仅影响记载的整体效果和叙事的脉络,而且不可避免地会影响作者对人物形象的刻画。记载一事,人物的经历有时尚且不免受到割裂,其余可想而知。《国策》分别国度记事,记一人事迹有时较《左传》相对集中一些,如《韩策二》第十至十九凡十章都与韩世子几瑟有关,《秦策一》第五至十三凡九章都与张仪有关,《魏策一》第十五至二十二凡八章皆载张仪事,但这是由于人物的活动都与某个国家有关,活动时间又比较接近的缘故,并不是出于作者的有意安排。受人物活动空间的限制,《国策》中记载人物的事迹仍然是非常分散的。如张仪的事迹分别见于秦、齐、楚、赵、魏、韩、燕各策,苏秦的事迹分布更广,散见于西周、秦、齐、楚、赵、魏、韩、燕、宋、卫各策。即使同一人物与同一国家有关的事迹,也大多不是蝉联而下,如苏秦与齐国有关的事迹,《齐策一》、《齐策二》、《齐策三》、《齐策四》、《齐策五》就多有记载,而其他很多人的事迹也混杂其中。这样,仍然不利于作者集中地刻画人物形象。

　　《史记》开创纪传一体,以人物为中心,以人物的活动为线索组织文章,这就突破了《左传》、《国策》等书的局限,可以不受时间和空间的限制,纵贯一生,驰骋万里,从容不迫地描写传中某个人物的某个生活阶段乃至于一生,为充分展示人物形象,表现人物个性创造了条件。

　　《史记》传记中的绝大部分篇章,不管所载的事件如何千头万绪,错综复杂,作者在处理时都能以传主为中心,一以贯之,这与《左传》、《国策》中人物活动多所割裂的情形大不一样。如《留侯世家》写张良,作者就以一系列的事件蝉联而下,对他进行了集中的刻画。黄震说:"利啖秦将,旋破峣关,汉以是先入关;劝还霸上,固要项伯,汉以是脱鸿门;烧绝栈道,激项攻齐,汉以是得还定三秦;败于彭城,则劝连布、越;将立六国,则借箸销印;韩信自王,则蹑足就封,此汉所以卒取天下。劝封雍齿,销变未形;劝都关中,垂安后世;劝迎四皓,卒定太子,又所以维持汉室于天下既得之后。凡良一谋一划,无不系汉得失安危,良又三杰之冠也哉!"(《黄氏日抄》卷四六)通过接踵而来的一连串事件,作者有力地强化了张良的智者形象。再如同样是写苏秦说六国之君,《战国策》分别载入齐、楚、赵、魏、韩、燕各策,虽然事情一件不少,但由于各自孤立成章,苏秦的形象并不十分鲜明。《史记》将苏秦说燕、赵、韩、魏、齐、楚六国之事次第写来,鱼贯而下,效果就大不一样。徐与乔说:"各国说辞,谈锋肆出,若见苏子抵掌华屋之下。"(《经史辨惑·史部·苏秦列传》)毫无疑问,在刻画人物形象方面,《苏秦列传》写苏秦马不停蹄,一举说服六国之君,比之于《国策》多所分割、各成片断的零散记载,效果显然不同。同样,《国策》写张仪散六国之纵,事迹分见于齐、楚、赵、魏、韩、燕各策,《史记》则以时间顺序,将说魏、谋楚、说韩、说齐、说赵、说燕诸事绵延而下,一气呵成,以见张仪离散六国,纷乱天下,如运诸掌。相比之下,《史记》写张仪,也较《国策》高出一筹。

二、人物经历的完整性

　　《左传》、《国策》等偏重叙事,人物的活动主要表现为对某些历史事件的参与,这就无法保证写人的系统性和完整性。近人林琴南论《左传》有云:"又或一事之中,斗出一人,此人为全篇关键,而偏不得其出处,乃于闲闲中补人数行,即为其人之小传。"①从叙事的角度看,《左传》这样处理也未始不可,但若从写人的角度来衡量,却不无遗憾。大量的人物或有始无终,或藏头露尾,或者干脆斩头去尾,如电光石火,一闪即逝,这对于人物形象的刻画显然是不利的。宋陈造在王当《春秋列国诸臣传》序言中论《左传》特点云:"其言与事随编年而书,君子欲其迹之本末,可考之辞连续毕见,或类而为之传,往往失之漏略。"宋王当著《春秋列国诸臣传》,明刘节著《春秋列传》,都试图根据《左传》提供的史料,模仿司马迁的《史记》,将人物的事迹以类相从,重新编排,无一获得成功,正说明了编年体与纪传体的区别。当然,话得说回来,《左传》中也有一些人物的事迹较为完备,如郑庄公、齐桓公、晋文公、秦穆公、管仲、子产等,但为数毕竟太少了。况且,他们在《左传》中的事迹较为完整,主要是因为他们身据要津,在政治舞台上较为活跃,参与了较多的重大事件,而不是作者有意识地要反映他们的详细生活经历。《战国策》记载策士们的言论,又以一事为一单元,形成一种更为单一的封闭性结构,也就更难较为全面地反映人物的生活历程。《国策》中的一些重要人物,如苏秦、张仪、孟尝君、平原君、信陵君、春申君等,被司马迁写入《史记》,都作了较多的补充;其他次要一点的人物,有些根本无法敷衍成独立的传记。

　　《史记》众多的人物纪传,虽然叙述人物的活动多寡不同,详略有别,但传主的经历多数相对完整。这里试以人物的出场和结局,将《史记》与《左传》、《国策》作一简单比较。《左传》主要记载

---

① 林纾:《左传撷华序》,华东师范大学出版社,2018 年,第 5 页。

各国的重大事件,参与其间者,大多是政治、军事、外交等方面的重要人物。他们登上政治舞台并且一显身手,需要具备各方面的条件,因而他们的出场一般来说都比较迟。《左传》中少数人物出场较早,如僖公二十七年写芳贾论子玉,僖公三十二年写王孙满论秦师,襄公八年写子产论国事等,则是因为他们有一言可采,具有预言的性质,作者借他们之口,预示事件发展的必然结局,并不是有意识地写他们幼年时的经历。《左传》中的一些重大事件涉及到一些人物的结局(如被杀),但为数很少,也没有形成定格。《左传》中出场较早或书中写到结局的人物已经不多,这两方面兼而有之的人物就更少了。前面已经说过,《国策》围绕一事驰骋策谋辞辩,因此很难插入策士们登上政治舞台前的经历,写到人物结局的也只有李园、豫让、聂政、荆轲等极少数人。与《左传》、《国策》相比较,《史记》的情形就大为改观了。《史记》中的许多人物,如李斯、陈涉、项籍、刘邦、张耳、陈余、黥布、韩信、卢绾、张良、陈平、石奋、扁鹊、仓公、卫青、公孙弘、司马相如、张汤、义纵、王温舒等等,都写到他们少年时的经历;至于人物的结局,《史记》中绝大多数的传主在文中都有清楚的交代。不仅如此,《史记》每叙一人,必称其姓名,列其字号,详其邑里,载录职官封爵,死则举其谥号。作为人物传记的多种要素无不具备。这样,在完整地反映人物经历方面,《史记》就远远超过了《左传》和《国策》。

　　《史记》开创纪传体,确立了较为完善和固定的人物纪传格式,它以人为中心来贯串历史事件,并自觉注意完整而连贯地记载人物经历,这是传记文学发展史上的又一重大突破。因为只有将人物的经历蝉联而下,才有可能清晰地勾画出人的生活历史,揭示出性格发展成长变化的过程;只有比较完整地描绘人生,多方位地反映人的活动,才有可能多层次、多侧面地表现人物性格。

也只有这样,才能比较全面准确地表现纷繁复杂的人生,刻画出丰富多彩的人物形象。

第三节　全面深入研究历史人物

先秦史传散文以叙事为主,它们没有同时也不可能对历史人物进行独立的、广泛而深刻的研究。纪传体以人物为主要表现对象。这一体例,一方面要求作者对历史人物有较为全面的认识和把握,另一方面也要求作者对历史人物进行更为深入的研究,发现那些属于个人但又与历史发展息息相关的东西,以期达到历史与人生研究二者的统一。在这方面,《史记》作者颇为自觉,而且做得相当出色。试论列如次:

一、对传主"为人"的关注

可永雪先生《史记文学成就论稿》曾指出:"(《史记》)纪传部分写到'某某"为人"如何如何'的地方特多,⋯⋯这样的字眼,不说篇篇有吧,起码三分之二的纪传当中都有,有的一篇还不止一句。"确实,《史记》多数纪传都有关于传主"为人"的描述。如,《秦始皇本纪》:"秦王为人,蜂准,长目,鸷鸟膺,豺声,少恩而虎狼心,居约易出人下,得志亦轻食人。"《吕太后本纪》:"吕后为人刚毅。"又曰:"孝惠为人仁弱。"《陈丞相世家》:"(陈)平为人长,美色。"《绛侯周勃世家》:"勃为人木强敦厚。"《老子韩非列传》:"(韩)非为人口吃,不能道说,而善著书。"《张丞相列传》:"(周)昌为人强力,敢直言。"《李将军列传》:"(李)广为人长,猿臂,其善射亦天性也。"《游侠列传》:"(郭)解为人短小,不饮酒,出未尝有骑。"以上所举传主"为人",涉及到体态声容,生活习惯,能力才干,品行节操,性格特点等诸多方面。这些描述绝大多数都是作者对历史人物观察研究、加以概括提炼的结果。《孔子世家》说:"余读孔氏书,想见其为人。"《屈原列传》:"(余)适长沙,观屈原所自沉渊,未尝不垂涕,想见其为人。"《史记》对传主"为人"的多方关注,充分显示出作者研究人、表现人的自觉意识。也正因为作者深入的研究,历史人物才能超越时间和空间,在作者头脑中复活,使之得以"想见其为人"。

克罗齐说:"当我们问他(泰恩),他所说的收聚事实是什么意思,他的回答是:这种收聚分两个步骤或阶段,在第一个阶段中,凭证被复活,以便经过长期以后获得一个栩栩如生、勤勤恳恳、天赋着情欲、配备着习惯、具有自己的声音和容貌、姿态和服饰,如同我们刚刚在路上告别的人一样鲜明和完全的人。"①《史记》对传主所作的"复活"工作,是叙事作品完全无法想象的。

二、展示人物的内心世界

柯林武德说:"希罗多德特别指出,它(指历史学)揭示出人乃是有理性的行动者:也就是说,它的作用部分地是发现人做了什么事,而部分地是发现他们为什么这样做(因为什么原因而争斗)。希罗多德并没有把注意力限于单纯的事件;他以一种彻底的人文主义态度在考虑这些事件,把它们看作是有理由像他们所做的那样在行动着的人们的行为:而历史学家则是要追究这些

---

① (意)克罗奇著,傅任敢译:《历史学的理论和实践》,商务印书馆,1982 年,第 56 页。

理由。"①

《史记》纪传以写人为主，作者考察历史，不仅仅注意分析历史事件，更注重解剖一个个活生生的历史人物。作者不再像先秦史传散文那样，以事件为核心，孤立地、就事论事地描述某个人物在一时一地的表现，而是深入一步，努力"寻找和发现那隐存于外表的人心中的内在的人"、"看不见的人"、"核心"、"产生其他一切的那些能力和感情"、"内心的戏剧"、"心理"。② 也即实现克罗齐所说的收聚事实的第二阶段。太史公从探寻人物的内心世界入手来分析历史，大大加深了对历史事件的理解，他以人物的意志、思想为线索来认识和表现历史人物，也达到了前所未有的高度。《史记》中一些优秀的篇章，多能高屋建瓴，从人生观的高度，概括和揭示出人物内心世界的奥秘，而成为整篇传记的灵魂。

如《李斯列传》共写了他的五次叹息。第一叹是在他发迹以前："（李斯）见吏舍厕中鼠食不洁，近人犬，数惊恐之。斯入仓，观仓中鼠，食积粟，居大庑之下，不见人犬之忧。"于是叹道："人之贤不肖譬如鼠矣，在所自处耳！"第二叹是在他富贵达到鼎盛之时："李斯喟然而叹曰：'嗟乎！吾闻之荀卿曰："物禁大盛。"夫斯乃上蔡布衣，闾巷之黔首，上不知其驽下，遂擢至此。当今人臣之位无居臣上者，可谓富贵极矣。物极则衰，吾未知所税驾也！'"第三叹是在他出卖扶苏投靠胡亥、赵高之后："斯乃仰天而叹，垂泪太息曰：'嗟乎！独遭乱世，既以不能死，安托命哉！'"第四叹是在下狱之后，李斯"仰天而叹"。第五叹是临刑之时，顾谓其中子曰："吾

---

① （英）柯林武德著，何兆武、张文杰译：《历史的观念》，商务印书馆，2009年，第50页。
② （意）克罗奇著，傅任敢译：《历史学的理论和实践》，第56页。

欲与若复牵黄犬俱出上蔡东门逐狡兔，岂可得乎!"《李斯列传》以叹起，以叹结，全面展示了李斯一生各个关键时刻的内心活动。其中第一次叹息最为重要，他的"老鼠哲学"是他的人生观的大曝光，他汲汲追求"自处"有利之地，决定了他为保爵禄而不择手段，丧失人格与原则，同时也决定了他的可悲结局。传中摹写李斯患得患失、自私自利的个性特征十分鲜明，正得力于作者对传主内心世界的深刻把握。

韩信谋反是否实有其事，历来颇多争议，迄无定论。如果我们能把目光集中在韩信内心世界的剖析，并以此为线索对纷繁复杂甚至看似矛盾的史料重新加以审视，或许有可能得出比较合乎实际的结论。《淮阴侯列传》赞语云："太史公曰:吾如淮阴，淮阴人为余言，韩信虽为布衣时，其志与众异。其母死，贫无以葬，然乃行营高敞地，令其旁可置万家。余视其母冢，良然。"韩信葬母高敞地，"令其旁可置万家"，反映了青年韩信的志向，表明他有王侯之志，他追求的目标，少说也应是个万户侯。韩信一生行事，大多与此有关:他击定齐地，便要挟刘邦封他为假王;刘邦立之为齐王，他志得意满，任凭蒯通百般游说都无济于事，心里老想着"汉终不夺我齐";垓下之战，韩信见项羽将亡而自己的封地还未到手，便失约不至，再次要挟刘邦;一旦封地兑现，他又马上率军而至;灭楚后韩信由齐王徙为楚王，他仍高高兴兴给刘邦上尊号。因此，第一次有人告发他谋反，完全是诬陷不实之词。刘邦贬韩信为淮阴侯，已有违初愿，所以他"日夜怨望，居常鞅鞅"，导致最后与陈豨通谋反叛被夷三族。纵观韩信的一生，可知他不像刘邦那样想当皇帝，但又羞与绛灌等列，为了实现自己的目标，他简直可以不顾一切。那么，一旦到手的东西得而复失，他是完全有可能铤而走险的。联系韩信的整个生平，可知司马迁写韩信葬母的细节不是信手拈来,而是深刻揭示韩信内心世界、勾勒韩信形象的点睛之笔。其他如《高祖本纪》、《项羽本纪》写刘、项二人看到秦始皇时的内心活动,《陈涉世家》写陈胜燕雀与鸿鹄的比喻,《陈丞相世家》写陈平宰肉的故事,《平津侯主父列传》写主父偃"五鼎食"、"五鼎烹"的议论等,都是深刻揭示人物内心世界的精彩之笔,足以统摄全篇,为人物颊上添毫。

恩格斯说:"在社会历史领域内进行活动的,全是具有意识的、经过思虑或凭激情行动的、追求某种目的的人;任何事情的发生都不是没有自觉的意图,没有预期的目的的。"[1]太史公对于历史人物内心世界的深刻剖析和透视,是《史记》纪传写得真切动人的一个重要原因。

第四节　取舍剪裁自由灵活

《史记》纪传,藉人明史,达到了作史与写人的统一。作者可以根据写人的需要,来决定材料选择取舍、轻重主次、详略安排等,从而使叙事更好地为写人服务。这也是先秦史传散文无法比拟的。

一、多写日常生活琐事

刘知几论编年体史书有云:"至于贤士贞女,高才隽德,事当冲要者,必盱衡而备言;迹在沈冥者,不枉道而详说。如绛县之老,杞梁之妻,或以酬晋卿而获记,或以对齐君而见录。其有贤如

---

① (德)马克思、(德)恩格斯著,中共中央著作编译局编:《马克思恩格斯选集》第四卷,人民出版社,1972年,第243页。

柳惠、仁若颜回，终不得彰其名氏，显其言行。故论其细也，则纤芥无遗；语其粗也，则丘山是弃。此其所以为短也。"①叙事作品，受到体例的限制，必须围绕中心事件来选取材料，不容逸出主要事件而写与此无关的内容，故《尚书》、《国语》、《国策》等书所载，多为重大事件，内容多与政治、军事、外交等有关。《史记》人物纪传，取材常常突破叙事著作的限制，逸出主要事件，写一些足以突出人物形象的琐事。

如《酷吏列传》云："张汤者，杜人也。其父为长安丞，出，汤为儿守舍。还而鼠盗肉，其父怒，笞汤。汤掘窟得盗鼠及余肉，劾鼠掠治，传爰书，讯鞫论报，并取鼠与肉，具狱，磔堂下。其父见之，视其文辞如老狱吏，大惊，遂使书狱。"张汤审鼠的故事，与传中所载其他事件并无直接联系，作为史书，完全可以摒而不载，但这则故事对于表现张汤的情性、才干，都非常重要。

又如《高祖本纪》："未央宫成，高祖大朝诸侯群臣，置酒未央前殿。高祖奉玉卮，起为太上皇寿，曰：'始大人常以臣无赖，不能治产业，不如仲力。今某之业所就孰与仲多？'殿上群臣皆呼万岁，大笑为乐。"读后使人感到人物形象呼之欲出。

特别值得注意的是，《史记》通过一些琐事来勾勒人物形象的例子所在皆是。如《高祖本纪》写刘邦"贺万钱"、"尊太公"、歌风还乡、病甚拒医，《陈丞相世家》写陈平宰肉、娶妇、裸身刺船、饮酒嬉戏，《淮阴侯列传》写韩信寄食亭长、胯下之辱、酬漂母、辱亭长、葬母高敞地，《万石张叔列传》写石奋过宫之门阙必下车趋、见路马必轼、朝服见子孙、子孙有过失对案不食、石建白首为父涤衣、书马，石庆数马，等等，都是明显的例证。

---

① [唐]刘知几著，[清]浦起龙通释，王煦华整理：《史通通释》，第25页。

　　《留侯世家》称:"留侯从上击代,出奇计马邑下,及立萧何相国,所与上从容言天下事甚众,非天下所以存亡,故不著。"作为一部史书,取材以关乎天下兴亡为原则。《史记》中大量的琐事也无关国家兴亡,作者却大书特书,显然是出于纪传体写人的考虑。吴见思云:"借轶事出色,乃史公长伎。"①姚祖恩说:"史公每于小处著神。"②古罗马时期希腊传记作家普鲁塔克说:"美德或者恶行,并不总是在最光荣的事业中明显地表现出来,而通常倒是某些细微的举动、只言片语或者一颦一笑,较之阵亡数万人的会战、千军万马的调动和攻城略地的壮举,更能显示出人物的性格。因此,象画家描绘能够表现性格的面孔及其特点、很少关心身体其余部分那样,让我们也更多地凝聚心力于灵魂的具体表现并借助于这些表现编撰每一个人的传记,而让别的人去描写伟大的事业和会战吧。"③确实,作者精心选取的一些琐事,在刻画人物形象、表现人物性格方面起着相当大的作用,这种作用,甚至是一些重大事件所无法替代的。《史记》中一些优秀的人物纪传,能写得生动活泼、充满情趣,人物形象鲜明突出、血肉丰满,一个重要的原因,就是因为纪传体的创立,使作者摆脱了叙事作品对选材的掣肘,给作者描摹人物提供了极大的便利。

①[汉]司马迁原著,(日)芳本铁三郎纂评,丁德科编校:《史记十传纂评》引,商务印书馆,2016年,第106页。

②[汉]司马迁著,王有宗注释,高军强、凌朝栋整理:《分段详注评点史记菁华录》,第154页。

③《亚历山大传》第一章。引自李少雍《司马迁传记文学论稿·司马迁与普鲁塔克》,重庆出版社,1987年,第304页。

二、合理组织剪裁

叙述体例的选择,不仅影响到作品取材,而且还影响到作者对材料的剪裁安排。这主要表现在以下两个方面。

第一,叙事作品受体例限制,侧重于描绘历史事件的发展过程,揭示事件的前因后果,容易造成笔力分散,而不利于强化和突出人物形象。《左传》写战争、诸侯之会、弭兵、内乱等一些大的场面,就往往如此。如《左传》宣公十二年写晋楚邲之战,出场人物有五十一人之多。围绕邲之战这一主干,作者写了许多具体的事情,它们主要有:楚围郑、克而许之平,晋师救郑,荀林父、随武子、知庄子、韩献子论对楚用兵,楚待晋师,𫘝子、栾武子、赵括、赵同、知季、赵庄子对楚作战的不同意见,楚少宰使于晋师,楚子使人求成于晋,许伯、乐伯、摄叔致晋师,魏锜向楚请战,赵旃请召盟,郤献子、𫘝子、士季等论备楚与不备,赵旃夜至楚军门外,屈荡逐赵旃而得其甲裳,楚薄晋师,晋师争舟,随季避楚全师,屈荡止楚王从右广,楚人教晋人奔,赵旃济其兄与叔父而免于难,楚囚知罃而晋获襄老及公子谷臣,潘党与楚子论武,郑杀石制及公子鱼臣,郑伯、许男如楚,士贞子谏晋侯。正是借助于这些局部的事件,作者详细交代了战争的起因、性质、双方的政治、军事、外交情况,将帅的素质及其与其他人的关系、军心士气等种种有利或不利的因素,双方在战前的准备及在战争中采取的各种步骤,战争的进程、结局以及因此而带来的各方面的影响。在整个事件的进程中,登场人物是在不断变化的,这从叙事的角度来考虑未尝没有好处,而对于作者描摹人物却难免带来不利的影响:众多人物比肩接踵,纷然于舞台之上,匆匆而来,匆匆而去,犹如摄像镜头有扫描而无特写,较难给人留下深刻的印象。同样的缺憾不仅在晋楚城濮之战(僖公二十七、二十八年)、秦晋殽之战(僖公三十二、三十三年)、齐晋鞌之战(成公二年)、晋楚鄢陵之战(成公十六年)等描写战争的篇章不同程度地存在,在战争以外的许多篇章中也同样存在。与《左传》偏于叙事的风格大异其趣,在《史记》人物纪传中,人物始终处于中心地位,作者是围绕传主来剪裁和叙述事件的。如《项羽本纪》写巨鹿之战:"项羽已杀卿子冠军,威震楚国,名闻诸侯。乃遣当阳君、蒲将军将卒二万渡河,救巨鹿。战少利,陈余复请兵。项羽乃悉引兵渡河,皆沈船,破釜甑,烧庐舍,持三日粮,以示士卒必死,无一还心。于是至则围王离,与秦军遇,九战,绝其甬道,大破之,杀苏角,虏王离。涉间不降楚,自烧杀。当是时,楚兵冠诸侯。诸侯军救巨鹿下者十余壁,莫敢纵兵。及楚击秦,诸将皆从壁上观,楚战士无不一以当十,楚兵呼声动天,诸侯军无不人人惴恐。于是已破秦军,项羽召见诸侯将,入辕门,无不膝行而前,莫敢仰视。项羽由是始为诸侯上将军,诸侯皆属焉。"巨鹿之战是决定战争双方命运的一次大战,也是项羽奠定霸业的关键一仗,但作者对双方战斗的情况,只是一带而过,而对项羽正确的战略部署和坚定果断的指挥却用了较多的笔墨。楚战士一以当十,楚兵呼声动天,诸侯军人人惴恐,表面看来是写楚军士气高涨,实际上则是为了衬托项羽的威势。"项羽召见诸侯将,入辕门,无不膝行而前,莫敢仰视",更像特写镜头,形象逼真地描绘出项羽的巨大威慑力。姚祖恩说:"巨鹿之战,羽所以成伯业也。故史公用全力为他写得精神百倍,万世如睹。"①《左传》宣公十二年写晋楚邲之战的过程用了约三千字的篇幅,《项羽本纪》写

①[汉]司马迁著,王有宗注释,高军强、凌朝栋整理:《分段详注评点史记菁华录》,第 396 页。

巨鹿之战一共只有二百○五字,但邲之战中涉及的所有人物,都无法与巨鹿之战中项羽的形象相提并论。

第二,叙事作品受体例限制,往往不加选择地堆砌材料,有些材料雷同重复,对刻画人物帮助不大。如《战国策》所载有关张仪的共三十九章,苏秦二十一章,苏代十九章,这些内容,对于表现人物来说,无非是说明他们善于谋划,能言善辩。《左传》所载的一些人物事件,也有类似之处。如果《史记》也像《左传》、《国策》一样堆砌史料,有些人物纪传将会庞杂冗赘,不可卒读。《史记》作者为了使叙事更好地为写人服务,在史料剪裁安排上竭尽腾挪变化之能事,取舍予夺,虚实详略,自出机杼,收到了以少胜多的效果。如《史记》写苏秦、张仪的传记,主要写他们合纵连横聚散六国取得成功的说辞。又如项羽自称“大小七十余战”,《项羽本纪》只写了巨鹿、垓下等少数几次战役;《李将军列传》说李广“结发七十余战”,但传中仅写了智退敌骑、夺马逃归、力战御敌、迷路失期等少数几次。作者重点叙述的事件,与人物的历史功过、才气风度、性格特征、遭遇命运紧密相联,对于刻画人物有着不可或缺的作用。从叙述方法上看,《史记》也与《左传》、《国策》等书有别:它不是像叙事著作那样别无选择地铺陈每个事件的经过和前因后果。郭嵩焘曰:“案项王自叙七十余战,史公所记独巨鹿、垓下两战为详。巨鹿之战全用烘托法,不一及战事,而于垓下显出项羽兵法及其斩将搴旗之功。”①又如,韩信灭魏、破代、攻赵、收燕、下齐、击楚,作者多用极简炼的笔墨而不是一一铺叙。吴见思《史记论文》云:“文章家逐段铺排,绝无裁剪,则数一二而已,何以为文?故韩信一传,前半于追亡登坛详序之,后大如击楚、击魏、

————————

① [清]郭嵩焘:《史记札记》,第58—59页。

击赵代,奇如木罂渡军,只用略写、虚写,至李左车井陉一说方始详,正虚实相参、疏密互见之妙也。"①金圣叹云:"是故马迁之为文也,吾见其有事之巨者而隐括焉,又见其有事之细者而张皇焉,或见其有事之阙者而附会焉,又见其有事之全者而轶去焉。无非为文计,不为事计也。"②在《史记》人物纪传中,作者对史料的剪裁安排,主要是为了让叙事更好地为写人服务。

第五节　注意揭示人物个性

先秦史传散文重点在记事而不在写人,作者对人物形象缺乏宏观的总体把握,也未能自觉地表现人物的个性特征。因此总的说来,书中人物的个性特点还不很鲜明,甚至难免有类型化的倾向。如《左传》写战争及各国的内政外交,《国策》则几乎清一色地载录策士们的辞辩,人物具有比较明显的类型性。《史记》人物纪传重视对人的研究,对人的个体特征有较为准确的把握,并自觉地注意到揭示个体与个体之间的差别,在表现人物个性方面取得了长足的进步。这主要表现在:

一、精心提炼人物语言

《陈涉世家》云:"且壮士不死即已,死即举大名耳,王侯将相宁有种乎!"

《陈丞相世家》:"里中社,平为宰,分肉食甚均。父老曰:'善,

---

① [清] 吴见思:《史记论文》,第56页。
② [清] 金圣叹著,陆林辑校整理:《第五才子书施耐庵水浒传》,见《金圣叹全集》,凤凰出版社,2016年,第3册,第530页。

陈孺子之为宰!'平曰:'嗟乎,使平得宰天下,亦如是肉矣!'"

《平津侯主父列传》:"(主父偃云)'且丈夫生不五鼎食,死即五鼎烹耳!'"

《卫将军骠骑列传》:"青尝从人至甘泉居室,有一钳徒相青曰:'贵人也,官至封侯。'青笑曰:'人奴之生,得毋笞骂即足矣,安得封侯事乎!'"

同样是表现对功名利禄的态度,陈涉大声疾呼,陈平从容婉转,主父偃锐身进取,卫青心如死灰,个性特征十分鲜明。尤为可贵的是,这些人物语言不是像先秦史传那样针对一时一事,在叙事中顺带写出,而是登高望远,纵观人物一生,抓住人物性格中带有根本性的东西,从而表现人物之间的本质区别。这充分体现出作者反映人物个性的自觉意识。

二、巧妙运用对比手法

个体之间的差异总是因比较而存在,因比较而得以显现。《史记》区别人物个性特征的一个重要方法就是运用对比手法。作者以对比法写人,完全出于自觉,而手法也极为娴熟。

首先,表现在总体构思上,《史记》作者非常注意通过对比描写勾画人物形象,这主要可分为以下几种类型。第一,将同类或不同类型的人物放在一起,进行群体间的横向比较,从而揭示这一群与那一群的区别。如同是写侠,《游侠列传》把侠分为三类,一类是"王者亲戚",一类是"布衣之侠",一类是"暴豪之徒"。同以侠称,延陵、孟尝、春申、平原、信陵与朱家、郭解的社会地位判若云泥;郭解等人的仗义疏财与那些"豪暴侵凌孤弱,恣欲自快"之徒有霄壤之别。《循吏列传》与《酷吏列传》对照写来,循吏们的"奉职循理"与酷吏们的"武健严酷"给人的印象更为强烈。第二,运用对比来准确地揭示同类人物的不同个性特点。同为酷吏，"廉者足以为仪表"，"污者足以为戒"，贪廉有别；郅都不避豪强，王温舒趋炎附势，赵禹"时据法守正"，周阳由以爱憎代法，杜周则"专以人主意志为狱"，共性中包含着不同的个性。同样是以谈笑讽谏的滑稽人物，"淳于髡仰天大笑"，"优孟摇头而歌"，"优旃临槛疾呼"，缓急徐疾及音容笑貌都很有特点。第三，通过比较强化不同类型人物的个性特征。《陈丞相世家》载："高后欲立诸吕为王，问王陵，王陵曰：'不可。'问陈平，陈平曰：'可。'"《刘敬叔孙通列传》载娄敬见刘邦，衣羊裘，虞将军欲与之鲜衣，娄敬曰："臣衣帛，衣帛见；衣褐，衣褐见，终不敢易衣。"又载："叔孙通儒服，汉王憎之；乃变其服，服短衣，楚制，汉王喜。"通过对比，陈平的圆通世故，王陵的戆直不阿；娄敬的进退以道，叔孙通的阿主求宠，都表现得异常鲜明深刻。《绛侯周勃世家》写周亚夫和刘礼、徐厉治军的不同，《魏其武安侯列传》写韩安国、汲黯、郑当时东朝廷辩时的情状，《汲郑列传》写武帝对卫青、公孙弘、汲黯礼敬程度的差异，都用对比的方法写出。

其次，在对比手法的具体运用上，《史记》已注意到将人物进行多方面的立体比较。如《平原君列传》、《魏公子列传》写平原君和信陵君就是如此。毛公、薛公是赵国的两位贤人，信陵君想见两人，两人躲了起来，于是信陵君"乃间步从此两人游，甚欢"。平原君不仅对毛、薛二人毫无了解，而且对信陵君与他们交往也大不以为然，批评说："安从博徒卖浆者游，公子安人耳。"信陵君考虑的是"此两人贤"，而平原君看到的只是两人出身微贱，是"博徒卖浆者"，至于他们贤与不贤，他根本就没有想到。这是他们取士标准的差别。信陵君主动与毛、薛二人交往犹恐不能如愿，平原君却对信陵君与二人的交游引为耻辱，这是他们待士态度的不同。信陵君访士是为了养贤，而平原君收罗门客只是为了显示豪奢而"不求士"。这是他们养士目的之区别。这一系列的对比，由表及里，层层深入，信陵君的思贤若渴与平原君"叶公好龙"式的"好士"形成了强烈的对照。此外，平原君不肯杀取笑邻人的宠姬而导致"宾客门下舍人稍稍引去者过半"，信陵君礼敬侯生而赢得贤士归心；平原君不知毛遂之能而几乎使赵楚合纵化为泡影，信陵君得侯嬴之智、朱亥之力顺利地窃符救赵；平原君在赵而赵国几亡，信陵君在魏而诸侯不敢谋魏，都遥相对照，给人以极深的印象。《项羽本纪》和《高祖本纪》写项羽、刘邦观看秦始皇出游、入关、还乡等，《李将军列传》和《卫将军骠骑列传》写李广与卫青、霍去病的出身、经历、结局、武帝对他们的态度等，都是用对比手法一路写出。

中国有个成语叫作"泾渭分明"。泾河水清，渭河水浊，一般情况下，人们也许并不在意，但当两水并流时，它们之间清浊的不同势必会给人以强烈的感受。这正是对比所产生的效果。而通过比较，将这一类人和那一类人区别开来，写出"这一个"与"那一个"各自不同的特点，也正是《史记》中的人物大多具有独特个性的一个不可忽视的因素。

从先秦史传散文的以叙事为中心，一变而为《史记》的以写人为中心，是传记文学发展史上一个伟大的里程碑。《史记》创造以人物纪传为主体的史书编纂体例，第一次找到了历史与文学的契合点，标志着传记文学的正式诞生。《史记》纪传不仅在形式上以人物为轴心，将人物事迹蝉联而下，而且全方位地、深入地展开对历史人物的研究，根据表现人物的需要来选取和安排史料，组织文章，并自觉意识到人物的个性特点，注意揭示他们各自不同的个体特征。《史记》首创纪传体,而且写下了大量堪称典范之作的优秀人物传记。《史记》写人的成功经验,从总体格局到许多具体方面,对后世的史书及传记文学,都产生了极其深远的影响。

附录

《史记》、《战国纵横家书》史料价值考论

　　一九七三年底,长沙马王堆三号汉墓出土了大批帛书。其中的一种后来被定名为《战国纵横家书》(为了行文方便,下文有时简称帛书),共二十七章,中有十一章的内容见于《史记》和《战国策》,另外十六章是佚书。帛书《战国纵横家书》一个最引人注目的特点是其中有关苏秦的资料比较集中,且与《史记》、《战国策》的记载有着很大的出入。因而它的出土,引起了学术界的高度重视,《史记》、《战国策》中有关苏秦的资料是否可信,一时成了学者们注意的焦点。

一、问题的提出

唐兰先生说:

　　(司马迁)没有见到关于苏秦的第一手的史料,因而把公元前三世纪初的苏秦事迹,推到前四世纪末;把张仪、苏秦的时序改为苏秦、张仪;五国伐秦错成了六国合纵,还推早了四十五年(前288年—前333)。时序既差,事迹中既有弄错的,又有假造的,他的《苏秦传》就等于后世的传奇小说了。

　　战国末年学纵横之术的好事者曾拟作苏秦合纵和张仪

连横十多篇,文笔颇酣畅可喜。这些伪作,充塞于《史记》和《战国策》中,把真正的苏秦事迹都搅混乱了。

《史记·苏秦传》说苏代是苏秦之弟,事实上苏代当是兄,……苏代游说诸侯较早,在前四世纪末期,已往来于楚魏燕齐各国。苏秦的事迹要晚得多。①

杨宽先生说:

今本《战国策》中,既有比较原始的苏秦资料,也有出于后人伪造虚构的东西,可说真伪参半。而《史记·苏秦列传》所辑录的,几乎全是后人杜撰的长篇游说辞。因为司马迁误信这些游说辞为真,误认为苏秦是和张仪同时对立的人物,反而把有关苏秦的原始资料抛弃了,或者把这些资料中的"苏秦"改成"苏代"或"苏厉"。因此战国中期有许多重要历史事件和苏秦活动有关的,真相就模糊不清。②

马雍先生说:

《史记》中有关苏秦的记载错误百出,其材料来源多出伪造,可凭信者十无一二。

尤其严重的错误是以为苏秦死于燕王哙之时(公元前320—314),早于昭王之立(公元前311)。今本《战国策》中关于苏秦的纪录较《史记》为多,但亦真伪参半,又往往将苏秦和苏代兄弟二人弄得混淆不清。③

---

① 唐兰:《司马迁所没有见过的珍贵史料——长沙马王堆〈战国纵横家书〉》,载《战国纵横家书》附录,文物出版社,1976年,第127、130页。
② 杨宽:《马王堆帛书〈战国策〉的史料价值》,载《文物》1975年第2期,第31页。
③ 马雍:《帛书〈别本战国策〉各篇的年代和历史背景》,载《文物》1975年第4期,第28页。

综合以上各家之说，一系列重大的问题便提到我们面前。如:《苏秦列传》是否可信？苏秦、张仪孰先孰后？苏秦兄弟三人长幼次第究竟如何？苏秦合纵、张仪连横，是否确有其事？苏秦的活动，与战国时期许多重大的历史事件有关，这不仅牵涉到《史记》十余篇文章中有关苏秦、张仪事迹的可靠与否，还关系到《战国策》至少数十篇说辞的真伪和价值问题。唐兰等先生提出的问题，显然事关重大。但是他们在未经充分论证的情况下，就主观地认定帛书和《战国策》中少数与之符合的资料是可信的，再据此否定《史记》的系统记载和《战国策》中的多数资料，从而得出结论，这种论证问题的方法并不科学，因而结论也就难以令人信服。我们认为，面对矛盾歧异的史料，首先应该分析鉴别这些史料的可靠性及其价值，只有这样，才能较为客观地作出取舍，并据以得出正确的结论。

二、帛书与《史记》、《战国策》的关系

（一）帛书与《史记》、《战国策》相关内容的异同

帛书《战国纵横家书》所载，有八章内容与《史记》、《战国策》关系较密切，三者之间的关系，可以分为下面两种类型。

第一，帛书与《史记》、《战国策》存在矛盾歧异的:

1.帛书第一章"自赵献书燕王"、第二章"使韩山献书燕王"、第三章"使盛庆献书燕王"

这三封信的作者是同一个人，上书的对象都是燕王，事情也发生在同一时期。帛书这三章虽不见于《史记》和《战国策》，但经过比较不难看出，它们都与《战国策·燕策二·苏代为奉阳君说燕于赵以伐齐》的内容有关。首先，三章帛书的内容都是围绕燕国与齐、赵两国外交的问题，这与《燕策》是一致的。其次，人名也

都相同:帛书第一章中的"燕王"、"奉阳君"、"赵足"、"徐为"(又作"韩为"、"韩徐为"、"韩徐")、"(公玉)丹",第二章中的"燕王"、"奉阳君"、"徐为",第三章中的"燕王"、"奉阳君"、"徐为"、"(公玉)丹",都可以在《燕策》中找到。另外,《燕策》称"奉阳君告朱谨与赵足曰:'齐王使公玉曰命说曰……必不任苏子以事,今封而相之!'内容与帛书第一章"封秦"、"任秦"有关。帛书谓"奉阳君、徐为不信臣",也可与《燕策》的内容相参证(见下)。帛书第二章称"徐为之与臣言甚恶",与《燕策》更有着密切的联系。帛书整理者谓:"徐为恫吓苏秦的话,见《燕策二》(按:即指《苏代为奉阳君说燕于赵以伐齐》之文,引文不录)。"帛书第三章称"燕王请毋任苏秦以事",也与《燕策》"必不任苏子以事"有关。总之,三章帛书都与《燕策》关系密切,这一点可以肯定。帛书中主名为苏秦,而《燕策》则明白标出是苏代,且前后一连五章都是记载苏代事迹。这说明史料在流传中存在着歧异。

2.帛书第四章"自齐献书于燕王"

此章内容见于《战国策·燕策二·苏代自齐献书于燕王曰》。两者内容基本相同,《燕策》主名为苏代,则与帛书异。帛书中"臣秦拜辞事"一句,为《燕策》所无。帛书与《燕策》排列次序各异,文字也有出入,当各有所据。

3.帛书第二十章"谓燕王"

此章见于《苏秦列传》、《战国策·燕策一·齐伐宋》。《史记》、《战国策》均以为苏代遗燕昭王书。

4.帛书第二十二章"谓陈轸"

此章见于《史记·田敬仲完世家》,主名为苏代。帛书中"今者秦立于门"一句,《史记》作"今者臣立于门"。

第二,帛书与《史记》、《战国策》既有相同又有互异之处的:

1.帛书第五章"谓燕王"

此章内容见于《苏秦列传》和《战国策·燕策一》。《苏秦列传》中这段文字列于燕易王时。若是孤立地看，《史记》与帛书在内容上并无矛盾；然而按照帛书系统，苏秦在燕易王时尚未开始活动，因此两者在时序上是互不相容的。《战国策·燕策一》中与此章内容相关的有两篇，一是"人有恶苏秦于燕王者"，一是"苏代谓燕昭王"，帛书与其中题名苏秦的一篇主名相合而与署名苏代者相违忤。《史记》、《战国策》及帛书各篇文字均有出入。

2.帛书第二十一章"献书赵王"

此章见于《史记·赵世家》和《战国策·赵策一·赵收天下》。《战国策》主名为苏秦，与帛书相一致，而《史记》作苏厉为齐王遗赵王书，与帛书有异。帛书与《史记》、《战国策》的字数、书辞各有不同。

从上面的分析可以看出：《史记》与《战国纵横家书》中有关苏秦事迹的记载格格不入。据《史记·苏秦列传》，苏秦死于燕易王之时（大约在公元前317），而根据《战国纵横家书》，苏秦的主要活动是在燕昭王、齐湣王的时代（唐兰、马雍两先生定在前308—前285年，其中最活跃的时期是在前287年左右），两种资料中的苏秦几乎可以说是风马牛不相及。《战国策》中有个别篇章与《战国纵横家书》相一致，但多数资料也与之存在分歧。

（二）帛书与《史记》、《战国策》的关系

帛书《战国纵横家书》二十七章中，有十章见于《战国策》，八章见于《史记》，除去两书重复的部分，尚有十六章没有著录过。有的论者断言帛书中的这十六章为司马迁、刘向所未见，并以此为前提条件，认定帛书中有关苏秦事迹的记载是真实可信的第一手资料，并以帛书为标准来判断其他材料的真伪正误。我们认为,这种做法是值得商榷的。

刘向《战国策书录》称:"所校中战国策书,中书余卷,错乱相
糅莒,有国别者八,篇少不足。"又说:"中书本号,或曰国策,或曰
国事,或曰短长,或曰事语,或曰长书,或曰修书。"可见刘向校《战
国策》是用同一种书(书名有异同)的不同版本进行参校,大多数
的版本都标明国别,这与《战国纵横家书》显然是同一类而不是同
一种书。校书与资料汇编有别。《汉书·艺文志》较为具体地记
载了刘向校《易经》、《尚书》等书的情况,刘向书录今存者,尚有
《管子书录》、《晏子书录》、《邓析子书录》、《孙卿书书录》、《韩非子
书录》、《列子书录》、《战国策书录》,校雠的情况都相类似,可以互
相印证。因此,不能因为《战国纵横家书》的部分材料不见于《战
国策》就断定刘向没有见过它们。退一步说,即使刘向真的没有
见到过这些材料,也至少可以肯定,他曾接触到与此相类似的一
些资料。《战国策》中保留了一些时代较后而署名苏秦的史料即
可说明这一点。它们是:《齐策二·秦攻赵长平》(《田敬仲完世
家》主名为周子)、《齐策三·楚王死》、《孟尝君将入秦》(《孟尝君
列传》主名作苏代)、《齐策四·苏秦自燕之齐》、《苏秦谓齐王》(此
两章《田敬仲完世家》主名均为苏代)、《赵策一·苏秦说李兑》、
《赵收天下》(《赵世家》作苏厉)、《魏策一·苏秦拘于魏》(《燕策
一·苏代过魏》以为苏代事,与《苏秦列传》同)、《韩策三·韩人攻
宋》(《田敬仲完世家》作苏代)、《燕策一·奉阳君李兑甚不取于苏
秦》。这些资料所涉及的苏秦活动,大多集中在燕昭王、齐湣王时
代,这不但与《苏秦列传》凿枘不合,也与《战国策》所载其他有关
苏秦的资料龃龉难入。甚至同一件事情,《战国策》有时主名为苏
秦,有时又作苏代,所依据的材料各异。这些事实充分证明,刘向
见到过有关苏秦的不同史料。

　　《史记·苏秦列传》主要是记载苏秦的事迹,而以苏代、苏厉
事迹附于其后。《战国纵横家书》中有关苏氏的一些资料,时间都
在燕王哙之后,而《苏秦列传》记载苏秦之死在燕王哙时,《苏秦列
传》不录这部分资料,当在情理之中,据此也很难得出司马迁没有
见到过这些史料的结论(至于苏氏以外的材料,《史记》中战国策
士立传的人物为数不多,也不能要求司马迁将所见的所有策士活
动都写入《史记》)。相反,《苏秦列传》赞语说:“世言苏秦多异,异
时事有类之者皆附之苏秦。”由此可知,司马迁所见后人附会假托
的“苏秦资料”数量很多,而这部分资料被司马迁舍弃了。

　　总而言之,司马迁、刘向都见到过有关苏秦活动的不同史料,
苏秦活动事迹真伪的问题其实早就被提出来了,[①]帛书的发现不
过是使这一问题更受到人们的重视罢了。事实上,司马迁、刘向
不仅发现和提出了问题,而且对矛盾分歧的资料作出了毫不含糊
的判断和选择。

三、《史记》、《国策》确认的一些重要史实

　　(一)苏、张纵横及两人活动的先后

　　《史记·苏秦列传》载有苏秦说六国之君的长篇说辞,并标明
了说燕、赵、韩、魏、齐、楚的次序。文中说:“于是六国合从而并力
焉。苏秦为从约长,并相六国。”又说:“苏秦既约六国从亲,归赵,
赵肃侯封为武安君,乃投从约书于秦。秦兵不敢窥函谷关十五

[①] 唐兰、杨宽、徐中舒先生较早的论著中就分别提出过张仪在前、苏秦在后
　　的看法。唐文《苏秦考》载《文史杂志》1 卷 12 期,杨说见上海人民出版社
　　1955 年版《战国史》,徐文《论〈战国策〉的编写及有关苏秦诸问题》,载《历
　　史研究》1964 年第 1 期。

年。"《张仪列传》云"苏秦已说赵王而得相约从亲,然恐秦之攻诸侯,败约后负,念莫可使用于秦者,乃使人微感张仪",下载激张仪入秦之事,而后有张仪说魏、楚、韩、齐、赵、燕六国与秦连横事。从中可清楚地看出苏秦、张仪两人发迹的先后次第。《苏秦列传》载苏秦之死在燕王哙(前320—前314)时,《张仪列传》云:"张仪相魏一岁,卒于魏。"据《六国年表》张仪之死在魏哀王十年(前309)。

　　《战国策》记载苏秦说六国合纵、张仪说六国连横言辞多同《史记》,对于苏、张的活动轨迹,《战国策》虽没有《史记》交代得那么清楚,但先后次序尚可考见。刘向编校《战国策》"略以时次之",而《战国策》载苏、张说六国之辞都是苏秦在前、张仪在后,即可见出两人活动孰先孰后。《楚策一》载张仪说楚王称"张仪为秦破从连衡",《燕策一》载张仪说燕王亦称"张仪为秦破从连衡",也可看出苏秦合纵在前,张仪连横在后。《魏策一·张仪为秦连衡说魏王》曰:"合从者,一天下约为兄弟,刑白马以盟于洹水之上,以相坚也。夫亲昆弟,同父母,尚有争钱财,而欲恃诈伪反覆苏秦之余谋,其不可以成亦明矣!"《赵策二·张仪为秦连衡说赵王》则云:"大王收率天下以傧秦,秦兵不敢出函谷关十五年矣!""凡大王之所信以为从者,恃苏秦之计,苏秦荧惑诸侯,以是为非,以非为是,欲反覆齐国而不能,自令车裂于齐之市。"从这几段话可以看出六国合纵和与秦连横是互相联系的,而张仪作为一个纵横家,他的主要活动是在苏秦死后。《战国策书录》对此作出了明确的肯定:"当此之时,秦国最雄,诸侯方弱。苏秦结之,时六国为一,以傧背秦。秦人恐惧,不敢窥兵于关中……及苏秦死后,张仪连衡,诸侯听之,西向事秦。"

（二）苏秦与苏代、苏厉活动的时间先后

《史记》、《战国策》对苏氏三兄弟的关系及活动时间交代得极其明确。《苏秦列传》一则曰："苏秦之弟曰代，代弟苏厉，见兄遂，亦皆学。及苏秦死，代乃求见燕王，欲袭故事。"（《燕策一·苏秦死》与此相类）再则曰："苏厉因燕质子而求见齐王。齐王怨苏秦，欲囚苏厉。燕质子为谢，已遂委质为齐臣。"（《燕策一·初苏秦弟厉》与此相同）三则曰："燕使（苏代）约诸侯从亲如苏秦时，或从或不，而天下由此宗苏氏之从约。代、厉皆以寿死，名显诸侯。"（《燕策二·秦召燕王》与此相同）文中所载苏代、苏厉事迹，皆在苏秦死后。《燕召公世家》也说："燕哙既立，齐人杀苏秦。苏秦之在燕，与其相子之为婚，而苏代与子之交。及苏秦死，而齐宣王复用苏代。"（《燕策一·燕王哙既立》与此相同）

《战国策·燕策一·齐伐宋》谓齐伐宋，宋急，苏代乃遗燕昭王书，昭王善其书，曰："先人尝有德苏氏，子之之乱而苏氏去燕，燕欲报仇于齐，非苏氏莫可。"于是"乃召苏氏，复善待之"。这段文字也可与上文所引资料互相印证。《战国策书录》云："苏秦、张仪、公孙衍、陈轸、代、厉之属，生纵横短长之说，左右倾侧。"《战国策》以苏秦事迹排列在前，代、厉事迹编次在后，都可以看出刘向对苏氏三兄弟活动先后的判定。

四、司马迁、刘向作出判断的依据

《史记》有关苏秦合纵、张仪连横及苏、张活动先后的记载，有关苏氏三兄弟活动早晚的叙述，不仅与《战国策》的有关材料相一致，而且与刘向的论断完全吻合，这无疑应该引起足够的重视。不过，在资料存在着矛盾抵牾不能统一的情况下，我们觉得还需要考察一下司马迁、刘向作出取舍、判断时是否有根据，以及这种根据是否坚实可靠。

（一）司马迁所依据的史料

第一：《秦记》

《六国年表》序言说："余于是因《秦记》，踵《春秋》之后，起周元王，表六国时事，讫二世，凡二百七十年，著诸所闻兴坏之端。"这话明白告诉我们，他作《六国年表》的主要依据之一是《秦记》。表中有关苏秦、张仪事迹的记载，非常值得我们重视。

《年表》燕文公二十八年云："苏秦说燕。"

秦惠文王十年云："张仪相。"

秦惠文王后元元年云："相张仪将兵取陕。"

二年云："相张仪与齐、楚会啮桑。"

三年云："张仪免相，相魏。"

八年云："张仪复相。"

楚怀王十六年云："张仪来相。"

秦武王元年云："张仪、魏章皆出之魏。"

魏哀王十年云："张仪死。"

因为《六国年表》的资料多出自《秦记》，所以为秦连横六国的张仪材料多达八条，而有关苏秦的史料仅一条，但苏、张纵横的时间线索却仍相当清楚。司马迁写《秦本纪》，主要的材料来源也应是《秦记》。《秦本纪》记载张仪事迹，与《六国年表》完全一致，两者在时间上也全都吻合。

第二：各国史记

《天官书》云："余观史记，考行事。"《太史公自序》："绅史记石室金匮之书。"这些所谓"史记"，除《秦记》外，还应包括其他诸侯国的历史记载。《燕召公世家》称："（燕孝王）三年卒，子今王喜立。"又称："今王喜四年，秦昭王卒。"燕王喜初年距司马迁写《史记》的时间有一百几十年,而《燕召公世家》二称"今王",显然是抄录燕国史记未遑改写留下的痕迹,说明作者见到并利用了有关史料。《燕召公世家》载:"(文公)二十八年,苏秦始来见,说文公。文公予车马金帛以至赵,赵肃侯用之。因约六国,为从长。"这条记载在时间上与《六国年表》相符,当是苏秦最初从事合纵活动的真实记录。《燕召公世家》又云:"易王初立,齐宣王因燕丧伐我,取十城;苏秦说齐,使复归燕十城。十年,燕君为王。苏秦与燕文公夫人私通,惧诛,乃说王使齐为反间,欲以乱齐。""燕哙既立,齐人杀苏秦。""及苏秦死,而齐宣王复用苏代。""(燕王哙三年)苏代为齐使于燕。"文中不仅明确记载了苏秦、苏代的活动时间先后,而且有准确的纪年。这些材料,当是作者参考了燕国史记后加以剪裁编排而写定的。

其他国家的历史资料,司马迁也可能同时运用。《史记》中记载苏秦、张仪等人的事迹,有许多交互重复之处,就是证明。如《秦本纪》、《六国年表》、《张仪列传》载张仪相秦在秦惠王十年,《楚世家》在楚怀王元年,《赵世家》在赵肃侯二十二年,《韩世家》在韩宣惠王五年,六者完全吻合;《六国年表》载苏秦说燕在燕文公二十八年,也与《燕召公世家》完全一致。另外,《周本纪》、《秦本纪》、《六国年表》、各世家、列传记载苏氏兄弟及张仪的事迹,往往都有编年。与零碎散漫的《战国策》、《战国纵横家书》相比较,苏、张等人的事迹在《史记》中被排列得系统而有条理,人物活动因果分明,首尾清楚。这表明作者排比他们的事迹,有相当充分准确的史料依据。

第三:战国权变之论著

战国术士纵横游说,不仅在当时声名显赫,他们的文辞到汉代还有大量流传。与汉高祖刘邦同时的辩士蒯通曾"论战国之权变,为八十一首",《汉书·艺文志》著录有《蒯子》五篇,景帝时邹阳也著书七篇,武帝时主父偃"学长短纵横之术",著书二十八篇,边通也曾"学长短",他如徐乐、严安、聊苍等都有论述。《汉书·艺文志》共有"从横十二家,百七篇",数量非常可观。《六国年表》序言说"战国之权变亦有可颇采者",司马迁撰写苏秦、张仪等战国策士的传记,也有不少资料取材于纵横家的论著。

《史记》载录苏秦、张仪等人的事迹,常常超出《战国策》的范围,不少记事与《战国策》有异,有些事件虽与《战国策》相同,而文辞往往各异。这证明司马迁看到了《战国策》以外的不少纵横家资料。本文试以苏秦事迹为例加以说明。

苏秦事迹不见于《战国策》者有:

《苏秦列传》云苏秦"东师事于齐,而习之鬼谷先生"(《张仪列传》更详细交代了苏秦、张仪同学的情况);苏秦说秦以前"出游数岁,大困而归";说周显王;激张仪入秦(《张仪列传》载苏秦激张仪一段达四百余字,情节曲折,且多载人物对话);为纵约长并相六国;苏秦从者求报事;投纵约书于秦;秦欺齐、魏共伐赵,纵约解散;苏秦与易王母私通;秦取燕十城,苏秦与易王对答之辞;苏秦惧诛,佯为得罪于燕而亡走齐,齐宣王以为客卿;说齐湣王厚葬以明孝,高宫室,大苑囿;苏秦之死。

《史记》所载与《战国策》不同者有:

《苏秦列传》载苏秦出游大困而归,不为兄弟嫂妹妻妾所礼在说秦惠王前,而《战国策·秦策一·苏秦始将连衡》在说秦惠王之后,家人与苏秦力工商与事口舌的对话,亦为《秦策》所无;《传》云苏秦至燕"岁余而后得见",也与《策》不同;《传》载说韩王之辞,韩王答以"今主君诏以赵王之教",《韩策一》则云"苏秦为楚合从说韩王",韩王答苏秦云"今主君以楚王之教诏之",为赵之于为楚，显然依据各别；《传》云六国已经合纵，苏秦北报赵王，行过洛阳，周显王使人郊迎，《秦策一》则以为将说楚王，路经洛阳；《传》载苏秦对家人的慨叹，也与《秦策一》大为不同；《传》苏秦封武安君在纵约六国归赵之后，《秦策一》则云在说赵之后（说韩、魏、齐、楚诸国之前）即封为武安君；《传》载人毁苏秦及苏秦谓燕王之辞为四百九十七字，《燕策一·人有恶苏秦于燕王者》有六百〇九字，而《燕策一·苏代谓燕王》凡八百二十三字，三者事同而文不同。

　　《史记》中有关苏秦的大量资料不见于《战国策》或与《战国策》不同，清楚地表明司马迁掌握了苏秦这位纵横家代表人物的丰富史料。《史记》写其他战国人物的传记，情况也是如此。

　　当然，要考察苏秦、张仪等人的事迹，最具权威性的材料莫过于他们自己的著作。《汉书·艺文志》纵横家类有《苏子》、《张子》，即是苏秦、张仪所作。汉武帝时"建藏书之策，置写书之官，下及诸子传说，皆充秘府"。[①]《苏子》、《张子》属于诸子的范畴，苏、张二人又是战国纵横家最主要的代表人物，其书被罗致收藏，当在情理之中（从刘向校书的情况看，他每校一书，都拥有多种版本）。司马迁身为太史，可以看到皇家藏书，他写苏秦、张仪的传记，遇到诸如二人活动基本史实之类的问题（从《苏秦列传》赞语看，他确实曾就这方面的问题进行过考辨），依据《苏子》、《张子》来加以裁定折衷，也是顺理成章的事。《苏秦列传》、《张仪列传》或者主要根据《苏子》、《张子》写成，也未可知。

　　（二）刘向所依据的史料

　　第一：《苏子》、《张子》

①《汉书》，第6册，第1701页。

如果说我们认为司马迁见到过《苏子》、《张子》还多少带有推测成分的话,那么刘向见到并且非常熟悉《苏子》、《张子》却是确凿无疑的事实。《汉书·艺文志》纵横家类著录有"《苏子》三十一篇。"原注:"名秦,有《列传》。""《张子》十篇。"原注:"名仪,有《列传》。"①《艺文志》总序云:"至成帝时,以书颇散亡,使谒者陈农求遗书于天下。诏光禄大夫刘向校诸子经传诗赋,步兵校尉任宏校兵书,太史令尹咸校数术,侍医李柱国校方技。每一书已,向辄条其篇目,撮其指要,录而奏之。会向卒,哀帝复使向子侍中奉车都尉歆卒父业。歆于是总群书而奏其《七略》,故有《辑略》,有《六艺略》,有《诸子略》,有《诗赋略》,有《兵书略》,有《术数略》,有《方技略》。今删其要,以备篇籍。"②班固《艺文志》出自《七略》,基本上保留了《七略》的面貌和内容,只是比《七略》更为简略罢了。而刘歆的《七略》,则又是根据其父刘向的《别录》缩写而成。南朝梁阮孝绪《七录序》云:"昔刘向校书,辄为一录,论其指归,辨其讹谬,随竟奏上,皆载在本书。时又别集众录,谓之《别录》,即今之《别录》是也。子歆撮其指要,著为《七略》。"③《隋书·经籍志二》著录刘向《七略别录》二十卷,刘歆《七略》七卷。看来刘向生前已经完成了校书的主要工作,故有"别集众录"的《别录》诞生,刘歆"卒父业",主要是在刘向校理群书的基础上做些分类编排和提要的工作。既然刘向校书时《苏子》、《张子》二书俱在,而诸子部分又是由刘向亲自校定,那么,他在《战国策书录》中对苏秦、张仪以及苏氏兄弟三人先后时序的论述,应是带有权威性的。《战国策书

---

①《汉书》,第 6 册,第 1739 页。

②《汉书》,第 6 册,第 1701 页。

③任莉莉:《七录辑证》,上海古籍出版社,2011 年,第 3 页。

录》对这些基本史实的确认，与《史记》的记载完全一致，无疑更增强了这种权威性。

第二：战国策士各种纵横游说的资料

《战国策书录》云："所校中战国策书，中书余卷，错乱相糅莒，有国别者八，篇少不足。"又云："中书本号，或曰国策，或曰国事，或曰短长，或曰事语，或曰长书，或曰修书。"由此可知，刘向据以校定《战国策》的底本，至少有八个以上，这些都是记载战国策士游说活动的主要版本，而且是"战国时游士辅所用之国，为之策谋"的底本，这些材料的定型，都在帛书《战国纵横家书》之前（帛书避高祖刘邦讳，写定当在汉初）。虽然刘向校书时"除复重"，删去了众多版本中大量重复的内容。从今存刘向校定《管子》、《晏子春秋》、《列子》、《邓析子》、《孙卿书》、《韩非子》等书录看，所删重复的篇目都远远超过现存篇目。如《管子书录》称"凡中外书五百六十四篇，以校除复重四百八十四篇，定著八十六篇"；《孙卿书书录》云"所校雠中孙卿书凡三百二十二篇，以相校除复重二百九十篇，定著三十二篇"。在刘向校书的时候，这些被删除的资料自然也有助于他对苏氏兄弟和张仪的事迹作出正确的判断。从版本的角度看，马王堆出土的《战国纵横家书》充其量不过是此类资料中一个不太重要的本子。除了刘向校定《战国策》的底本外，《汉书·艺文志》尚录有"从横十二家，百七篇（包括《苏子》、《张子》在内）"，这些资料也势必要涉及到倡导合纵连横的代表人物苏秦、张仪，这些篇章也都是由刘向亲自校定。依据如此丰富的原始资料，他应当不难审定有关苏、张事迹的真伪正误：很难想象这些纵横家的著作会都数典忘祖，连苏、张（特别是苏秦）活动最基本的事实都搞不清。

第三：其他

刘向校理群书,而且亲自编定过多种著作,这使他有可能更多地接触到有关苏秦、张仪等人的资料。

《孙卿书书录》云:"苏秦、张仪以邪道说诸侯,以大贵显。孙卿退而笑之曰:'夫不以其道进者,必不以其道亡。'"荀卿的话,肯定是针对苏秦、张仪合纵连横的事所发的感慨,可惜书录中没有明白点出。

《太平御览》六百三十三引《说苑》有这样一段话:"苏秦至齐,齐王厚待之。诸大夫嫉之,使人刺秦而不死,齐王出珍宝募求贼不得。苏秦垂死,谓齐王曰:'王诚能为臣求贼者,臣死后请车裂臣尸于市,询之曰:"苏秦为燕欲乱齐,今日其死,寡人甚喜,故裂之。若得其杀主,重封赏之。"如此,刺臣者必出矣。'齐王从其言,裂尸而询之,刺苏秦者果出求赏。"①这则资料交代了苏秦的最终结局。它不见于《战国策》,《苏秦列传》的记载与此大致相同,而文辞则有明显差异,可见两者各有所本,材料来源不同。

由于古代文献大量亡佚,我们今天所能见到的有关苏秦、张仪等人的资料,种类已经不是很多,而刘向校书时接触到的这类资料,毫无疑问要比现在多得多。

综上所述,司马迁、刘向所见涉及到苏秦兄弟和张仪事迹的资料有:《秦记》、各国史记、版本众多的《战国策》底本、十余种纵横家著作(其中最重要的是《苏子》和《张子》)、其他一些有关资料。这些资料中的任何一种,可靠性都决不在《战国纵横家书》之下。依据这些资料,司马迁、刘向完全有把握对存在分歧的史料作出正确的取舍和判断。《史记》中的有关记载和刘向所作的论述,应属可信。

---

① [宋]李昉等:《太平御览》,第 3 册,第 2840 页。

五、帛书中无主名的资料多与苏秦无关

我们认为,《史记》中记载苏秦事迹的文字和《战国策》有关苏秦的多数材料是可信的,而《战国纵横家书》中一些涉及苏秦的资料,则多出于后人伪托。

（一）帛书有关篇章的归属

有人认为,帛书二十七章中,除了有主名的九章和第二十六章外,其他十七章无主名的作品都与苏秦有关。其理由是这当中的六章出现了苏秦的"自称"。我们认为,这种观点难以令人信服。首先,有些对苏秦"自称"的认定,本身就未必正确。如帛书第九章云:"燕不应天下以师,有（又）使苏（秦）……。""苏"字之下,所缺是否为"秦"字,就很值得怀疑。又如帛书第十二章云:"若楚不遇,将与梁王复遇于围地,收秦等……。"文中的"秦",是否为苏秦自称? 帛书整理者谓:"'收秦等'未详。"态度比较谨慎。此章及上章其他地方也出现过"收秦"字样,其中的"秦"都是指秦国。况且此章开头称"臣以令告奉阳君",文中先后称"寡人"凡十九次,应是使者转达君主书信的内容而不是记录使者言辞。退一步说,即使帛书中的六章确实都出现了苏秦自称其名的情况,也很难据此断定其他无主名的篇章都与苏秦有关。要论证这一点,有必要对帛书作一简要的总体分析。帛书二十七章大致可分为三大部分。自第一至十四章为第一部分。其中第十三章是韩龄"献书于齐",另外十三章都未标主名。自第十五至十九章为第二部分,共五章。除第十七章无主名之外,另外四章主名依次为须贾、朱己、触龙、秦客卿造。这五章帛书每章之后都标明字数,并标出五章总字数,与前后两部分界线分明。自第二十至二十七章为第三部分,共八章。其中第二十至二十二章及第二十六章共四

章无主名，另外四章主名分别为虞卿、公仲侙、李园、麛皮。从以上分析可知，帛书三部分的来源不一，内容也不很一致。在这部分资料与《史记》、《战国策》存在明显分歧的情况下，如果没有比较充分的理由，怕是很难论定它们都与苏秦有关。不过，话又得说回来，这部分资料中的大多数关系确实较为密切（特别是第一部分的十三章），这些事件发生的时间比较集中，彼此之间在内容上有着一定的联系，作者的立场也基本一致，因此，完全将它们割裂开来看也是不妥当的。

要具体讨论这部分资料的归属，不能丢开《史记》和《战国策》这两把钥匙，特别是《史记》所载，都是经过司马迁细心甄别的材料，尤应予以重视。帛书第一至第三章，与《战国策·燕策二·苏代为奉阳君说燕于赵以伐齐》的内容有关，主人公当为苏代；帛书第四章，与《燕策二·苏代自齐献书于燕王》内容基本相同，主名当从《战国策》属之苏代；帛书第五章，与《苏秦列传》、《燕策一·人有恶苏秦于燕王者》均同，可定为苏秦事迹；帛书第二十章，《苏秦列传》、《燕策一·齐伐宋》主名均为苏代，应属可信；帛书第二十一章，《赵世家》主名为苏厉，《赵策一·赵收天下》主名为苏秦，两者不同，从时间上看，事件发生在公元前 283 年左右，故当从《史记》属之苏厉为是；帛书第二十二章，主名当依《田敬仲完世家》属苏代。如上所述，在帛书与《史记》、《战国策》相关的八章中，有六章与苏代有关，一章与苏厉有关，一章与苏秦有关。从其他各章所载的内容来看，也多与苏氏兄弟的活动有密切联系（如为燕谋秦图齐、与齐王讨论称帝的事等），而从时间上来考察，当是苏代、苏厉的事迹（这些事件发生在苏秦死后几十年）。总之，这些篇章的内容绝大多数与苏氏兄弟的活动有关，当是从"宗苏氏之从约"的战国策士游说资料中辑录出来的。

（二）帛书的特点

战国之时，纵横游说之风盛极一时，诸侯卿相养士极众。这些宾客说士往往采取旧事，加以整理润色，或参以己意，斟酌益损，以为游说之资。这类资料经过辗转传抄，极易产生歧异。帛书记载苏氏兄弟的一些活动，不像《史记》那样完整系统而有条理，事件的前因后果及相关内容交代不清，所载事件与其他事件的联系不明显，时序也混沌难分。这种情况，加上帛书本身流传过程的复杂性，就更容易致误。帛书中有关苏氏兄弟的资料，一概都没有署名，更增大了传抄中产生讹误或者伪托的可能性。

（三）托名苏秦的重言

《庄子·寓言》有云"重言十七"。重言者，为人所推重之言也。假托名人之言，往往更容易为人们所接受。苏秦是首倡六国合纵并取得巨大成功的人物，他"为从约长，并相六国"，战国纵横家中除了张仪差可与之比肩外，更找不出第二个人。合纵与连横，立场迥异，主张合纵的人很难托名张仪，因此"异时事有类之者皆附之苏秦"是非常合情合理的。帛书《战国纵横家书》一些篇章的主名与《史记》、《战国策》不同，就可以看出这种假托的痕迹。实际上，托名苏秦的资料不仅存在于《战国纵横家书》，也同样存在于《战国策》。如：《齐策二·秦攻赵长平》、《齐策三·楚王死》、《孟尝君入秦》、《齐策四·苏秦自燕之齐》、《苏秦谓齐王曰》、《赵策一·苏秦说李兑曰》、《赵收天下且以伐齐》、《魏策一·苏秦拘于魏》、《韩策三·韩人攻宋》、《燕策一·奉阳君李兑甚不取于苏秦》。这些篇目，涉及的年代都较后，《史记》凡是载录这些资料的，主名都与《战国策》不同。甚至《战国策》记载同一件事，主名一作苏代，一作苏秦（如《燕策一》有《苏秦拘于魏》和《苏代过魏》两章，事迹完全相同而主名不同），两者判然有别。这些都可以明显看出托名苏秦资料的存在。战国策士乐于托名苏秦,是因为他声名显赫,而他之所以著称于世,则是因为他倡导六国合纵取得过巨大的成功。然而按照帛书的时间来推算,苏秦的所有活动都在燕王哙之后,这样,燕文侯时联合六国的辉煌经历就必须从他的履历中抹去,苏秦作为纵横家代表的资格也将从根本上动摇。这从反面证明,帛书中一些有关苏秦的记载是不可靠的。

(四)苏氏兄弟的活动

苏秦、苏代、苏厉三人的事迹容易相混,还有一个比较特殊的原因。他们兄弟三人活动的时间虽先后不同,但他们活动的范围和宗旨却有着惊人的相似之处。苏秦先在燕,后适齐,最主要的活动地点是在燕、齐两国;苏代、苏厉先奔齐,后归燕,主要活动地点也在这两个国家。苏秦活动的宗旨有二:第一,主张六国合纵抗秦;第二,在燕、齐两国关系的处理上,他又明显偏向于为燕国着想而谋齐。苏代、苏厉继承了苏秦的衣钵,致力于六国合纵并且又一次取得了成功。《苏秦列传》说:"燕使(苏代)约诸侯从亲如苏秦时,或从或不,而天下由此宗苏氏之从约。"在燕、齐两国关系上,苏代、苏厉归燕后谋齐更是不遗余力,特别是苏代,在帮助燕昭王破齐方面起了很大的作用。由于苏氏三兄弟活动的范围和宗旨如出一辙,他们三人一生中的主要活动又都是在燕国,因此,他们的事迹在客观上更加容易混淆,这种情况也为后人托名苏秦提供了方便。

(五)司马迁的考辩

《苏秦列传》赞语说:"太史公曰:苏秦兄弟三人,皆游说诸侯以显名,其术长于权变。而苏秦被反间以死,天下共笑之,讳学其术。然世言苏秦多异,异时事有类之者皆附之苏秦。夫苏秦起闾阎,连六国从亲,此其智有过人者。吾故列其行事,次其时序,毋令独蒙恶声焉。"文中不仅指出了"世言苏秦多异,异时事有类之者皆附之苏秦"的事实,而且明确交代自己写这篇传记目的是要为苏秦澄清一些事实真相。《张仪列传》赞语则进一步指出:"夫张仪之行事甚于苏秦,然世恶苏秦者,以其先死,而仪振暴其短以扶其说,成其衡道。"从两传赞语可看出,司马迁已将纷繁歧异的苏秦资料理出了清晰的线索,且对一些事情的前因后果了如指掌,这两段话是他依据有关资料细心考辨的结果。司马迁作史的态度非常严谨,他对苏秦活动的史实如果没有相当的把握,恐怕不会轻下断语。《孟子荀卿列传》云墨子"或曰孔子并时,或曰在其后",可资旁证。《苏秦列传》之所以能"次其时序",正说明他根据充分,成竹在胸。帛书《战国纵横家书》的出土,又一次证实了司马迁"异时事有类之者皆附之苏秦"的论断。

六、结语

本文探讨帛书有关事迹的真伪和归属,是为了对它作出实事求是的评传,以求较为客观地将这些资料运用到历史研究中来。帛书的有些资料托名苏秦虽不可靠,但主名是否正确与历史事件本身的有无是两回事。帛书在较大程度上丰富和补充了战国时期的历史资料,特别是苏代等人的活动,对于战国史研究的深入具有重大意义。它的价值,理应受到重视。由于本人学殖浅薄,而这类问题本身又比较复杂,文中谬误之处在所难免,敬祈专家学者赐教。

后　记

　　1994年,应陕西人民出版社之约,写成《〈史记〉编纂学导论》,本拟收入《司马迁与华夏文化丛书》,后因情况变化,2008年由凤凰出版社出版。此次对原稿增删润色,增写绪论,重新校核原文,并加配图,由中华书局出版。希望此书能对读者了解司马迁与《史记》、理解《史记》编纂学有所助益。

　　在出版过程中,徐俊先生为本书题写书名,葛洪春编辑仔细审读,提出了不少有价值的意见,王少帅博士通校全书,增补版本资料、文献出处等相关信息,郭帅博士也提供了若干图片,在此一并致谢。

赵生群

2022年8月8日